Alfred Ribi

Was tun mit unseren Komplexen?

Über die Dämonen des modernen Menschen

Kösel-Verlag München

Redaktion: Dr. Harald Wiesendanger.

Für Doris

CIP-Titelaufnahme der Deutschen Bibliothek
Ribi, Alfred:
Was tun mit unseren Komplexen? Über die Dämonen
des modernen Menschen / Alfred Ribi. – München :
Kösel, 1989
ISBN 3-466-34211-2

Inhaltsverzeichnis

Ich aber sage euch, daß ihr dem Bösen nicht
widerstehen sollt.

Mt 5,39

Wenn der unreine Geist aus dem Menschen
ausgefahren ist, durchzieht er wasserlose Orte
und sucht eine Ruhestätte. Und findet er keine,
so sagt er: Ich will in mein Haus zurückkehren, aus dem ich weggegangen bin. Und wenn
er kommt, findet er es gesäubert und ge-
schmückt. Dann geht er hin und nimmt sieben
andere Geister mit, die schlimmer sind als er,
und sie ziehen ein und wohnen dort, und es
wird nachher mit jenem Menschen schlimmer
als vorher.

Lk 11, 24-26

Vorwort

Kann ein Buch über Dämonen überhaupt noch aktuell sein? Heute redet niemand mehr von Dämonen, und niemand glaubt mehr daran. Das Christentum macht sich in seinem missionarischen Eifer gar anheischig, die primitiven Völker von ihrer Dämonenfurcht zu erlösen. Weil wir Westlichen am allermeisten erlöst sind, dürfen wir keine unbegründeten Ängste mehr haben.

Nur kümmern sich unsere irrationalen Ängste nicht darum, ob sie nach unserem Dafürhalten sein dürfen oder nicht. Sind wir denn nicht mindestens im gleichen Maße wie der mittelalterliche Mensch von Ängsten befallen? Während den Menschen früherer Zeiten mythische Ängste schreckten, rationalisieren wir die unsrigen. Wir erkennen unsere heutigen Dämonen deshalb nicht mehr, weil sie sich durch scheinbare Vernunft tarnen. Atombombe und Atomkraftwerke *sind* eine echte Gefahr, das kann kein vernünftiger Mensch leugnen. Doch die irrationale Komponente darin erschwert jeglichen Dialog zwischen Befürwortern und Gegnern der Atomkraft.

Tatsächlich ist die dämonische Komponente unserer Technik nicht zu übersehen. Die moderne Technik kann mit ihren Mitteln eine ungeahnte Sicherheit erreichen. Der Unsicherheitsfaktor, der unvermeidlich hineinkommt, ist der Mensch selber. Das sollte endlich zur Kenntnis genommen werden, ist doch bei den meisten Zwischenfällen die Ursache letztlich »menschliches Versagen«. Dabei versagen Menschen nicht einfach bloß wegen mangelhafter Ausbildung, wegen mangelnder Aufmerksamkeit oder fehlendem gutem Willen. Vielmehr schleicht sich, trotz gegenteiliger Absichten, etwas Dämonisches ein. Das ist ein typisches Merkmal des Dämons, daß er unsere bewußten Absichten durchkreuzt und den besten Willen zunichte macht.

Auf Schritt und Tritt begegnen wir im Alltag unseren Dämonen, bloß nennen wir sie nicht so. Wir sind überzeugt, daß es sich um äußere Gefahren handle. Das ist ein weiteres Kennzeichen der Dämonen: Sie verbergen sich und tauchen an unerwarteten Stellen auf. Sie tarnen sich mit scheinbarer Vernunft und Sachlichkeit. Sie treten in unseren besten Überzeugungen auf. Wir bemühen uns, in Diskussionen und Aussagen sachlich und vernünftig zu sein, und glauben, dadurch den Dämonen entwischen zu können. Weit gefehlt! Der gerissenste Trick, mit dem sich die Dämonen unserem Zugriff entziehen, besteht darin, daß sie uns mit sich identisch machen. Solange wir mit etwas unbewußt identisch sind, vermögen wir es nicht zu erkennen. Da wir so viel auf unsere Vernunft pochen, verwandeln sich unsere Dämonen in Schein-Vernunft, um unerkannt zu bleiben. Denn erst wenn wir uns von etwas unterscheiden, können wir uns damit auseinandersetzen. Solange das nicht eintritt, sind wir das Opfer.

Wenn wir also meinen, es gebe keine Dämonen mehr, so ist das gerade jene Haltung, die sie brauchen, um unerkannt zu bleiben. Deshalb haben wir zwar keine Dämonen mehr – aber sie haben uns. Sie machen uns besessen – unbewußt. Den modernen Menschen obsedieren alle möglichen alltäglichen Dinge, seien es Leistung, Geld, Macht, soziale Stellung, Suchtmittel oder Ideologien. Alle lassen sich einleuchtend erklären. Wir sind sogar so verblendet zu meinen, wir könnten ihrer Faszination entrinnen. Erst wenn wir uns eingestehen, daß wir ihnen nicht entkommen, können wir zugeben, daß sie die modernen Dämonen sind, denen wir ausgeliefert sind. Wen das altertümliche Wort »Dämon« stört, der mag von Komplexen reden, denn diese sind das moderne psychologische Gegenstück. Jedermann »hat« seine Komplexe, das gehört inzwischen zum psychologischen Allgemeinwissen. Doch wie sie sich im Alltag bemerkbar machen und wie mit ihnen umzugehen sei, das steht auf einem anderen Blatt. Das soll im vorliegenden Buch zur Sprache kommen. Insofern führt es zugleich in die Lehre von den Komplexen ein, wie es zum Umgang mit ihnen anleitet. Gleichzeitig bietet es eine verständliche Einführung in die Analytische Psychologie C.G. Jungs.

Wer das Buch aufmerksam gelesen hat, wird mir hoffentlich beipflichten und ermessen können, in welchem Ausmaß die Dämonen unseren Alltag und die Probleme unserer Zeit konstellieren – und daß es höchst aktuell ist, sich dieses Problems anzunehmen, wenn wir mit den Problemen unserer Zeit fertig werden wollen. »Wir haben so viele Befürchtungen und Ängste, daß nicht genau festzustellen ist, worauf sie hindeuten«, sagte C.G. Jung in einem Interview gegen Ende seines Lebens[1] und fuhr fort: »Eines aber ist sicher: Wir stehen vor einer großen Wandlung unserer psy-

10

chologischen Einstellung – das ganz bestimmt.« Und warum? »Weil wir mehr ... weil wir viel mehr von der Psychologie der Menschen wissen müssen. Wir benötigen eine größere Kenntnis der menschlichen Natur, denn die einzige wirkliche Gefahr, die es gibt, ist der Mensch selber. Er stellt die große Gefahr dar, und es ist bedauerlich, daß wir uns dessen so wenig bewußt sind. Wir wissen nichts über den Menschen, jedenfalls viel zu wenig. Seine Psyche muß erforscht werden, denn der Ursprung allen zukünftigen Übels liegt in uns.«

Ende Juli 1987

1. Die Dämonen der Heiligen

Die Geschichten, mit denen ich meine Psychologie der Dämonen einleite, liegen scheinbar weitab vom aktuellen Weltgeschehen. Und doch veranschaulichen sie innerseelische Regungen, die wir auch in unserem Alltag erkennen könnten. Gewiß waren sie einst als äußere Geschehen verstanden worden. Doch gerade jene schillernde Unsicherheit, ob es außen geschieht oder ob es innere Bilder sind, ist charakteristisch für die Dämonen. Noch sind lange nicht alle bösen Geister, die wir in uns tragen, zu uns zurückgekehrt, sondern treiben unerkannt ihr übles Spiel in der Welt. Andererseits sind lange nicht alle besessenmachenden Geister, die mein Handeln und Denken gegen meinen Willen verdrehen, meine eigenen. Oft scheint der unbewußte Mensch der Spielball dieser Mächte zu sein. Diese alten heiligen Männer, von denen im folgenden die Rede sein wird, glaubten nicht wie wir Heutigen, mit Vernunft die Dämonen bezwingen zu können. Sie brauchten dazu eine stärkere Macht – ihr Gottvertrauen. Sie sind uns auch darum wichtig, weil sie in einer entscheidenden Epoche christlicher Geistesentwicklung auftraten, in der wir unsere Wurzeln haben. Es ist viel zu wenig bekannt, wie stark das Urchristentum auf die Abwehr von Dämonen ausgerichtet war. Diesen Zug als archaisch abzutun, wäre voreilig. Sind wir mit den Mitteln der Vernunft wirklich weiter gekommen?

Im vierten Jahrhundert unserer Zeitrechnung zogen sich gläubige Männer, später auch Frauen aus dem weltlichen Leben in die Einsamkeit der Wüste zu beiden Seiten des fruchtbaren Tales des Nils zurück. Sie folgten damit den Worten des Apostels Paulus im Brief an die Galater 5,24: »Die aber, welche Christus Jesus angehören, haben ihr Fleisch samt seinen Leidenschaften und Lüsten gekreuzigt.« Sie verkauften Hab und Gut, um ihre Seele nicht an materielle Güter zu verlieren; denn eher »geht ein Kamel durch ein Nadelöhr als ein Reicher ins Reich Gottes« (Mt 19,24). Sie zogen sich in die Einsamkeit zurück, um ganz ihrem Gott zu dienen. Die Wüste galt seit alters als der *Ort der Dämonen*. Denn als sich das Christentum in den Städten der Antike auszubreiten begann, zogen sich die ansässigen heidnischen Götter, so wird gesagt, in die Wüste zurück. Im christlichen Bereich wurden sie so zu Dämonen. Gemäß dem Worte des Paulus im Brief an die Epheser 6,12 geht unser Ringen »nicht wider Fleisch und Blut, sondern wider die Gewalten, wider die Mächte, wider die Beherrscher dieser Welt der Finsternis, wider die Geisterwesen der Bosheit in den himmlischen Regionen«.[1]

Diese frommen Männer und Frauen suchten geradezu den Kampf mit diesen unsichtbaren Gewalten, welche wir Geister oder Dämonen nennen. Es waren meist ungebildete Leute, ergriffen von dieser christlichen Botschaft; alles Weltliche opferten sie, um einsam diesen Kampf zu bestehen. Anfänglich zogen sie einzeln in die unbewohnbaren Gebiete der Thebaïs, der Sketischen Wüste nordwestlich von Terenuthis und ins Natrongebirge (Nitria) südwestlich davon oder in die menschenfeindlichen Sümpfe

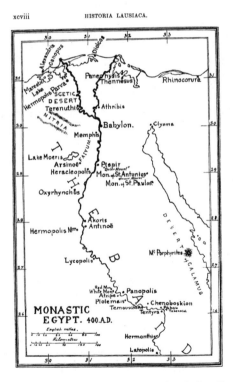

nach C. Butler: The Lausiac History of Palladius II,xcviii.

beim Mareotissee im Nildelta. Der berühmte *Heilige Antonius* zog sich in die Wüste nahe des Roten Meers zurück. Die meisten dieser Asketen lebten ein einsames Leben und starben unbekannt. Die Geschichte des *Heiligen Antonius*, der 356 starb, wurde vielleicht ein Jahr später vom *Heiligen Athanasius* aufgeschrieben, der mit ihm schon früh in persönlichem Kontakt stand.[2]

Infolge dieser Lebensbeschreibung, die wohl keinen Anspruch auf historische Genauigkeit erheben darf, sondern eher diesen einzigartigen Gottesmann verherrlichen wollte[3], wurden diese Asketen in der ganzen christlichen Welt bekannt. Dieses Werk fand eine ungeheure Verbreitung, so daß man nicht von den Dämonen der Heiligen reden kann, ohne zuerst den *Heiligen Antonius* zu erwähnen. Bekanntlich wurde er auch in der bildenden Kunst unzählige Male dargestellt, so daß sein geistiger Einfluß auf die christliche Kultur kaum zu überschätzen ist.

In der Folge bildeten sich Zentren der Einsiedler wie jenes um den Berg, auf welchem *Antonius* lebte (Kolzim). Dort begannen sich die Einsiedler zu organisieren, woraus schließlich Klöster entstanden. (Besonders *Pachomius* ragt als Organisator hervor, der den Mönchen Regeln gab[4]). Diese heiligen Männer und Frauen, von denen sagenhafte Wundertaten berichtet wurden, fanden zunehmendes Interesse. *Palladius* bereiste wohl ab 388 die berühmten Stätten, berichtete jedoch erst in seiner Historia an *Lausus*, einen Kämmerer am Byzantinischen Hof, um 419 darüber (Historia Lausiaca[5]). Der Autor dürfte 364 in Galatien geboren sein. Von 388 bis Ende des vierten Jahrhunderts lebte er als Mönch in Ägypten. Er bezeichnet sich selber als Schüler des *Evagrius Ponticus*, auf den wir unten zurückkommen werden. Er starb 431. Drei Jahre hatte er in den Klöstern der Umgebung Alexandriens zugebracht, ein Jahr im Nitrischen Gebirge und neun Jahre in der Sketischen Wüste gelebt; er kannte dieses Leben demnach aus eigener Erfahrung. Ein Magenleiden zwang ihn, die Wüste zu verlassen und in Alexandrien Ärzte aufzusuchen, die ihn nach Palästina schickten.

Auch die Historia Lausiaca des *Palladius* darf nicht als historisches Dokument gelten, vielmehr ist sie aus einer Bewunderung für die *Gottesfreunde* heraus geschrieben. Sie schildert vor allem die eindrücklichsten Begebenheiten im Leben der Einsiedler und diente ebenfalls bis zur Neuzeit der frommen Erbauung. Tatsächlich wirken solche Schilderungen auf die Seele manches Lesers viel wohltuender als gelehrte theologische

Abhandlungen. Die um 410 geschriebene *Historia monachorum in Aegypto*[6] läuft der Historia Lausiaca teilweise parallel.

Johannes Cassianus muß in unserem Zusammenhang ebenfalls genannt werden. Um 365 geboren, fühlt er sich früh zum klösterlichen Leben berufen. Nach Abschluß seiner Studien lebt er mit seinem Klosterbruder und Freund *Germanus* in einer Zelle des Klosters in Bethlehem (382/3), bevor er mit ihm Ägypten besucht, im besonderen die Wüste bei Panephysis. Eine zweite Reise führt die beiden, nachdem sie die Genehmigung ihres Klosters erhalten hatten, während sieben Jahren in die salzigen Sümpfe nahe Panephysis, in die Sketische Wüste und die Nitria, wo sie *Evagrius Ponticus* treffen. Erst um 420 berichtete *Cassian* in seinen Collationes[7] über die Unterredungen, die er und sein Freund mit den angesehensten Einsiedlern gepflogen hatten. Diese Collationes haben schon stark belehrenden Charakter; sie spiegeln nicht mehr ausschließlich die Bewunderung wie die genannten Berichte, weil nun die theoretische Bewältigung der Erfahrungen der Asketen und die Organisation des Mönchtums beginnt. *Cassian* selber richtete um 415 zwei Klöster zu Marseille ein, wo er 435 starb. Ein anderes Hauptwerk widmete er der Einrichtung der Klöster.

Der eigentliche Systematiker und Theoretiker asketischen Lebens ist der schon erwähnte, um 345 bei Jbora in Pontus geborene *Evagrius Ponticus*. Er war mit *Basilius dem Großen* und *Gregor von Nazianz* befreundet. Dieser zog ihn nach Konstantinopel, wo er 380 Patriarch wurde. Dort hatte er ein Verhältnis mit der Frau eines hohen Funktionärs, wurde durch einen eindrücklichen Traum gewarnt und schiffte sich am nächsten Tag nach Jerusalem ein, wo er von der bei *Palladius* erwähnten berühmten *Melania der Älteren*[8] und *Rufinus* im Kloster am Ölberg empfangen wurde. *Melania* überzeugte ihn, als Mönch nach Ägypten zu gehen (um 383). Ihr schrieb er einen berühmten Brief, worin er seine kühnsten Gedanken formulierte. Er ließ sich in Kellia (Cella) nieder, südwestlich von Alexandria, wo er der einzige gelehrte Mönch war. Kurz nach seinem Tode 399 wurde er als Origenist verketzert und auf dem Konzil von Konstantinopel (553) mit dem Kirchenbann belegt, weshalb viele seiner Schriften nicht griechisch, sondern syrisch und aramäisch überliefert sind. Die wesentliche Schrift zu unserem Thema trägt den Titel »Der Mönch oder über das praktische Leben«[9] Darin stellt Evagrius eine Lehre der acht Laster dar, welche die Eßgier, die Unkeuschheit, den Geldgeiz, den Trübsinn, den

Zorn, die Trägheit oder Nachlässigkeit (*akedia*), die Eitelkeit und die Hoffart umfaßt.

Doch nicht diese theoretischen Aspekte, welche großen Widerhall im späteren Klosterwesen fanden, sollen uns hier beschäftigen, sondern die *praktischen Erfahrungen der Einsiedler*. Dadurch, daß sie sich in menschenleere Einöden zurückzogen, um »ihr Fleisch abzutöten«, belebte sich – psychologisch betrachtet – deren Unbewußtes im Sinne einer Kompensation der Einseitigkeit des bewußten Standpunktes. Die Gottesmänner allerdings sahen die Dinge anders. Für sie bedeutete ihre Lebensweise eine Provokation der Dämonen, deren letztes Rückzugsgebiet, nämlich die Einöden, von diesen Einsiedlern erobert zu werden drohte. Der Kampf mit den dunklen dämonischen Gewalten, den der Fromme suchte, begann. Dieser Kampf ist es, der uns an der naiven Schilderung der erwähnten Quellen fasziniert.

Der Teufel setzt *die List* als Mittel ein, um den Menschen zu täuschen[10]: Dies ist die Grundannahme, unter welcher sich der Asket mit den Dämonen auseinandersetzt.

Als sich *Antonius* tiefer in die Wüste zurückziehen wollte, »sah er vor sich eine Silberschüssel liegen. Aber der selige *Antonius* wußte«, wie es in der Lebensbeschreibung des *Athanasius*[11] heißt, »daß diese Dinge Listen des Dämons waren; und um diesen wissen zu lassen, daß auch das ihn nicht zu täuschen vermochte, … antwortete er mit Blick auf die Platte, das heißt gegen den Dämon: ›Woher in der Wüste eine Schüssel? Kein gebahnter Weg, keine nahen Wohnstätten, keine Räuber, die an diesem Ort wohnen! Das ist ein Kunststück des Dämons! Du wirst dadurch meinen Geist nicht behindern! Dieser sei *mit dir für deinen Untergang!*‹ Als der selige Antonius diese Worte gesprochen hatte, verschwand [der Dämon] und *löste sich wie Rauch vor dem Feuer auf* durch die Worte des Seligen«.*

Da die Schrift des *Athanasius* als Erbauung gedacht ist, enthält sie stets Anspielungen auf die Stellen der Heiligen Schrift. Die erste ist die Geschichte von *Simon Magus* (Apg 8), der ein großer Zauberer war, sich zwar bekehrte, aber von den Aposteln den Heiligen Geist durch Handauflegen mit viel Geld erkaufen wollte. Petrus aber sprach zu ihm: »Dein Geld fahre mit dir ins Verderben, weil du gemeint hast, die Gabe Gottes

---

* Die Übersetzung aus dem Syrischen ins Französische ist wörtlich; aus dem Französischen von mir übersetzt.

16

durch Geld erkaufen zu können« (8.20). Die zweite Anspielung ist das Urteil über die Gottlosen in Psalm 37,20: »... sie schwinden hin, wie Rauch schwinden sie hin«. Und Psalm 68,3 sagt von den Feinden Gottes: »Wie Rauch vor dem Winde verweht, wie Wachs vor dem Feuer zerschmilzt, vergehen die Frevler vor Gottes Antlitz«.

Der Heilige sieht in solchen Visionen nur die List, ihn von seinem Entschluß abzubringen. Sein Entschluß ist richtig, seine Askese noch härter zu gestalten, indem er tiefer in die Wüste eindringt. Er ist verdienstvoll, weil er eine neue Herausforderung bedeutet. Es geht eigentlich darum, den weltlichen (hylischen) Menschen zu überwinden. Die Askese ist ein *opus contra naturam*. Der natürliche Mensch mit seinen Begierden und Trieben soll überwunden werden. Psychologisch ist es verständlich, daß sich der natürliche Mensch dagegen auflehnt. Kompensatorisch zu dieser unnatürlichen Lebenshaltung manifestiert sich die unterdrückte Seite in den beschriebenen Halluzinationen. *Antonius* will alle materiellen Werte aufgeben, welche dem gewöhnlichen Menschen doch so am Herzen liegen, »an denen er hängt«, um ein Leben voller Entbehrungen auf sich zu nehmen. Da wird *das unterdrückte Leben als »Versuchung« sichtbar*.

In unserem Beispiel steht die *Silberschüssel für alle materiellen Werte*, welche *Antonius* aufgeben möchte. Diese sind darauf aus, ihn an die materielle Welt zu fesseln, doch er will sich von dieser Fessel befreien, um sich der geistigen Welt zu widmen. Deshalb kann er diese Halluzinationen nur als feindlich auffassen, als einen Anschlag des Dämons gegen seinen Entschluß, als eine List, um ihn unsicher zu machen.

Vom *Standpunkt der Jung'schen Psychologie* aus müßte man das Silber nicht bloß als irdischen Wert, sondern als *Symbol für das Weibliche* verstehen, zumal es eine Schüssel, ein Gefäß, eine Hohlform ist. Diese kompensatorische Vision weist den Asketen an, das Weibliche nicht zu vergessen. Das spielt darauf an, daß der Asket durch sein spirituelles, körperfeindliches, einsames Leben nicht allein seine Sexualität unterdrückt, vielmehr alles Weibliche.

Doch die Anfechtungen sind nicht immer so leicht zu durchschauen. Als sich *Antonius* in seinem Eremitenleben eingerichtet hatte, »säte der Feind in ihn den Gedanken an Hab und Gut, die Sorge um seine Schwester und die Liebe zu ihr und zur Sippe und [auch] die Liebe zum Geld mit allen möglichen Begierden und den übrigen Behaglichkeiten der Welt. Und zum Schluß der Mühsal dieser Runde von Versuchungen, in der er standhielt und in der, [so] sagte er, es hart und schwer war, [da noch] die Schwächung des Körpers und die lange Zeitspanne [hinzukam], wirbelte der Feind allgemein reichlich [den Staub] der Gedanken gegen ihn auf für den Fall, daß er von einem derselben angelockt oder ihm unterliegen würde oder durch ihre Verlockungen aufgehalten würde«.[12]

Die vorangegangenen Kapiteln der Vita schildern, wie *Antonius* nach dem Tode seiner Eltern Hab und Gut den Armen verschenkt und sich in die Wüste zurückgezogen hat. Er folgte damit der Aufforderung Jesus: »Willst du vollkommen sein, so geh hin, verkaufe, was du hast, und gib es den Armen, und du wirst einen Schatz in den Himmeln haben; und komm, folge mir nach!« (Mt 19,21).

Den »*Schatz in den Himmeln« zu erringen*, motiviert diese frommen Männer und Frauen, auf alles Irdische zu verzichten. Doch unerwarteterweise verstellen neue Hindernisse diesen Weg: nämlich Rücksichten auf die familiären Bindungen. Solche stürzen *Antonius* in eine *Pflichtenkollision*: Soll er dem geistigen Pfad treu sein – oder seiner Sippe? Diese Gedanken gelten wiederum als vom Widersacher eingegeben, weil sie ihn von seinem Entschluß abbringen könnten. Aus heutiger Sicht wird ihm dagegen ein *Konflikt* bewußt. Eine Entscheidung hat erst dann einen psychologischen *Wert*, wenn sie bewußt erfolgt ist. Zu einer bewußten Entscheidung gehört, sich den zugrundeliegenden Konflikt bewußt zu machen. Erst wenn dieser durchlitten ist, kann eine echte, *freie* Entscheidung entstehen.

Die Rücksichten auf die familiären Bande verlangen ein *Gefühlsurteil*. Erst durch dieses erweist sich der Asket als menschlich. Die Askese birgt ja die Gefahr einer gewissen *Rücksichtslosigkeit* und Grausamkeit in sich. Wer nicht bis zu einem gewissen Grad *gegen sich* rücksichtslos ist, wird sich niemals zum Asketen berufen fühlen. Die Rücksichtslosigkeit manifestiert sich erst in zweiter Linie gegen die Umgebung, nämlich erst, wenn der Asket nicht mehr sich selber gegenüber der Gefühlsduselei verfällt. Die Anfechtungen zielen genau auf die *Gefühlsschwäche* sich selber gegenüber. Das würde sich im Leben des *Antonius* zum Beispiel dadurch bemerkbar machen, daß er nicht sein ganzes Gut wegschenkt, indem er denkt, er würde etwas für seine alten Tage brauchen, wenn »sein Körper über die Zeitspanne« geschwächt sein werde. Eine solche Überlegung wäre keineswegs unberechtigt. Ihre Schwäche liegt allerdings darin, daß er sich nicht ganz dem *Vertrauen auf Gott* überläßt. So mahnt Matthäus

(6,25-26): »Sorget euch nicht um euer Leben, was ihr essen oder was ihr trinken sollt, noch um euren Leib, was ihr anziehen sollt! Ist nicht das Leben mehr als die Speise und der Leib mehr als die Kleidung? Sehet die Vögel des Himmels an! Sie säen nicht und ernten nicht und sammeln nicht in Scheunen, und euer himmlischer Vater ernährt sie [doch]. Seid ihr nicht viel mehr wert als sie?«

In den erbaulichen Geschichten wird immer wieder *vor übertriebener Askese gewarnt*. Ihr fehlt der *Eros* und die *Menschlichkeit*. Man verfällt dann nicht nur der Rücksichtslosigkeit des Widersachers. *Cassian* erzählt in der zweiten Besprechung mit *Abba Moses* die Geschichte des greisen *Heron*[13]: »Dieser wurde das Opfer einer teuflischen Illusion, die ihn vom Gipfel in den Abgrund stürzte ... Er hatte sich aus dem Fasten ein unbeugsames und absolutes Gesetz gemacht ... Der Engel Satans wurde von ihm wie ein Engel des Lichts empfangen, mit tiefster Verehrung [weil er vom Fasten dermaßen erschöpft war]. Beflissen, ihm zu gehorchen, stürzte er sich kopfüber in einen Sodbrunnen, dessen Grund das Auge nicht wahrnehmen konnte. Er verließ sich dabei auf das ihm gemachte Versprechen, daß er infolge seiner verdienstvollen Werke und Tugenden künftig aller Gefahren enthoben sei... Also stürzte er sich genau mitten in der Nacht in den Grund des Sodbrunnens, indem er dergestalt seine seltenen Verdienste unter Beweis zu stellen gedachte, indem er heil herauskäme. Doch die Mitbrüder hatten große Mühe, ihn halbtot daraus hervorzuziehen. Er verschied zwei Tage später.«

Der Widersacher ist ein *Trickster*[14]. Er verführt den frommen Gottesmann (*theophilus*) *Heron* zu rigorosem Fasten und spiegelt ihm die dadurch zu erwerbenden Verdienste vor. Ja, er gaukelt ihm sogar *Gottesähnlichkeit* als Ziel seines Fastens vor. Mit dem exzessiven Fasten verfällt er der *Inflation**, unsterblich oder unverwundbar zu sein. Die Probe aufs Exempel erweist sich als tödlich.

Diese frühen Christen haben die *Trickensternatur des Geistes des Unbewußten* erkannt, über welche sich die Alchemisten tausend Jahre später beklagten. Sie mißtrauten in der Folge *allen* Manifestationen des Unbewußten. »Es gibt bei den Dämonen so viele verschiedene Neigungen wie bei

---

* Als *Inflation* bezeichnete Jung den Zustand einer Art »Aufgeblasenheit«, eines Aufgebläht-seins; dabei wird die Persönlichkeit von unbewußten, überpersönlichen Inhalten überschwemmt oder identifiziert sich mit ihnen.

den Menschen. Wir haben darüber zweifelsfreie Beweise«, sagt Abba *Serenus* bei *Cassian*[15]. Einige, welche der Volksmund »Vagabunden« nennt, sind Betrüger und Possenreißer. Sie halten sich hartnäckig an gewissen Orten oder auf den Wegen. Aber sie wollen die Passanten nicht quälen, welche sie täuschen konnten. Sie sind mit Lachen und Spotten zufrieden und verlegen sich darauf, eher zu ermüden als zu schaden.«

Kehren wir zu unserer Geschichte von *Heron* zurück, den sein exzessives Fasten aufgeblasen machte. *Heron* hatte nicht die richtige Einstellung in der Askese. Er wollte durch sie *zur Macht gelangen* und verfiel dem *Größenwahn*. Dieser machte ihn unmenschlich, was er mit dem Leben büßte. Die Rücksichtslosigkeit, welche jede Askese verlangt, darf nicht zur Unmenschlichkeit führen. Deshalb mußte sich *Antonius* mit seinen familiären Verpflichtungen auseinandersetzen, bevor er sein Einsiedlerleben fortsetzen konnte.

»Niemand zweifelt«, sagt Abba *Serenus*[16], »daß die unreinen Geister die Natur unserer Gedanken kennen.« *Antonius* war zwanzig oder dreißig Jahre alt, als er sich in die Einöde zurückzog. »Der Widersacher näherte sich ihm«, sagt *Athanasius*[17], »durch den Kitzel der Jugend, an welchen naturgemäß unser Menschsein gebunden ist, und durch diese Anfechtungen schreckte er ihn des Nachts und belästigte er ihn tagsüber.« Weiter heißt es: »Und je mehr der Widersacher ihm unreine und schmutzige Gedanken eingab, desto mehr suchte er im Gebet Schutz, weil er sich ihrer sehr schämte. Der Widersacher jedoch bewirkte alles Schändliche, wie es seine Gewohnheit ist, bis zu dem Punkt, daß er ihm in der Gestalt einer Frau erschien … Oder der Widersacher vervielfältigte bei ihm die Gedanken der Begehrlichkeit, bis sich der Selige nicht über den Widersacher ärgerte, sondern über sich selber, und er klammerte sich an den Gedanken der Drohung des Gerichts und der Qual der Hölle und deren unsterblichen Wurm (Mc 9,44)[18]. Und als ihm dieser Gedanke gegen den Widersacher geholfen hatte, verschwanden auch alle anderen widerwärtigen Gedanken.«[19]

Dieser alte Heilige, dessen Geschichte manchem modernen Menschen veraltet erscheinen mag, hat ihm mindestens so viel voraus: *er betrachtet nicht sich selber als Urheber seiner Gedanken.* Sie erscheinen ihm als von außen kommend, vom Widersacher ihm eingegeben. Eine solche Unterscheidung ist äußerst wichtig. Denn so ist *Antonius* nicht mit seinen Gedanken identisch. Das gibt ihm die Möglichkeit, sich selber neben ihnen zu behaupten und einen eigenen Standpunkt zu finden. Dann erst ist eine Auseinandersetzung mit den vom Widersacher eingegebenen Gedanken möglich. Solange wir mit unseren Gedanken identisch sind, sind wir deren Sklaven. Wir haben *keine Freiheit im Urteil.*

Betrachten wir das Leben dieser frühchristlichen Asketen vom *psychologischen Standpunkt aus*, so stellen wir fest, daß sich ihr Unbewußtes infolge des Mangels an Sinnesreizen außerordentlich belebte und als visuelle oder auditive Halluzinationen faßbar wurde. Hinter diesen sahen sie listige Machenschaften des Dämons, der sie von ihrem heiligen Leben abzubringen suchte. Der Kampf mit diesen »Täuschungen« des Widersachers stärkte das *Bewußtsein gegenüber dem Unbewußten.* Diese Männer und Frauen hatten ein reiches empirisches Wissen um die Psychologie, bloß nannten sie es noch anders. *Bewußtwerdung heißt Unterscheidung.* Für diese Menschen bestand die Unterscheidung darin, den listigen Täuschungen nicht zum Opfer zu fallen. Diese frommen Menschen haben psychologisch Pionierarbeit im Sinne der Individuation, der Bewußtwerdung, geleistet.

Wir haben den Heiligen *Antonius* beim Kampf gegen die sexuelle Begehrlichkeit verlassen. Bestimmt wurde dieser Kampf für viele Einsiedler zum Prüfstein. *Johannes von Lykopolis* erzählt die Geschichte eines Mönches[20], der in einer Höhle wohnte und einen vorbildlichen Lebenswandel führte. Doch wie er in seiner Tugend fortschritt, verließ er sich zunehmend auf seine gute Lebensart. »Da forderte ihn der Versucher für sich wie Hiob. Er hielt ihm eines Abends das Bild einer schönen Frau vor Augen, die sich in der Wüste verirrt hatte. Wie sie die Türe zur Höhle offen findet, springt sie hinein, wirft sich dem Mönch zu Füßen und bittet um Gastfreundschaft, indem sie vorgibt, der Abend hätte sie überrascht. Weil er mit ihr Erbarmen hatte – was nicht ratsam war –, empfing er sie in der Höhle und begann, sie über ihre Reise zu befragen. Während sie ihm davon erzählte, streute sie schmeichlerische und verführerische Worte in ihn und zog das Gespräch lange hin. Sanft verstrickte sie ihn geschickt in Liebe, man kam zu immer weiteren Themen, zum Lachen, zu Liebkosungen. Durch ihre lange Unterhaltung führte sie ihn irre und fing den Asketen schließlich in dem Augenblick, als sie ihn an der Hand, am Kinn und am Hals berührte. Als ihn innerlich allerhand schlechte Gedanken erregten – er hatte die Sache in der Hand [glaubte er], erwog die günstige Gelegenheit, die Chance, ohne Gefahr sein Vergnügen zu suchen –, stimmte er im Geiste zu und versuchte, sich mit ihr zu vereinigen, jetzt besessen und zu einem Zuchthengst geworden, der das Weibchen betören wollte. Sie aber entglitt mit einem Schrei seinen Händen, ward unsichtbar, indem sie sich wie ein Schatten entzog. In der Luft hörte man ein lautes Lachen der Dämonen, die ihn mit ihren Täuschungen zum Narren gehalten hatten, die ihn höhnten und mit lauter Stimme riefen: »Jeder, der sich selbst erhöht, wird erniedrigt werden« (Lk 18,14). »Du hast dich bis zum Himmel erhoben und bist bis in die Hölle erniedrigt worden«.

Diese einfachen Erzählungen sind in ihrem naiven Realismus ergreifend. Sie schildern ein Stück alltäglicher Psychologie, wie sie jeder von uns schon erlebt hat. Doch sind wir noch so ehrlich, uns unsere Selbsttäuschungen derart ungeschminkt einzugestehen? Diese Ehrlichkeit sich selbst gegenüber ist bewundernswert. Gerade weil wir mit unseren Lieblingsgedanken identisch sind, können wir uns selten unsere Täuschung eingestehen. Mir scheinen diese »alten Geschichten« im Lichte der Psychologie neue Aktualität zu gewinnen. Wir brauchen weder Einsiedler noch auf dem Weg zur Heiligkeit zu sein, um zu verstehen, wo diese Psychologie in unserem Alltag Gültigkeit hat und wo wir von unseren Wünschen genarrt und verführt werden.

Palladius erzählt in der *Historia Lausiaca* von *Pachon*[21], einem siebzigjährigen Eremiten in der Sketischen Wüste, dem er seine sexuelle Not anvertraute und der ihm aus eigener Erfahrung berichtete: »Nun blieb mir der Teufel einige Tage fern, plagte mich aber dann noch ärger als zuvor, so daß ich nahe daran war, Gott zu lästern. Er nahm die Gestalt eines äthiopischen Mädchens an, das ich in jungen Jahren zur Sommerszeit Ähren sammeln sah, setzte sich mir auf den Schoß und erregte mich so, daß ich Unzucht mit ihr zu treiben glaubte. Da kam ich zur Besinnung und gab ihr eine Ohrfeige, worauf sie verschwand. Die Folge war, daß ich zwei Jahre lang den üblen Geruch meiner Hand nicht ertragen konnte. Ich irrte nun kleinmütig und verzagt durch die Wüste. Nun fand ich eine kleine Schlange. Diese nahm ich und hielt sie mir an die Zeugeglieder, um an dem Biß zu sterben. So sehr ich aber den Kopf des Tieres an die Scham drückte, biß es mich doch keineswegs. Da vernahm ich eine Stimme, die zu mir in meinem Innern sprach: »Geh' deines Weges, Pachon, und kämpfe! Nur deshalb ließ ich so heftige Drangsal über dich kommen, damit du nicht hochmütig würdest, als vermöchtest du etwas aus eigener Kraft; du sollst vielmehr deiner Schwäche bewußt, nicht deinem eigenen Wandel vertrauen, sondern Gottes Beistand suchen.««

Diese Geschichte zeigt eindrucksvoll, wie sich *Pachon* mit seinem Sexualkomplex auseinandersetzt. Was mich daran berührt, ist seine Ehrlichkeit und Konsequenz. Heute verstehen wir solche Geschichten wieder besser, weil sie *Aktiver Imagination* ähneln. Entkleiden wir sie der religiösen Sprache, so würde der Schluß lauten: Wir können mit unseren Komplexen nicht aus eigener Kraft fertig werden und sollen uns demütig unserer Schwachheit bewußt werden; und doch ist im Menschen eine Kraft, größer als jene der Komplexe, die diese zu überwinden vermag, jene des *Selbst*.

Solche Weisheit behält ihre Gültigkeit über Jahrhunderte hinweg; auch uns Heutigen täte sie gut. Wir brauchen an unseren Komplexen nicht zu verzweifeln. Auch wenn deren Integration ein Leben lang dauert, mahnen sie uns bloß an unser Unvermögen, damit wir bescheiden werden. Doch das Bemühen darum ist die entscheidende Tat, die letztlich dem Selbst, der Integrationskraft zur Ganzheit, das Verdienst zumißt.

Bei *Johannes von Lykopolis* und *Pachon* habe ich ganz selbstverständlich von einem *Komplex* gesprochen, der sich in ihren Visionen manifestiert. Der Begriff des Komplexes hat sich heute allgemein durchgesetzt. *Jung* hat den Begriff eingeführt und mit seinem Assoziationsexperiment die Struktur und das Verhalten der Komplexe untersucht. Er versteht darunter »das *Bild* einer bestimmten psychischen Situation, die lebhaft emotional betont ist und sich zudem als inkompatibel mit der habituellen Bewußtseinslage oder -einstellung erweist. Dieses Bild ist von starker innerer Geschlossenheit, es hat seine eigene Ganzheit und verfügt zudem über einen relativ hohen Grad von *Autonomie*, das heißt, es ist den Bewußtseinsdispositionen in nur geringem Maße unterworfen und benimmt sich daher wie ein belebtes *corpus alienum* [= Fremdkörper] im Bewußtseinsraume ... Im Grunde genommen gibt es *keinen prinzipiellen Unterschied* zwischen einer *Teilpersönlichkeit und einem Komplex*. ... Man darf heutzutage wohl die Hypothese als gesichert betrachten, daß Komplexe *abgesprengte Teilpsychen* sind.«[22]

Der Sexualkomplex unserer frustrierten Einsiedler *personifiziert* sich als verführerische Frau. »Es ist nun eine durch psychiatrische Erfahrung bestätigte Tatsache«, sagt *Jung*[23] an anderer Stelle, »daß alle Teile der Psyche, insofern sie eine gewisse Autonomie besitzen, Persönlichkeitscharakter aufweisen, wie die Spaltprodukte der Hysterie und der Schizophrenie, die »Geister« der Spiritisten, die Gestalten der Träume usw. Jeder abgespaltene Libidobetrag [= psychische Energie], das heißt jeder Komplex, hat oder ist eine (fragmentarische) Persönlichkeit. So sehen die Dinge aus, wenn vom Standpunkt der reinen Beobachtung aus betrachtet. Wenn man der Sache aber auf den Grund geht, so sieht man, daß es sich um archetypische Bildungen handelt. Es gibt keine absoluten Argumente gegen die Annahme, daß die archetypischen Gestalten ihren Persönlichkeitscharakter a priori besitzen und nicht sekundär personifiziert wurden. Die Archetypen nämlich, insofern sie nicht bloß funktionale Zusammenhänge darstellen, offenbaren sich als *daimones* als persönliche *agentia.*«

Die verführerische Frau unserer Eremiten stellt nicht eigentlich die Sexualität dar, sondern die *Anima als Verführerin.* Sie ist die archetypische Persönlichkeit, die hinter dem Sexualkomplex steht, von der *Jung* im obigen Zitat spricht. Sie verfügt über jenen Libidobetrag, jenen Betrag an psychischer Energie, die dem Bewußtsein infolge des asketischen Lebens fehlt. Das mönchische Ideal *entwertet* die Frau, schließt sie vom natürlichen Leben aus, so daß sie eine negative Form als Verführerin annimmt[24]. Sie zwingt sich dem Bewußtsein als visuelle und taktile Halluzination auf. So versucht das Selbst, den einseitig ignorierten Teil wieder ins Bewußtsein zu bringen. Das würde zur *Anerkennung des natürlichen Menschen* führen. Das ist der Naturtrieb im Menschen.

Die Aufgabe der frühchristlichen Asketen war aber eine andere: Sie wollten *den nur natürlichen Menschen überwinden.* Das ist ein opus contra naturam. Sie wollten alle Triebe und weltlichen Instinkte abtöten. Durch ihre »unnatürliche« Lebensweise machten sich jene in allerlei Halluzinationen bemerkbar. Durch deren Überwindung findet eine *Vergeistigung* statt. Das Bewußtsein erringt sich darin eine gewisse Freiheit gegenüber seinen instinktiven Notwendigkeiten. Das aber ist der *Kulturtrieb*[25], die Überwindung des bloß natürlichen Menschen. Diese Überwindung entspricht einer *Festigung des Bewußtseins den Mächten der Natur gegenüber.* Diese erst gibt dem Bewußtsein jenen Spielraum an freier Entscheidung, welchen wir als *freien Willen* bezeichnen. Der freie Wille ist keine konstante und keine apriorische Größe, sondern *jener Libidobetrag, der dem Bewußtsein zu freier Verfügung steht*[26].

Der Mensch der Antike war wohl, wenn wir dem Sittengemälde *Friedländers*[27] folgen, überwiegend von seinen Instinkten und Trieben bestimmt. Die antike Philosophie mit der Betonung der Ethik, besonders in der Stoa, war ein Versuch einer Kompensation – ein unbewußter säkularer Trend, den Menschen aus seiner Unbewußtheit herauszuführen. *Evagrius Ponticus*[28], der Systematiker und Theoretiker der Askese, hat seine Überlegungen denn auch bewußt an der Stoa angeknüpft. Die *praktiké* des Mönchs »ist eine geistliche Methode, welche die leidenschaftliche Seite der Seele reinigt.« Ihr Ziel ist die *Leidenschaftslosigkeit (apatheia)*. Diese ist die Voraussetzung der geistigen Erkenntnis, der Zugang zur *gnostiké*. Das Paar *praktiké – gnostiké* geht auf *Platon* zurück (Politeia 258e – 259c). Erstere ist sozusagen das Handwerk, letztere die Tätigkeit des Geistes. Erst *Philon von Alexandria* (*De praemiis et poenis 51*) verschiebt die Bedeutung der *praktiké* vom Profanen ins Moralische. Unter dem »praktischen Leben« versteht er die Askese, die *Jakob* übt, bevor er Gott sieht. Sie besteht darin, gemäß dem stoischen Ideal keine menschliche Angelegenheit zu vernachlässigen, aber auch keine Anstrengung und keinen Kampf zu scheuen, um zur Wahrheit zu gelangen. Die *praktiké* hat schon bei ihm eine hauptsächlich moralische und religiöse Bedeutung erhalten, die direkt der Suche nach der Vision Gottes untersteht. Am Anfang seine *Vita contemplativa* setzt *Philon* den Essenern, die ein »praktisches Leben« (*praktikos bios*) führen, die Therapeuten gegenüber, die sich der Kontemplation widmen.

Wenn einfache, meist ungebildete, fromme Leute, die manchmal die Bibel auswendig konnten, weil sie nicht lesen konnten[29], in die Einsamkeit gingen, um ein gottgefälliges Leben zu führen, indem sie gegen ihre eigenen Dämonen kämpften, so war das nur ein erster Schritt. Der bewundernswerte Entschluß dazu kann auch uns heute noch beeindrucken und veranlassen, ein Ähnliches unter völlig anderen äußeren Bedingungen zu tun. Im *Individuationsprozeß*, der so populär gewordenen und oft falsch verstandenen *Selbstwerdung*, braucht es einen ähnlichen radikalen Entschluß wie bei den Einsiedlern. Es geht nämlich um eine völlige »Umwertung der Werte«, um eine Abkehr von den kollektiven äußeren Werten und eine Hinwendung zu den inneren Bildern und dem Selbst (der Gottesvision der Asketen). Die »Verleugnung der Welt« besteht nicht darin, sich äußerlich aus dem Treiben der Welt zurückzuziehen, sondern darin, sich an den inneren Werten, am Selbst zu orientieren. Oft gelangt man dann allerdings auch in eine Wüste, in die eigene jedoch. Oft ist man dann auch völlig einsam, weil man nicht die breite Straße der Masse geht. Schließlich ist man auch allen Dämonen ausgeliefert, die man in sich trägt. Und wenn man lange genug mit seinen eigenen tausend Teufeln gerungen hat, projiziert man sie nicht mehr auf seine Nachbarn und findet eine innere Ruhe.

Einmal wurde dem *Makarius*[30] die besondere Gnade zuteil, mit eigenen Augen zu sehen, wie die Dämonen den Menschen mitspielten. »Während des Nachtgottesdienstes sah er quer durch die ganze Kirche eine Art kleiner Äthiopier da und dorthin flattern, während die Mönche in ihren Bänken Psalmen sangen. *Makarius* sah die kleinen Teufel den Mönchen tausend Possen spielen: diejenigen, denen sie mit ihren kleinen Fingern die Augen zudrückten, schliefen ein; jene, denen sie den Finger in den Mund steckten, begannen zu gähnen. Als die Mönche darnach zum Gebet einen Fußfall taten, sah *Makarius* die Teufelchen vom einen zum andern gehen, indem sie dem einen als Frau erschienen, beim andern dergleichen taten, etwas zu errichten oder zu tragen und andere Possen ähnlicher Art. Zur selben Zeit gaben sie jedem die entsprechenden Gedanken zu dem ein, was sie ihm vorgaukelten. Gewisse Mönche wiesen die Dämonen sogleich ab, so daß sie nicht wieder zu kommen wagten. Aber *Makarius* sah die Dämonen auf Nacken und Rücken von anderen Mönchen herumtollen, besonders von solchen, die beim Gebet nicht genügend aufmerksam waren.«

Wer kennt diese Dinge nicht aus eigener Erfahrung. Wenn man müde ist, können relativ oberflächliche Schichten des Unbewußten als *hypnagoge Bilder** einbrechen. Wird die Aufmerksamkeit willentlich verstärkt, so verschwinden sie. Sie sind sichtbar gewordene Komplexe, allerdings in desorganisierter Form. Eine gewisse Richtung moderner Kunst lebt von solchen Bildern. Eine kleine Ablenkung beim Gebet benutzte der Teufel und sprang rittlings *Hilarion* auf den Rücken, stieß ihn in die Seiten, schlug ihn mit der Geißel über den Nacken und schrie: »Vorwärts, warum schläfst du ein?« Während er vor Lachen fast zerbarst, fragte er ihn, ob er eine Handvoll Gerste möchte[31].

Besser kann wohl nicht dargestellt werden, daß *Hilarion der Teufel ritt*. Jede Unachtsamkeit setzt uns der Gefahr aus, daß ein Teufel, ein Komplex, auf uns überspringt. Psychiater oder Analytiker wissen das besonders gut. *Die Teufel sind ansteckend.* Man merkt es oft erst, wenn es

---

* Vor dem Einschlafen können *hypnagoge Halluzinationen* auftreten (gr. *Hypnos* Schlaf), kurz dauernde, lebhafte, zusammenhanglose, oft bizarre sensorische Erlebnisse, vor allem optischer Art (»Schlummerbilder«).

einen erwischt hat, wenn man schlechte Laune hat und sich wie ein Teufel benimmt.

Solche Dämonen sind meist noch leicht zu durchschauen, wenn man nur sich selbst gegenüber etwas kritisch eingestellt ist. Schwierig wird es, wenn sich die *furchtbare Paradoxie der Dämonen* zeigt. Oben habe ich das Beispiel des *Antonius* erwähnt, den Gedanken über seine familiäre Verantwortung bedrängten. Solche Gedanken lassen sich nicht als teuflisch an sich bewerten. Sie entsprangen, wie gezeigt, einer Pflichtenkollision. Der erwähnte *Johannes von Lykopolis*[32] wurde eines Nachts derart von Halluzinationen geplagt, daß er weder beten noch schlafen konnte. Am Morgen warfen sich die Gespenster ihm zu Füßen und baten spöttisch: »Verzeih uns, Vater, die Ungemach, die wir dir die ganze Nacht hindurch zugefügt haben.« Er aber antwortete ihnen: »Weicht von mir, ihr Übeltäter alle« (Ps 6,9), denn »du sollst den Herrn, deinen Gott, nicht versuchen« (Mt 4,7).

Dem Heiligen *Antonius*[33] erschien der Teufel ein anderes Mal in riesiger Gestalt. Mit dem Getöse einer großen Volksmenge pflanzte er sich vor ihm auf und wagte zu sagen: »Ich bin der Herrscher dieser Welt.« »Was du mich bittest, werde ich dir geben« (Lk 4,5-6); »bitte und nimm«. Ein andermal, als ich fastete, erschien mir der Täuscher in der Gestalt eines Einsiedlers, der Brot brachte und sich anschickte, mir den Rat zu geben: »Halte dich aufrecht, unterstütze dein Herz durch Brot und Wasser und ruhe dich etwas von der Menge deiner Werke aus, denn du bist ein Mensch, und welche Prahlerei du auch machst, du bist mit einem Körper angetan; fürchte die Leiden und Widerwärtigkeiten. Ich aber betrachtete sein Mitleid und hielt mich mit Worten zurück. Ich wendete mich in der Stille nach meiner Standhaftigkeit und begann meinen Herrn im Gebet zu fragen und sagte: »Herr, laß ihn nichtig werden, so wie du ihn zu allen Zeiten pflegst, nichtig werden zu lassen.« Und indes ich diese Worte beendet hatte, verzehrte er sich und verschwand wie Staub und in der Art von Rauch (Ps 37,20) entschlüpfte er durch die Türe.«

Der Rat des Mitbruders ist durchaus vernünftig. *Der Teufel kann daher sogar vernünftigen Rat geben.* Doch allein schon das Ziel dieses Rats – den Seligen vom Fasten abzuhalten – verrät die teuflische List dahinter. Der Teufel kann sich gar in einen Engel des Lichts verwandeln, wie *Paulus* im zweiten Brief an die Korinther 11,14 sagt. *Palladius* berichtet in der Historia Lausiaca die traurige Geschichte des Palästinensers *Valens*[34].

Dieser kam in die Wüste, wohnte dort eine Reihe von Jahren und überhob sich zuletzt in solchem Maße, daß ihn die Teufel betrogen. Der Widersacher »verwandelte« sich in den Erlöser und kam als nächtliches Trugbild, von tausend Engeln umgeben, die brennende Leuchten trugen. Er selbst, mitten im Lichterglanze, sah dem Erlöser gleich; er sandte einen Boten voraus, der zu *Valens* sagen mußte: »Christus hat dich lieb gewonnen ob deines Wandels und offenen Wesens; nun kommt er, dich zu sehen. Geh hinaus vor deine Zelle! Sobald du ihn erblickst, wirf dich nieder auf dein Angesicht, bete ihn an und geh' wieder zurück in deine Zelle!« So ging er denn hinaus, sah das strahlende Gefolge und, ein Stadium weit entfernt, den Antichrist, fiel nieder auf sein Angesicht und betete ihn an. Am nächsten Tag war sein Wahnsinn so gewachsen, daß er in die Kirche kam und den versammelten Brüdern zurief: »Ich habe nicht nötig, an den Geheimnissen teilzunehmen, denn heute hab' ich Christum selber gesehen.« Da banden ihn die Väter, legten ihm ein Jahr hindurch Fußfesseln an und brachten ihn zur Besinnung. Durch Gebet, Demütigung und strenge Behandlung heilten sie seinen Wahn: »… Denn oft wird sogar die Tugend ein Anlaß zum Falle, wenn sie nicht in der rechten Absicht vollbracht wird; steht doch geschrieben: Ich sah den Gerechten zugrunde gehen in seiner Gerechtigkeit, und auch das ist Eitelkeit.« (Pred. 7,16)

Nicht jeder, der einer Inflation zum Opfer gefallen ist, hat solche hilfreichen Mitbrüder, die ihn unsanft zwar, aber heilsam auf den Boden der Realität zurückholen. Nicht jede Inflation ist so grotesk wie jene des *Valens*, daß sie von den Mitbrüdern erkannt würde. Doch damit verpaßt der Betroffene die Chance, geheilt zu werden.

Im letzten Beispiel besteht die subtile Versuchung darin, sich *an die Stelle des Geheimnisses zu setzen.* Dieser Satz bedarf einer Erläuterung: Die Religion handelt vom göttlichen Geheimnis. Die Kirche ist die Verwalterin dieser Geheimnisse. Setzt sich nun der Mensch an die Stelle der Geheimnisse, so ist er dem Größenwahn verfallen. Die Kirche hat daher stets die historische Objektivität des Christuslebens und die Objektivität Gottes außerhalb des Menschen betont, um diesen vor der Inflation zu schützen. So lange das *Ichbewußtsein schwach* ist, schwebt es stets in Gefahr, sich nicht von den Inhalten des Unbewußten zu unterscheiden. Durch den Einbruch unbewußter Inhalte wird das bewußte Ich aufgelöst. Eine solche Auflösung kann wie in unserem Beispiel psychotische Ausmaße annehmen. Erst heute, nachdem C.G. Jung die *objektive Psyche* entdeckt hat, sind wir in der Lage, dieses Problem im richtigen Licht zu sehen. Das Geheimnis ist nämlich keineswegs durch die moderne Tiefenpsychologie weggewischt worden. Es hat sich allerdings dorthin verschoben, von wo die Kraft der Numinosität immer ausgegangen ist, in die Seele. Diese ist eben gerade *nicht* identisch mit dem Bewußtsein, sondern in geradezu unheimlichem Maße von diesem unabhängig. Sie verhält sich zu diesem wie ein autonomes Gegenüber. Jede Kommunikation mit dem Göttlichen und jedes religiöse Gefühl kommen uns nur über die Seele zum Bewußtsein. Die Seele ist daher die Trägerin der *imago dei* (Gottesbildes), ohne daß wir wissenschaftlich in der Lage wären anzugeben, was dieses Bild verursacht. Wir wissen nur, daß es Träger der *höchsten Werte* und der *stärksten Numinosität* ist.

Es war wichtig, daß die Kirche darauf bestand, die Objektivität des Geheimnisses zu erhalten. In den Tagen unserer Asketen und für viele Jahrhunderte danach bestand der Weg darin, das Geheimnis außerhalb des Menschen anzusiedeln. Auf lange Zeit blieb die einzige Möglichkeit, mit Dämonen umzugehen, sie von sich zu weisen und Zuflucht bei den äußeren Geheimnissen zu suchen. Diese schützten schließlich den Menschen vor der gefährlichen Inflation und verwiesen ihn auf seinen bescheidenen Platz im göttlichen Weltgeschehen.

Hat uns die Analytische Psychologie einen anderen Umgang mit den Dämonen ermöglicht? Wir können die Dämonen nicht mehr rundweg als »das Böse« bezeichnen. Und wenn wir es auch täten, wären wir sie noch lange nicht los, wie man eine Zeitlang glaubte. Nicht nur die Asketen in der Thebais standen unter der Bedrohung durch Dämonen. Wir schweben heute wohl ebenso in dieser Gefahr – mit dem Unterschied allerdings, daß wir uns ihrer in weit geringerem Maße bewußt sind, als es die Eremiten waren. Sie wußten, daß sie »nicht wider Fleisch und Blut kämpften, sondern wider die Gewalten, ... wider die Geisterwesen der Bosheit ...« (Eph 6,12). Obwohl uns die moderne Tiefenpsychologie eines Besseren belehren könnte, sehen wir die Gefahren noch viel zu sehr außen. »Die einzige wirkliche Gefahr, die es gibt, ist der Mensch selber«, sagt *Jung*[35] in einem Interview und meint damit die unbewußte Psyche. Wir sind nicht mehr in der beneidenswerten Lage der Asketen, die Dämonen und ihre Listen einfach entlarven zu können, um sie los zu sein. Sie bedrängen uns in einem solchen Maß, daß es nicht übertrieben ist, wenn ich sage: Unser Überleben hängt von ihnen ab.

Die Mönche in der Thebais sind längst ausgestorben. Doch haben sie uns ein Problem hinterlassen, auf welches sie zu ihrer Zeit die ihnen mögliche Antwort gaben[36]. Wir müssen zusehen, daß wir heute an diesem Problem weiterarbeiten, um eine neue, moderne Antwort geben zu können. Sie ist noch lange nicht gefunden!

2. Die Dämonen im frühen Christentum

Das Christentum teilt den Dämonenglauben mit den Mittelmeervölkern der Antike. Manches hatte schon der jüdische Volksglaube von den Nachbarvölkern übernommen. Trotzdem unterscheiden sich die Glaubenslehren des Alten Testaments von den vorderasiatischen dämonistischen Religionen[1]. Der Alleinigkeitsanspruch Jahwes (2 Mos 20,4; 5 Mos 20,10 f) hat wohl die im Volksglauben vorhandenen Dämonen assimiliert; Jahwe bekam dementsprechend einen sehr schillernden Charakter, der viele Gegensätze vereinte[2]. Das *Buch Tobit* der Apokryphen hat uns die Geschichte des Dämons Asmodi erhalten, von welchem Sara, die Tochter Raguels zu Ekbatana in Medien besessen war[3]. Diese Geschichte lehrt, wie man mit Dämonen umzugehen hat und Besessene von ihnen befreit. Den Dämon, der alle sieben früheren Bräutigame Saras in der Hochzeitsnacht umbrachte, treibt Tobia durch Räucherwerk aus (8,2). Bei seinem gelungenen Exorzismus führt ihn viel eher der Rat des geheimnisvollen Begleiters Raphael (5,4). Dieser empfiehlt ihm am Tigrisfluß, den Fisch, der ihn verschlingen wollte, zu packen und ans Land zu schleudern (6,3). Um den Dämon auszutreiben, müsse Tobia Herz und Leber auf eine Glut legen. Dem blinden Vater streicht Tobia Fischgalle auf die Augen und macht ihn so wieder sehend.

Ohne bei der psychologischen Analyse des Buches Tobit in Einzelheiten zu gehen, fällt die zentrale Rolle des wunderbaren Fisches auf. Er ist das *Alexipharmakon*, das Allheilmittel, vor dem der Dämon weicht und welches Blindheit heilt. Die Blindheit von Tobias Vater und die Besessenheit der Tochter Sara dürften insofern eine geheime Entsprechung haben, als ein starker Vaterkomplex bei der Tochter oft einen ausgesprochen negativen Animus ausbildet. Diese ist seelisch so stark an den Vater gebunden, daß sie einen fremden Mann als Bräutigam unbewußt abwehrt. Um diese Vorgänge weiß das Individuum nichts; dadurch wird es zum Opfer einer solchen Konstellation. Die unbewußten Mächte werden als Dämonen empfunden, weil sie die eigenen Absichten durchkreuzen. Je unbewußter die Person, desto wehrloser ist sie den dämonischen Mächten ausgeliefert. Daher kann Sara die Vorwürfe der Mägde (3,8), ihre sieben Bräutigame erwürgt zu haben, nur bedingt annehmen. Sie fühlt sich zugleich machtlos *und* schuldig, weshalb sie ihrem Leben ein Ende setzen möchte. Als einziges Kind ihres Vaters besinnt sie sich dann doch anders, um ihm keine Schande zu machen.

Die Dämonen, von denen wir besessen sind, treiben uns tatsächlich oft an den Rand des Selbstmordes, weil sie stets unsere besten Absichten durchkreuzen; wir kommen nicht umhin, das zu tun, was wir nicht wollen. Vor dem Suizid bewahrt nur eine religiöse Haltung, die in dem, was unseren Willen durchkreuzt, das Mächtige, Göttliche oder Dämonische erkennt. Diesem kommt der Mensch nur *concedente deo*, mit Hilfe Gottes bei. Tatsächlich findet Saras inbrünstiges Gebet »vor der Herrlichkeit des großen Gottes« Gehör (3,16). Indem dieser seinen Engel Raphael entsendet, kommt er dem schwachen Menschen zu Hilfe. Der Mensch scheint dabei nur das Zünglein an der Waage im kosmischen Kampf der Gegensätze. Doch in Wahrheit erlöst der Engel Sara nicht unmittelbar; er steht ihr nur indirekt bei, als wundertätiger Begleiter Tobias, des eigentlichen Helden der Geschichte. Nur *dem menschlichen Bewußtsein kommt es zu, die entsprechende Tat zu vollbringen, auch wenn ihm dazu im Grunde die Kraft fehlen würde, könnte es nicht auf den mächtigen Helfer zählen.* Das ist die kosmische Rolle des Bewußtseins, die ihm trotz aller Schwäche zukommt; deshalb ist der Suizid keine Lösung des Problems; die wahre Lösung erfordert eine Erweiterung des Bewußtseins. Es ist zu eng geworden und deswegen von einem unbewußten Inhalt besessen. Die Erlösung befreit nicht bloß von der Besessenheit, sondern erweitert das Bewußtsein. Einem bloßen Exorzismus gelingt dies nicht. Die im Buch Tobit geschilderte Entwicklung entspricht daher schon einer gereifteren Entwicklung des Bewußtseins.

C.G. Jung ist in seinem Buch Aion auf das Symbol des wunderbaren Fisches und seine Bedeutung ausführlich eingegangen. Der gefährliche verschlingende Fisch greift Tobia beim Bad im Tigris an. Derselbe negative Aspekt tritt beim Propheten Jona zutage, der sich seinem Auftrag entziehen will, deshalb ein Schiff besteigt, um nach Tharsis zu fliehen, doch im aufkommenden Sturm über Bord geworden wird. Da »entbot der Herr einen großen Fisch, Jona zu verschlingen«. An Land spie ihn der Fisch wieder aus (2,1). Auch hier führt der Fisch den Jona seinem Schicksal zu, dem dieser sich entziehen wollte.

Das Fischsymbol ist ebenso ambivalent wie das Schicksal, das »den Wollenden führt, den Widerstrebenden aber schleppt«. Der Fisch ist aber auch der Erlöser; Christus wurde als *Ichthys*, als Fisch bezeichnet. Schon in der jüdischen Tradition gilt der Fisch als die Speise der Kranken. Der Leviathan, das Meeresungeheuer, ist ebenfalls ambivalent: einerseits Symbol des Teufels, andererseits eucharistische Speise im Zusammenhang mit dem Messias.

Hält die bewußte Persönlichkeit der gefährlichen Seite des Fisches stand, so tritt seine segensreiche Seite zutage. Der Fisch symbolisiert nämlich jenen lebendigen Inhalt des Unbewußten, welcher der bewußten Einstellung fehlt. Dieser Mangel macht sie für Besessenheit anfällig. Immer, wenn dem Bewußtsein ein wesentliches Stück zur Ganzheit fehlt, tritt eine Schwachstelle auf, die es der Besessenheit ausliefert. Im Buch Tobit ist Sara als Symbol des Eros von einem Erzteufel besessen.

Das Buch Tobit stammt etwa aus dem dritten vorchristlichen Jahrhundert, der Zeit des Exils also. Es schildert nicht bloß ein individuelles, sondern ein kollektives Problem, nämlich einen Defekt im Erosbereich des heimatlosen jüdischen Volkes. Die jüdische Kultur und Religion war recht einseitig männlich- patriarchal. Die weibliche Seite repräsentierte Israel, die Braut Jahwes, das jüdische Volk. Zwischen beiden bestand eine spannungsreiche Ehe, geprägt von Eifersucht und Ressentiments seitens Jahwes (2 Sam 24,1: 1 Chron 21,1). Dadurch konnte sich das Volk in emotionaler Hinsicht nicht natürlich entwickeln, wichtige Gefühle wurden dämonisiert.

Diese Dämonisierung ist ein Prozeß, der eigentlich nach Heilung und höherer Ganzheit strebt. Deshalb erwächst dem Dämon im Unbewußten ein Gegenspieler in Form des Engels Raphael und des ganzmachenden, heilenden Fisches als eines neuen Eros, der die Gegensätze vereint. Im Neuen Testament gilt *Jesus als der Überwinder der Dämonen, als Exorzist*, der zur Endzeit den Teufel und seine Dämonen entmachten wird (1 Joh 3,8). Das Evangelium der Liebe scheint alle Keime in sich zu tragen, um die im Buch Tobit eingeleitete Entwicklung fortzuführen. Die Taufe übernahm im Frühchristentum eine exorzistische Funktion[4]: Sie sollte die Dämonen vom Täufling fernhalten (Kol 2,15). Der Heilige Geist, der in der Taufe verliehen wird, schenkt Macht über die bösen Geister[5]. Die Taufe als Wiedergeburt (Joh 3,3-7) paßt sehr wohl zum wunderbar heilenden Fisch des Buches Tobit. Das Taufbecken ist die *piscina* (Fischteich), die Untergetauchten sind die *pisciculi* (Fischlein). Diese Symbolik bedeutet: Der Mensch, der den alten natürlichen Menschen (1 Kor 15,44) ausgezogen hat und mit dem lebendigen Urgrund verbunden ist, braucht sich nicht mehr vor den Dämonen zu fürchten; denn wo immer ihm solche erstehen, bildet sich als Gegentendenz auch das Heilende zu seinem Gebrauch.

In der Auseinandersetzung mit seiner Umwelt machte das junge Christentum in den ersten Jahrhunderten einen gewaltigen Wandel durch[6]. Sein Monotheismus überwand den antiken Hellenismus. Dabei »infizierte« er sich mit dem Polytheismus. Die überwundenen antiken Götter wurden dämonisiert, sie verfielen dem Unbewußten – als eine unsterbliche Wirklichkeit der menschlichen Seele, für welche die vorherrschende Bewußtseinshaltung keinen Platz mehr vorsah. Die antiken Götter im Olymp wurden zwar entthront, aber sie übten nun in versteckter Form ihre dämonische Macht aus.

Im zweiten Jahrhundert drang im Heidentum der Dämonenglauben aus den dunklen unteren Schichten in die oberen, selbst in die Literatur[7]. Die antike Religiosität hatte ihre Lebendigkeit und Wirksamkeit eingebüßt. In diese Lücke sprang das junge Christentum. Die antike Kultur hat es dabei nicht zerstört – denn ausgehöhlt war diese ohnehin schon –, es machte sich bloß ihre Schwäche zunutze. Daß Christus die Dämonen beschwor, kam ihrer verängstigten Geistesverfassung zupaß. Die frühe Kirche hat denn auch in jeder Gemeinde ihre eigenen Exorzisten gehabt, die einen eigenen Stand in der niederen Hierarchie bildeten[8]. Diese exorzistische Tendenz führte dem jungen Christentum nicht wenige Anhänger zu (Jak 2,19).

Zwar lehrte das Christentum offiziell, durch Tod und Auferstehung Christi seien die dämonischen Kräfte überwunden (Eph 1,21). Doch der überwunden geglaubte Polytheismus setzte sich in neuer Form wieder fest. *Heiligenkult* und *Reliquienverehrung* bildeten sich aus, die beide die polydämonistischen Tendenzen befriedigten. Der Monotheismus stellt eine Höherentwicklung dar, insofern er gegensätzliche Tendenzen zur Synthese bringt. Aber die vollständige Synthese *aller* Gegensätze im *einen* Gottesbild blieb aus. Dafür hätte es eben jenes integralen differenzierten Eros bedurft, der im Judentum des Buches Tobit das Problem war. Mit dem Alten Testament als Vorläufer und Hinweis auf das Neue übernahm das Christentum diese Problematik. Unter der Oberfläche des Monotheismus

liegt ein *heimlicher Dualismus von Gut und Böse*, darunter gar ein Poly-
dämonismus. Die Asketen in der Wüste haben nicht wenig dazu beigetra-
gen, das Gottesbild zu polarisieren. In den ersten Jahrhunderten tobte ein
Kampf um die Integration des Bösen ins Gottesbild. Insbesondere die
Gnosis hat sich dieses vorrangigen Problems intensiv angenommen. Doch
sie unterlag der institutionalisierten Kirche, weil sie mangelhaft organi-
siert war.

Besonders schwer tat sich das junge Christentum in der Auseinanderset-
zung mit der antiken Philosophie. Deren Apologeten konnten sich auf den
Prolog des Johannes-Evangeliums berufen, um darzutun, daß sich der
Logos in Christus inkarniert hatte, der Logos, den alle Philosophie suchte.
Von daher empfahl sich das Christentum als Urphilosophie[9], als die *eine*
Philosophie, von welcher alle verschiedenen Philosophien ihren Ausgang
nahmen. Wahre Philosophie ist auch wahre Religion (Poseidonios, Seneca,
Ep. 90,3). Echte Religion ist nach *Poseidonios* dasselbe wie Frömmigkeit.
So sagt *Seneca*, das Werk der Philosophie sei nur eines, nämlich vom
Göttlichen und Menschlichen die Wahrheit zu finden[10]. *Lukian* erzählt[11],
Zeus habe sich des unwissenden Menschengeschlechts erbarmt und die
personifizierte Philosophie zu ihm mit dem Auftrag geschickt, dafür zu
sorgen, daß sie aufhörten, einander Unrecht zu tun, Gewalt anzuwenden
und wie Tiere zu leben, statt auf die Wahrheit zu achten und friedlich miteinander zu leben.

So empfahl sich das Christentum als Urphilosophie zur Übernahme auf
einem dafür schon vorbereiteten Feld. Die Aufgabe der Apologeten
bestand ja darin, der gebildeten Welt der Antike darzutun, daß es nur ein
kleiner Schritt von ihrer Geisteswelt in jene der neuen Religion war, daß
beide eigentlich auf derselben Grundlage standen, mehr noch, daß sich die
antiken Philosophien von der durch Christus offenbarten Wahrheit ablei-
teten.

Mit seinen missionarischen Bemühungen faßte das Christentum zuerst in
den untersten sozialen Schichten Fuß, bei Sklaven, Freigelassenen und
Handwerkern[12]. So konnte Paulus im ersten Brief an die Korinther (1,25-
29) schreiben: »Denn das Törichte von seiten Gottes ist weiser als die Menschen und das Schwache von seiten Gottes stärker als die Menschen. Sehet
doch nur eure Berufung an, ihr Brüder: Nicht viele Weise nach dem Flei-
sche, nicht viele Mächtige, nicht viele Leute von vornehmer Geburt [sind
berufen], sondern was vor der Welt töricht ist, hat Gott erwählt, damit er

35

die Weisen zuschanden mache, und was vor der Welt schwach ist, hat Gott erwählt, damit er das Starke zuschanden mache, und was vor der Welt niedriggeboren und was verachtet ist, hat Gott erwählt, das, was nichts gilt, damit er das, was gilt, zunichte mache, auf daß sich kein Fleisch vor Gott rühme.« Die Apologeten versuchten nun, dem Christentum auch die gebildeten Stände aufzuschließen. Dabei wurde die irrationale Offenbarungsreligion auf ein rationales Fundament gestellt. Die gelehrte Theologie versuchte gar, sich der Philosophie als ebenbürtig zu erweisen. Das christliche Mysterium wurde in den folgenden Jahrhunderten unter blutigen Kämpfen in ein systematisches Lehrgebäude rationalisiert. Die ursprüngliche Ergriffenheit verschwand in formelhaften Glaubensbekenntnissen und Dogmen. Die Religion wurde veräußerlicht und zu einer Kirche institutionalisiert. Die Macht einer festen Organisation manifestierte und bewährte sich darin, die gnostische Bewegung zu unterdrücken und auszurotten; diese ist eine introvertierte, intuitive Unterströmung vieler offizieller Religionen. (Es gab sie schon im vorchristlichen Judentum. Noch heute finden wir sie im Islam.) Alle introvertierten Tendenzen mußten zwangsläufig der mächtigen extravertierten Kirche unterliegen. In der Folge wurde manches unterdrückt und veräußerlicht, was zu einem ganzheitlichen Gottesbild gehört hätte. Das öffnete den Dämonen Tür und Tor. An den Außenwänden gotischer Kathedralen tauchen sie als Wasserspeier (*Gargoyl*) auf, alles Verdrängte des institutionalisierten Christentums darstellend.

Die Dämonen dringen stets dort ein, wo man sie am wenigsten erwartet. In einer zerfallenden Kultur wie der römischen der Kaiserzeit, in welcher die dämonischen Kräfte des Chaos, der Willkür, der Menschenverachtung, der triebhaften Blindheit herrschten, war die junge orientalische Religion eine geistige Kraft, die Dämonen bannen konnte. Sie drückte eine neue Ordnung und neue lebendige Werte aus. Vielleicht mit Ausnahme *Senecas* war die antike Philosophie in der Kaiserzeit nicht mehr schöpferisch und vorwiegend sittlich ausgerichtet. Sie mußte zur Gewalttätigkeit und Triebhaftigkeit des antiken Menschen ein Gegengewicht darstellen. Obwohl die Philosophie oft von Gott redet, hatten nur wenige Philosophen wirkliche Gotteserfahrung. Der »Gott der Philosophen« war eine denkerische Konstruktion und keine numinose Erfahrung. Im Volk war keine lebendige Religiosität mehr vorhanden. Man übte nach Gewohnheit seine religiösen Pflichten den Göttern gegenüber aus. Zwar pflegte man noch die Staatskulte. Doch wirklichen geistigen Halt gab nichts mehr.

Wenn das Christentum in einer solchen geistigen Öde Erfolg hatte, so gerade deshalb, weil es nicht hohe Ideale und abstrakte Konstruktionen predigte, sondern die lebendige Seele des einzelnen zu ergreifen verstand. Ihm gelang es, die seelischen Realitäten auszudrücken. Insbesondere war nach dem oben zitierten Paulus-Brief alles Schwache, Niedrige, Unzulängliche angenommen und vor Gott erhöht. Das mußte für Millionen Menschen der Alten Welt Erlösung bedeuten. Besonders wenn wir die Worte des Apostels als Ausdruck innerer Wirklichkeit auffassen, bedeuten sie eine Anerkennung alles Schwachen, Unvollkommenen und Niedrigen in uns. Das ist *wahrer »*Exorzismus«: *Einer nimmt alles das in sich an, dessen er sich vor der Welt schämt.* Dadurch hält er die inneren Dämonen nämlich dort fest, wo sie am wenigsten Schaden anrichten und wo sie sich wandeln können – und bannt sie somit.

Nicht zuletzt seiner exorzistischen Fähigkeit wegen konnte sich das Christentum in der Alten Welt ausbreiten. Von dieser Tendenz rückte es dann aber immer mehr ab, zugleich verengte sich sein Gottesbild zunehmend. So vermochte es unter anderem keine befriedigende Antwort auf die *Frage nach dem Bösen* zu geben, mit welcher zum Beispiel die Gnosis gerungen hat. Je rationaler das Gottesbild wurde – als *summum bonum* etwa, welches aus der griechischen Philosophie übernommen wurde –, desto dämonischer wurden alle jene unberücksichtigten Aspekte, und desto irrationaler gebärdeten sie sich.

Das Verhältnis zu Natur und Eros ist nur ein Beispiel unter vielen dafür. Die antike Religion besaß noch viele animistische Züge; in der Natur wimmelte es nur so von Nymphen, Dryaden, Panen, Satyren und Silenen. Das Christentum verabscheute zwar nicht diese wunderbare Natur, betonte aber statt der Naturverehrung den Schöpfer, der über seiner Schöpfung steht. Eine gewisse Naturfeindlichkeit schwingt darin untergründig mit.

Zur Natur gehört auch der *Eros*, der mehr als nur Sexualität ist. Das Christentum hat ihn auf die *Agapé*, die Nächstenliebe eingeschränkt, wodurch er seine kosmogonische Funktion verloren hat. Nicht nur war die Einengung des Gottesbildes ein Verlust; schlimmer noch, der nicht anerkannte Teil verfiel dem Unbewußten, weil er in der vorherrschenden Glaubenslehre keinen Ausdruck fand. Was dem Unbewußten verfällt, was nicht irgendwie im Bewußtsein repräsentiert wird, steht in Gefahr, zum Dämon zu werden. Die psychotherapeutische Funktion der Religionen – und zugleich die älteste Psychotherapie – besteht darin, durch ihre Mythen und

Symbole der Ganzheit der Psyche Ausdruck zu verschaffen[13]. Insofern sie das tut und die Religion lebendig ausgeübt wird, schützt sie vor den Dämonen. Noch bis in unsere Tage wird den Dämonen, wenn auch mit abnehmendem Erfolg, das christliche Kreuz entgegengehalten.

Die christliche Kirche hat es versäumt, ihren Mythus durch die Jahrhunderte hindurch weiterzuentwickeln[14], um ihn lebendig zu erhalten. Das von ihr verteidigte Gottesbild wird immer enger und starrer. Infolgedessen belebt sich auf unheimliche Weise all jenes aufs neue, was außerhalb davon liegt – im Reich der Dämonen.

Ihre Gewalt beziehen die Dämonen jedoch in erster Linie daraus, daß sie in der bewußten Welt nicht vertreten, nicht verehrt, ja nicht einmal zur Sprache gebracht werden. Sie bleiben eine unbekannte, bedrohliche Macht. Diese wird – wie alles Unbewußte – auf irgendwelche äußeren Gegebenheiten projiziert, wodurch man sie erst recht aus den Augen verliert. Dadurch wird sie umso gefährlicher. Die Dämonen narren den Menschen und verleiten ihn, sie überall zu suchen, nur nicht dort, wo sie wirklich sind, nämlich am nächsten Ort. Die unbequemste Aufgabe ist es allerdings, bei sich selber zu suchen. Daß im Christentum das Gottesbild noch projiziert ist und wir es nicht *in* uns suchen, findet seine Entsprechung darin, daß wir verlernt haben die Dämonen *in* uns aufzuspüren und zu entlarven. Doch wie steht es mit dem »Christus in Euch« (Rm 8,10)? Oder anderen Stellen bei Paulus, die deutlich machen, daß er sich nicht mit Ihm identifiziert, sondern Seinen Geist oder Seine Kraft in sich meint (1 Cor 3,23; 2 Cor 12,9)? Als Ebenbild Gottes, mit Christus *in* sich, wird der Mensch nicht nur erhöht, er wird auch mit der Verantwortung belastet, seiner tausend Teufel gewahr zu werden. Dann hat jeder auch sein Kreuz zu tragen und an der Spannung der Gegensätze zu leiden. Dieses ist das wirkliche, das *archetypische* Leiden des Menschseins.

3. Die Spaltbarkeit der Persönlichkeit

»Ziehen wir die Hypothese des Unbewußten ernstlich in Betracht«, sagt C.G. Jung[1], »so müssen wir einsehen, daß unser Weltbild nur als vorläufig gelten darf; denn wenn man am Subjekt des Wahrnehmens und Erkennens eine so grundlegende Veränderung wie die einer ungleichen Verdoppelung vollzieht, so muß ein Weltbild, das von dem bisherigen verschieden ist, entstehen. Dies ist allerdings nur dann möglich, wenn die Hypothese des Unbewußten zu Recht besteht, und dies kann nur dann erwiesen werden, wenn unbewußte Inhalte sich in bewußte verwandeln lassen, also wenn es gelingt, die vom Unbewußten ausgehenden Störungen, nämlich die Wirkungen der Spontanmanifestationen, von Träumen, Fantasien und Komplexen, dem Bewußtsein durch Deutung zu integrieren«.

Wie die praktische Psychologie hinlänglich erwiesen hat, bestehen neben dem Bewußtsein unbewußte Inhalte, die prinzipiell dem Bewußtsein einverleibt werden können. Dazu muß das Bewußtsein allerdings entsprechend bereit sein. Auch müssen die unbewußten Inhalte eine Form aufweisen, welche das Bewußtsein »versteht«. Dafür sorgen »Deutungen«. So üben Träume zwar an sich schon eine Eigenwirkung auf das Bewußtsein aus; doch erst die Deutung »übersetzt« aus der Sprache des Unbewußten in jene des Bewußtseins. Das setzt voraus, daß sich die »Sprache« des Unbewußten von jener des Bewußtseins unterscheidet; in der Tat drückt sich das Unbewußte vorwiegend *symbolisch* aus.

Auch Fantasien und Komplexe bedürfen einer adäquaten Deutung, um integrierbar zu werden. So verwirft das Bewußtsein Fantasien oft als unsinnig oder unbedeutend, weil es sie nicht versteht. Erst wenn die Fantasien durch paralleles Material der Geistesgeschichte angereichert, *amplifiziert* werden, erschließt sich dem Bewußtsein ihr Sinn. Noch schwieriger ist es bei den Komplexen. Sie stehen dem Bewußtsein vorerst völlig fremd gegenüber. Um sie zu integrieren, bedarf es einer erheblichen psychischen Anstrengung, verbunden mit einem Energieaufwand. Dabei erweitert sich das Bewußtsein und wandelt sich zugleich. Wegen dieses Aufwandes und der Angst vor einer Wandlung widersetzt sich das Bewußtsein oft einer solchen Aufgabe.

Vorausgesetzt, die unbewußte Psyche ist eine Realität: Was ist das Subjekt des Wahrnehmens und Erkennens? Im 19. Jahrhundert begann man, das Wesen der *multiplen Persönlichkeit*[2] zu erhellen. Einer der ersten genauer untersuchten Fälle ist jener von *Mary Renold*, die mit neunzehn Jahren plötzlich in einen merkwürdigen Zustand verfiel, in welchem sie mehrere Wochen lang blind und taub war und ihr Gedächtnis verlor. Nach fünf Wochen erwachte sie ebenso plötzlich wieder in ihrem früheren Zustand und wußte nicht, was in der Zwischenzeit geschehen war. Fünfzehn Jahre lang schwankte sie zwischen einem normalen Zustand, in welchem sie eine ruhige, nüchterne, nachdenkliche Person mit einer Neigung zu Depressionen war, und einem zweiten Zustand, in welchem sie fröhlich, lustig, extravagant, gesellig war, zu Späßen, handgreiflichen Streichen und zum Verseschmieden aufgelegt. Die Handschriften der beiden Zustände unterschieden sich gravierend voneinander. In jedem ihrer Zustände wußte sie vom anderen und fürchtete, wieder in ihn zurückzufallen.

Ein weiterer berühmter Fall ist jener des elfjährigen Mädchens *Estelle*, den Dr. *Despine der Ältere* behandelt und ausführlich beschrieben hat[3]. Seit Estelle als Neunjährige von einem gleichaltrigen Kind umgestoßen worden war, klagte sie über zunehmend unerträgliche Schmerzen, die schließlich zu Lähmungen führten. Unter der hypnotischen Behandlung trat ein Zustand doppelter Persönlichkeit auf, bei welchem sie im »normalen« Zustand noch immer gelähmt war, doch im hypnotischen gehen konnte. »Normal« nahm sie kaum Nahrung zu sich, unter Hypnose aß sie reichlich – sogar Schnee. Unter der Behandlung trat der »krankhafte« Zustand so weit zurück, daß sie mit ihrer Mutter heimreisen konnte. Zuhause wurde ihre Genesung als Wunder gepriesen; man nannte sie *la petite ressuscitée*, die kleine Wiedergeborene.

Auch wenn derartige Phänomene bereits im letzten Jahrhundert beschrieben und untersucht wurden, fehlte es doch an einer sorgfältigen Erhebung der Lebensgeschichte und der Produkte des Unbewußten. Der Okkultismus jener Zeit schürte das Interesse an solchen Phänomenen, die wir heute als unbewußte bezeichnen. Von da ist es verständlich, daß sich Jungs medizinische Dissertation mit okkulten Phänomenen[4] beschäftigte. Er beschreibt darin Fräulein S.W.[5], von deren Persönlichkeit während ihrer

»somnambulen« Anfälle*, wie man sie damals nannte, scheinbar Geister Besitz ergriffen. Zuerst war es der Geist ihres Großvaters, den sie zu Lebzeiten nicht mehr gekannt hatte, später kamen andere »Geister« dazu. Unter diesen befand sich auch der verstorbene Bruder eines Teilnehmers der Sitzungen.

In somnambulen Zuständen nahm Jungs Medium den Namen Ivenes an und »verwandelte« sich in einen Geist unter anderen Geistern. Während mancher Sitzungen unternahm Ivenes mit mehreren Geistern weite Reisen nicht nur in diese Welt, sondern auch ins Jenseits, wo sich zahlreiche Geisterwelten befinden sollen. Ihre somnambule Persönlichkeit schildert Jung[6] als eine erwachsene, kleine, schwarzhaarige Frau von ausgesprochen jüdischem Typus, in weiße Gewänder gehüllt, den Kopf mit einem Turban bedeckt. Nach dem Aufwachen fehlte dem normalen Ich von Fräulein S.W. jegliche Erinnerung an die medialen Phänomene, soweit sie in den Bereich der ihrem Ich fremden Persönlichkeit fielen. Dagegen entsann sie sich deutlich aller übrigen Phänomene, die unmittelbar mit ihrem Ich zusammenhingen.

Nachdem das Medium auf *Justinus Kerners* Buch »Die Seherin von Prevorst« gestoßen war, tauchte ein ganz kompliziertes System von früheren Inkarnationen auf, zweifelsohne durch Kerners Suggestion hervorgerufen. Ähnliche Fälle berichteten auch andere Psychiater aus ihrer Praxis. So veröffentlichte der bekannte Arzt *Max Bircher-Benner* die seltsame Geschichte der Zürcher Hausfrau Ikara[7], die sich spontan an frühere Leben erinnerte: beispielsweise an eines, in dem sie in einer primitiven Hütte mitten unter einem wilden Volksstamm lebte. *Théodore Flournoy* (1854-1920)[8], den Jung sehr schätzte, befaßte sich seit Dezember 1894 fünf Jahre lang mit dem jungen Medium *Catherine-Elise Müller*, das Szenen aus seinem früheren Leben wiederholte. (Unter dem Pseudonym *Helen Smith* ging es in die Literatur ein.) In einem ersten Zyklus spielte sie ihr angebliches früheres Leben einer indischen Prinzessin aus dem 15. Jahrhundert wieder durch. Im zweiten Zyklus gab sie sich als Verkörperung der Königin *Marie-Antoinette* aus. Im »Mars-Zyklus« schließlich war sie mit

---

* Somnambulismus (lat. *somnus* Schlaf, *ambulare* umhergehen), Schlaf-, Nachtwandeln. Betroffene führen Handlungsfolgen wie Aufstehen, Ankleiden oder bestimmte Erledigungen in einem eigenartigen, schlafähnlichen Dämmerzustand aus. Die Augen sind offen und starr geradeaus gerichtet, der Blick scheint ins Leere zu gehen. Nachträglich fehlt ihnen die Erinnerung daran, auch wenn sie oft über intensive Traumerlebnisse berichten.

den Bewohnern, deren Sprache und Landschaft auf dem Mars vertraut. Seine Ergebnisse legte Flournoy im Buch »Des Indes à la Planète Mars« (1900) dar. Es gelang Flournoy, die verborgenen Quellen der Erinnerung im Medium und bestimmte Lebensphasen für diese Zyklen nachzuweisen.* Damit analysierte Flournoy die persönlichen Voraussetzungen ihres »Romanes«. Er unterstrich aber auch die Bedeutung des unterschwelligen Fantasierens als einer schöpferischen und kontinuierlichen Aktivität. In allen seinen verschiedenen Unterpersönlichkeiten habe das Medium die fundamentale Einheit seiner Persönlichkeit beibehalten.

In welcher Beziehung stehen die verschiedenen Persönlichkeiten im gleichen Subjekt zueinander? Sie können nacheinander oder gleichzeitig[9] auftreten. Sie können voneinander gegenseitig wissen oder auch nicht. Es kann auch nur die eine von der anderen wissen. Manchmal treten ganze Bündel von Persönlichkeiten auf, also mehr als zwei verschiedene Teilpersönlichkeiten. Jung hat im Falle von Fräulein S.W. gezeigt, daß ihre somnambule Persönlichkeit Ivenes das verkörperte, was sie in zwanzig Jahren zu sein wünschte, nämlich eine sichere, einflußreiche, kluge, graziöse, fromme Frau[10]; »sie träumte sich« regelrecht in den höheren idealen Zustand hinein. Ihre verschiedenen Geister entsprachen zwei Grundtypen: dem ernsthaft-religiösen und dem heiter-ausgelassenen Typus[11].

Solche Untersuchungen machten deutlich, daß das Unbewußte zu Leistungen fähig ist, die dem Bewußtsein unmöglich sind. Insbesondere kann es Erinnerungen hervorrufen, die das Bewußtsein vergessen hat. Damit verfügt es auch über alle unterschwelligen Wahrnehmungen, die nicht zu Bewußtsein kommen. Auch hellseherische und telepathische Phänomene können vorkommen.

Diese teils unerklärlichen, teils widersprüchlichen Beobachtungen wurden durch Jungs Assoziationsstudien[12] auf einen festen Boden gestellt. Beim Wortassoziationstest wird einer Versuchsperson ein sogenanntes »Reizwort« zugerufen, auf welches sie sofort mit dem ersten Wort antworten soll, das ihr einfällt. Die Zeitspanne dazwischen wird sorgfältig gemessen. Ursprünglich zielte der Test darauf ab, die Assoziationsketten des

---

* Man spricht hier von »Kryptomnesie« (gr. *krypto-*, versteckt, von unbekannter Herkunft, von verborgenem Ursprung; *mnesis*, Gedächtnis): dem Abrufen unbewußt aufgenommener Eindrücke, deren Herkunft der Betreffende vergessen hat, weshalb er sie leicht mit echten Erinnerungen verwechselt.

Denkens sichtbar zu machen. Bald erkannte Jung aber, daß nicht die normalen Assoziationen, sondern deren Störung das Interessante am Test war. Vor ihm hatte schon *Ziehen* den Test im gleichen Sinne verwendet und die verlängerte Reaktionszeit auf zugrundeliegende »gefühlsbetonte Vorstellungskomplexe« oder einfach einen »Komplex« zurückgeführt. Heute ist das Wort »Komplex« in aller Munde, ohne daß mittlerweile klar wäre, was damit gemeint ist. Weit verbreitet ist der Irrtum, der Komplex stelle eine pathologische Komponente der Psyche dar. Die Komplexe sind normale Bausteine der Psyche. Der Ich-Komplex umfaßt alle Vorstellungen, die mit der eigenen Person assoziiert sind. Im Ausdruck »gefühlsbetonter« Komplex ist der Begriff »Gefühl«, wie die Herausgeber der Gesammelten Werke in einer Anmerkung[13] erwähnen, im Sinne der alten Psychiatrie verwendet und noch nicht spezifisch definiert, wie bei Jung später in den Psychologischen Typen (GW *6*). In einer späteren Umschreibung ersetzte Jung das Wort »gefühlsbetont« durch »emotional« und führte aus[14]: »[Der Komplex] ist das *Bild* einer bestimmten psychischen Situation, die lebhaft emotional betont ist und sich zudem als inkompatibel mit der habituellen Bewußtseinslage oder -einstellung erweist. Dieses Bild ist von starker innerer Geschlossenheit, es hat seine eigene Ganzheit und verfügt zudem über einen relativ hohen Grad von *Autonomie*, das heißt, es ist den Bewußtseinsdispositionen in nur geringem Maße unterworfen und benimmt sich daher wie ein belebtes *corpus alienum* (= Fremdkörper) im Bewußtseinsraume.«

In diesem Zusammenhang weist Jung auf seine Vorgänger hin. Insbesondere fanden die »unterbewußten fixen Ideen« *Pierre Janets*, die abgespaltene unbewußte Inhalte darstellen, ihre experimentelle Bestätigung im Konzept des Komplexes. Damit war die *Dissoziabilität der Psyche*, wie sie in den multiplen Persönlichkeiten der Miss *Beauchamps* von *Morton Prince*[15] beobachtet worden war, prinzipiell geklärt. Die beschriebenen Teilpersönlichkeiten sind keine unveränderlichen Charaktere. Sie verändern sich mit der Zeit, treten auf und wieder in den Hintergrund oder verschmelzen mit anderen Teilpersönlichkeiten. Sie zeigen, wie die Bausteine der Psyche ein Eigenleben führen. »Diese Teile existieren relativ unabhängig nebeneinander und können jederzeit einander ablösen, d.h. jeder Teil besitzt einen hohen Grad von Autonomie«, fährt Jung in seiner Schilderung des Wesens der Komplexe fort. »Meine Feststellungen in bezug auf die Komplexe ergänzen dieses etwas beunruhigende Bild der psychischen Desintegrationsmöglichkeiten, denn im Grunde genommen gibt es *keinen prinzipiellen Unterschied* zwischen einer *Teilpersönlichkeit und einem Komplex.* Sie haben alle wesentlichen Charaktere gemein, bis auf die delikate Frage der *Teilbewußtheit.* Teilpersönlichkeiten haben unzweifelhaft eigenes Bewußtsein, aber ob so kleine psychische Fragmente wie Komplexe auch *eigenen* Bewußtseins fähig sind, ist eine noch unbeantwortete Frage«[16]. Daß Komplexe unser Alltagsleben ganz selbstverständlich durchziehen, wird leicht übersehen. Sie sind Teile der Psyche, die entweder noch nicht mit dem Ich-Komplex in Beziehung gebracht werden konnten oder die der Ich-Komplex ablehnt. Im Anschluß an die oben zitierten Bemerkungen umreißt Jung eine Phänomenologie der Komplexe im Alltag, die nicht des Humors entbehrt. »Die Komplexe benehmen sich ja wie cartesianische Teufelchen und scheinen sich an koboldartigen Streichen zu ergötzen. Sie legen einem gerade das unrichtige Wort auf die Zunge, sie entziehen einem ausgerechnet den Namen der Person, die man vorstellen sollte, sie verursachen den Hustenreiz gerade beim schönsten Piano im Konzert, sie lassen den zuspätkommenden Unscheinbarseinwollenden mit Krach über einen Stuhl stolpern. Sie empfehlen, bei einem Begräbnis zu gratulieren anstatt zu kondolieren[17], sie sind die Verursacher jener Tücken, die *F.Th. Vischer* den unschuldigen *Objekten* ankreiden wollte, sie sind die handelnden Personen unserer *Träume,* denen wir so machtlos gegenüberstehen; sie sind das *elfische* Wesen, das im dänischen Folklore so treffend gekennzeichnet ist durch jene Geschichte vom Pastor, welcher zwei Elfen das Vaterunser lehren wollte. Sie gaben sich alle Mühe, ihm die Worte richtig nachzusprechen, aber schon beim ersten Satz konnten sie nicht umhin zu sagen:»Unser Vater, der Du *nicht* bist in dem Himmel.« Sie erwiesen sich, der theoretischen Erwartung entsprechend, als unbelehrbar.«[18]

Wie diese Aufzählung nahelegt, begegnen wir Komplexen im Alltag auf Schritt und Tritt. Sie können sich in allerhand harmlosen oder neckischen Zufällen äußern. Niemand ist dagegen gefeit. Die Bedeutung des Komplexes in unserem alltäglichen Leben kann kaum überschätzt werden. Um zwei Mißverständnissen vorzubeugen: Erstens »hat man« weniger seine Komplexe, als daß sie *einen* haben. Infolge ihrer Autonomie erweisen sie sich nämlich stärker als die verdrängende Tendenz des Bewußtseins. Zweitens »macht man« nicht seine Komplexe. Der Besitz von Komplexen ist deshalb nicht schuldhaft; es erübrigt sich deshalb, sie sich gegenseitig vorzuhalten. Lange bestehende vordergründige Komplexe geraten leicht in Verruf, wenn ihre Einsicht und Beseitigung längst fällig geworden wäre. Dagegen gibt es tiefsitzende Komplexe, die zum Leitfaden der Individuation und Bewußtwerdung geworden sind. Daß sie fortbestehen kann durchaus sinnvoll sein. Dahinter verbirgt sich eben stets ein *archetypisches Problem.*

»Man darf heutzutage wohl die Hypothese als gesichert betrachten, fährt Jung fort, »daß Komplexe *abgesprengte Teilpsychen* sind. Die Ätiologie ihres Ursprungs ist ja häufig ein sogenanntes *Trauma,* ein emotionaler Schock und ähnliches, wodurch ein Stück Psyche abgespalten wurde. Eine der häufigsten Ursachen allerdings ist der *moralische Konflikt,* welcher seinen letzten Grund in der anscheinenden Unmöglichkeit hat, das Ganze des menschlichen Wesens zu bejahen. Diese Unmöglichkeit setzt unmittelbare Spaltung voraus, unabhängig davon, ob das Ichbewußtsein darum weiß oder nicht. In der Regel besteht sogar eine ausgesprochene Unbewußtheit über die Komplexe, was diesen natürlich umso größere Aktionsfreiheit gewährt«[19].

Was heißt dabei »unbewußt«? Daß ich mich beispielsweise versprochen habe, weiß ich oft erst hinterher, nachdem mich meine Umgebung darauf aufmerksam gemacht hat. Die Ursache dafür kenne ich dann noch immer nicht. *Wir nennen etwas unbewußt, dessen Ursache wir nicht kennen.* Nun versteht sich das Bewußtsein meisterhaft darauf, *nachträglich* eine vernünftige Begründung zu konstruieren – so blitzschnell, daß man selten darum verlegen ist. Jedermann kann seine Handlungen irgendwie begründen, wenn er danach befragt wird. Meist sind es mehr oder weniger einleuchtende Konstrukte, welche mit der wahren unbewußten Motivation nichts zu tun haben. Wenn wir in unserem Alltag darauf achten, wie selten wir eine Handlung vorgängig bewußt abwägen und uns entscheiden, so stellen wir fest, in welch beängstigendem Maße wir unbewußt handeln. Wann ist eine Handlung oder Vorstellung eigentlich »bewußt«? So gestellt, führt die Frage in die Irre. Denn das Bewußtsein ist relativ, »weil dessen Inhalte *zugleich bewußt und unbewußt,* das heißt unter einem gewissen Aspekt bewußt und unter einem anderen unbewußt sind. Wie jedes Paradox, so erscheint auch diese Feststellung nicht leicht verständlich. Wir müssen uns aber wohl an den Gedanken gewöhnen, daß das Bewußtsein kein Hier und das Unbewußtsein kein Dort ist. *Die Psyche stellt vielmehr eine bewußt-unbewußte Ganzheit dar*«[20]. Das Unbewußte bedeutet demnach ein anderes Medium als das Bewußtsein... Es gibt daher ein Bewußtsein, in welchem das Unbewußtsein überwiegt, wie ein Bewußtsein, in welchem die Bewußtheit dominiert. Diese Paradoxie ist sofort verständlich, wenn man sich klar macht, daß es keinen bewußten Inhalt gibt, von dem man mit Sicherheit behaupten könnte, daß er einem total bewußt sei, denn dazu wäre eine unvorstellbare Totalität des Bewußtseins erforderlich, und eine solche würde eine ebenso undenkbare Ganzheit oder Vollständigkeit des menschlichen Geistes voraussetzen. So gelangen wir zu dem paradoxen Schluß, daß es *keinen Bewußtseinsinhalt gibt, der nicht in einer anderen Hinsicht unbewußt wäre.* Vielleicht gibt es auch kein unbewußtes Psychisches, das nicht zugleich bewußt ist«[21].

Gerade für die Psychologie der Komplexe ist diese Feststellung ungemein wichtig. Die Komplexe verdanken ja ihre Existenz der Haltung des Bewußtseins, welches ihre Inhalte nicht akzeptieren kann. So betrachtet, sind die Komplexe *unbewußte* Vorstellungen. Andererseits weist die Tatsache der Abspaltung darauf hin, daß das Bewußtsein mit diesen Vorstellungen einmal konfrontiert worden ist. Diese können ihm daher nicht ganz fremd sein; zumindest hat es deren Unvereinbarkeit mit seiner vorherrschenden Haltung festgestellt. Komplex und Bewußtsein stehen daher im Verhältnis der *Komplementarität.* Sie ergänzen sich gegenseitig – und stoßen sich ebenso heftig ab.

Die Dämonen der Heiligen erscheinen damit in neuem Licht. Die Heiligen brauchten ihre Dämonen ebenso, um heilig zu werden, wie die Dämonen der Einseitigkeit der Heiligen ihre Existenz verdanken. War es deshalb ein Kampf gegen Windmühlen? Um bewußt zu werden, muß sich etwas Gegensätzliches vom unbewußten Hintergrund abheben. Hätten jene Asketen ein Leben geführt wie die Menschen in ihrer Umgebung, so wären sie nicht bewußter geworden. Ihr einseitiges, instinktwidriges Leben hat den natürlichen Menschen verletzt und alle jene Dämonen künstlich hervorgerufen, derer sie für ihren Heldenkampf und ihre Bewährung bedurften. In diesem künstlich provozierten Kampf wurden sie sich ihrer unbewußten Funktionsweise bewußt. Teleologisch betrachtet, liegt der Sinn der Komplexe im Bewußtwerdungsprozeß darin, die »normalen« Funktionen des Menschen zu stören. *Der ungestörte Funktionsablauf ist nämlich stets der unbewußte.* Daher erfüllt das Tier noch beinahe vollkommen den vom Schöpfer hineingelegten Sinn. Sobald das Wunder des Bewußtseins auftritt, beeinträchtigt es die Harmonie des ersten Schöpfungstages. Daraus erwachsen die Komplexe – oder die Dämonen. Sobald Bewußtsein auftritt, stört es die Harmonie der unbewußten Psyche und läßt Komplexe entstehen. Diese sind denn auch ein *Zwischenprodukt*, noch teilweise dem Unbewußten verhaftet und in dialektischer Auseinandersetzung mit dem Bewußtsein. Sie wurden um ihres chimärischen Wesens willen oft als absonderliche Mischwesen dargestellt.

Das ist aber erst die eine Seite. In der schon mehrfach zitierten Arbeit »Zum Wesen des Psychischen« kommt Jung zu dem Schluß, daß »das Ichbewußtsein als von vielen kleinen Luminositäten umgeben zu denken« sei[22].

Das Unbewußte ist daher keineswegs bloß dunkel wie ein mondloser Nachthimmel, sondern wie dieser von zahllosen Sternen übersät. Diese multiplen Luminositäten beruhen auf dem bewußtseinsähnlichen Zustand unbewußter Inhalte, aber nicht irgendwelcher Inhalte, sondern *archetypischer*. Anders ausgedrückt: Die Archetypen sind die eigentlichen Quellen oder besser Lichtsamen (*Khunrath*) oder Lichtkeime (*Mani*) der Bewußtwerdung. Inhalte, die sich in ihrem Bereich verdichten, nehmen allmählich bewußtseinsfähige Formen an. Sie sind echte Samen oder Keimzellen der Bewußtwerdung. Sie stellen sozusagen einen *angeregten Zustand eines unbewußten Inhalts* dar, der ins Bewußtsein übertreten möchte. Die Komplexe sind eine Zwischenform, sie vermitteln diese Inhalte ans Bewußtsein aus dem Unbewußten. Komplexe haben daher stets mit Bewußtwerdung zu tun, spiegeln aber gleichzeitig auch die Gegensätzlichkeit von Bewußtsein und Unbewußtem. Sie sind deshalb eine ewige Krux des Menschen – aber auch die *conditio sine qua non* jeder Bewußtwerdung.

4. Die Welt der Geister

Was ist der »Heilige Geist«? Die wenigsten Gläubigen wissen mit ihm wirklich etwas anzufangen. Er ist ihnen zu fern, zu abstrakt und zu unnahbar.

Überhaupt tun wir uns schwer damit, den Geist zu definieren. Jung hat es in seiner Arbeit über den Geist im Märchen[1] vorgezogen, den Sprachgebrauch zu untersuchen, anstatt den Begriff von vornherein einzuengen. Der Geist ist eben etwas, was das Bewußtsein transzendiert; daher kann es von diesem nie ganz erfaßt werden.

Der begrifflichen Weite des Geistes entspricht die Vielfalt seiner Manifestationen. Diese reicht von einem *belebenden Prinzip* im Menschen bis hin zu *paranormalen Erscheinungen.*(Auf diese werde ich im 13. Kapitel näher eingehen.) Geist ist, wie schon seine sprachliche Verwandtschaft mit Wind (*pneuma*) zeigt, stets mit *Dynamik* verbunden, sei es der Wind am Anfang der Chymischen Hochzeit des Christian Rosencreutz[2] oder der alchymistischen Parabel[3], der den Helden zu neuen Abenteuern treibt, sei es der an Pfingsten ausgegossene neue Geist, der brausend das alte Haus zum Erzittern bringt (Apg 2,2). Immer dort, wo etwas in Bewegung kommt, ist der *Geist die treibende Kraft.* Deshalb gehört er unabdingbar zum menschlichen Leben und bewahrt es vor Erstarrung. Die analytische Psychologie sieht in *Geistern den dynamischen Aspekt der Komplexe.* Bilder dafür fand *Hieronymus Bosch*: Im »Triptychon« sind die Komplexe – als Dämonen – die treibenden Kräfte des Heuwagens. (Dazu mehr im 11. Kapitel.)

Den Komplexen als Teilpersönlichkeiten kommt nicht bloß eine Form zu, sondern auch ein *gewisser Betrag an psychischer Energie (Libido),* der gelegentlich sogar größer sein kann als jener, der dem Bewußtsein zur Verfügung steht. Weil die Komplexe autonom sind, entwickelt sich daraus eine *Eigendynamik der Geister.* Da die Geister, ebensowenig wie die Komplexe, den Dispositionen des Bewußtseins unterliegen, werden sie als fremd und objektiv erlebt. Die Diskussion darüber, ob es Geister unabhängig vom Menschen, also an und für sich gebe, ist insofern müßig, als sie uns stets als etwas erscheinen, das außerhalb unserer eigenen Person steht. Andererseits ist die Vorstellung, dem Menschen wohne ein persönlicher Geist inne, weltweit verbreitet. Dieser Geist wird aber nie mit der bewußten Persönlichkeit identifiziert, obwohl er personhaft mit ihr verbunden ist. Die *Objektivität des Geistes* ermöglicht es dem Menschen, aus der Begrenztheit seines Bewußtseins herauszutreten und in der *Ekstase* in den grenzenlosen Zustand der »Begeisterung« einzutreten. Er ist zwar dieselbe menschliche Person geblieben, doch von seinem gewöhnlichen Bewußtsein hat ein Geist Besitz genommen: Er ist *besessen*.

Der Begriff der *Besessenheit* hat in unserer westlichen Kultur fast durchweg einen negativen Klang. Wir sind derart mit unserem Bewußtsein identisch, daß es einer Katastrophe gleichzukommen scheint, wenn wir aus dieser Rolle fallen. In klinischen Tests verglich man die Reaktion von weißen Amerikanern auf die Einnahme von Peyote (Mescalin) mit derjenigen von Indianern, welche die Droge gewöhnt waren[4]. Bei den Weißen kam es zu einem starken Stimmungswandel, agitierter Depression, Angst und Euphorie. Die Indianer hingegen reagierten mit relativ stabiler Stimmung, gefolgt von religiösem Enthusiasmus und Angst, mit einer Tendenz zu Gefühlen religiöser Ehrfurcht. Bei den Weißen brachen soziale Hemmungen zusammen, sie verhielten sich schamlos sexuell oder aggressiv. Die Indianer dagegen blieben sozial angepaßt. Die Amerikaner klagten über Gefühle von Realitätsverlust, Depersonalisation, Persönlichkeitsspaltung und Sinnlosigkeit. Die Indianer hingegen genossen das Gefühl, etwas Neuem und Sinnvollerem zu begegnen, einer höheren Ordnung der Wirklichkeit. Die Amerikaner zogen daraus keinen Gewinn und machten keine dauerhafte Wandlung durch. Die Indianer dagegen zogen therapeutischen Nutzen daraus: Chronische Angst ließ nach, ihr Selbstwertgefühl wuchs, soziale Kontakte wurden als befriedigender erlebt. Aus der gewöhnlichen Bewußtseinssphäre herauszutreten, erfordert demnach – erstens – eine *religiöse Haltung* und – zweitens – eine angepaßte *Auffassung* der neuen Erfahrung. Angehörige einer westlichen Kultur tun sich schwer damit, diese beiden Anforderungen zu erfüllen. Bei ihnen werden offenbar Kräfte entfesselt, die ihr Bewußtsein bisher um der sozialen Anpassung willen mühsam unterdrückte. Natürlich kann ein solcher Ausnahmezustand die Persönlichkeit nicht auf Dauer verwandeln. Deshalb hat Jung bewußt darauf verzichtet, psychedelische Drogen in der Therapie zu verwenden[5]. Ohnehin bleibt fraglich, ob sie das Bewußtsein wirklich erweitern; eher scheinen sie mir die Barriere, die natürliche Abwehr des Ichs, gegen das Unbewußte aufzuheben. Wird das Bewußtsein ausgeschaltet, so können die vom Unbewußten her einbrechenden Inhalte gar nicht an ein solches assimiliert werden. Diese »organische Psychose« kann die Persönlichkeit im Grunde nicht verwandeln. Nachhaltig erweitern kann sich das Bewußtsein nur, wo es zu den einbrechenden unbewußten Inhalten moralisch verantwortlich Stellung bezieht und versucht, sie in sich aufzunehmen. Es geht für sie ja um nichts Geringeres, als zwei gänzlich verschiedene Weltbilder zusammenzubringen: das rational bewußte und ein völlig anderes, in dem die Gesetze des Kollektiven Unbewußten gelten. Dafür muß es beide Weltbilder relativieren können. Sonst besteht die Gefahr einer Psychose: Das traditionelle Bewußtsein droht von den Inhalten des Unbewußten überschwemmt zu werden. Als Psychiater erleben wir, wie selten ein schizophrener Zusammenbruch die Persönlichkeit wirklich verwandelt; allenfalls führt er zu etwas, das Jung regressive Wiederherstellung der Persona nennt.

Wenn wir im Folgenden die Rolle der Geister und der durch Geister bewirkten Besessenheit untersuchen wollen, müssen wir sozusagen von unserer westlichen Bewußtseinshaltung absehen. Bei Naturvölkern ist das Bewußtsein noch nicht so grundsätzlich vom Unbewußten getrennt. Für deren Angehörige bedeutet die Besessenheit durch einen Geist den *Zustand der Trance*. Für sie ist es ein göttlicher, ausgezeichneter Zustand, jedenfalls kein pathologischer. In diesem Zustand werden Leistungen möglich, die »normal« ausgeschlossen sind. Dieser Zustand hat im kulturellen Zusammenhang nicht nur für den einzelnen Bedeutung, sondern ganz besonders für die Gemeinschaft[6]. Das Medium übermittelt ihr Botschaften des Geistes, der ihn besessen macht; es ist Mittler zwischen der Welt der Geister und der der Menschen. Gelegentlich muß ein Übersetzer seine Botschaften in der Alltagssprache verständlich machen. Das Phänomen ist sehr komplex und vom kulturellen Kontext abhängig. Frauen scheinen anfälliger dafür, zum Wirt eines Geistes zu werden. Dieser kündigt sich zuerst durch unspezifische allgemeine Symptome von unterschiedlicher Dauer an, wie unerklärliches Unwohlsein, Unfälle, häufige Krankheiten ohne erkennbare Ursache, gelegentlich auch Träume.

Dann wählt sich der Geist plötzlich sein Werkzeug – und macht es besessen. Es gerät in einen Zustand der Dissoziation, welcher wenige Stunden dauern kann. In einer ersten kurzen Periode ist es benommen und unzugänglich; in der zweiten wird es von einer Erregung ergriffen, die zum Tanzen, Singen, Hüpfen, Springen, Faxenschneiden und Prophezeien führt. Die ersten Trance-Zustände können wortlos sein. Bei den Kommunikationen erklärt der Geist seinen Namen, seine Herkunft und sein Wesen, was für die Zuhörer und deren Reaktion wichtig ist. Dadurch können sie erkennen, um welchen Geist es sich handelt. Ihr Weltbild gibt ihnen vor, was sie von diesem Geist zu halten und wie sie ihn einzuordnen haben.

Bei den Tonga in Sambia entstehen Gespenster, die besessen machen, aus vergessenen örtlichen Verstorbenen; oder es handelt sich um Geister, die unter die Kontrolle eines Zauberers geraten sind[7]. Plötzliche schlimme Krankheiten sollen ihr Werk sein. Die *Schatten* oder *Ahnengeister* (*mimizu*) machen Lebende nicht besessen, doch können sie Verwandten Krankheit und Unglück senden, um sich in Erinnerung zu rufen (vgl. Kap. 9). *Masabe* ist ein Wort, das für die Geister ebenso verwendet wird wie für den Tanz, der sie beschwört. Die *Masabe* suchen einen Wirt, durch den sie sich ausdrücken können, ihre Wünsche und ihr wirkliches Wesen; denn sie stellen oft die Quintessenz einer neuen Erfahrung dar.

Besessenheit kann spontan auftreten. Das widerfuhr einer Tonga- Frau, als 1954 eines der ersten Flugzeuge ihr Dorf überflog. Die Frauen des Dorfes flohen vor der unverständlichen Bedrohung in den Busch, aus dem sie zurückkehrten, nachdem die vermeintliche Gefahr vorüber war. Nur eine Frau mußte geholt werden. Der »Flugzeug-Geist« hatte von ihr Besitz ergriffen. Nach einiger Zeit begann sie einen Tanz, den sie dieser Geist gelehrt hatte. Dieser Tanz verbreitete sich bald darauf. Andere begannen von Flugzeugen zu träumen, was als Zeichen dafür galt, daß auch sie vom Flugzeug-Geist besessen sind. Die völlige Genesung war der Beweis dafür, daß der Flugzeug-Geist sich durch den Patienten ausdrücken wollte, der nun gelernt hatte, mit diesem umzugehen.

Dieses Beispiel scheint mir das zugrundeliegende psychologische Geschehen deutlich zu machen. Das Flugzeug war wohl für die Tonga eine völlig neue, unbekannte und daher bedrohliche Erfahrung. Diese eine Frau konnte die damit verbundene Emotion nicht einfach integrieren. Sie wurde von ihr besessen gemacht. Die in diesem Zustand auftretenden Träume und Visionen weisen die Besessene an, welchen Tanz sie ausführen soll, um aus der Besessenheit herauszukommen. Das ist die Selbstheilungstendenz des Selbst, welche sich in den Produkten des Unbewußten kundtut. Der Emotion, die das psychische Gleichgewicht stört, bietet die körperliche Erregung des Tanzes eine Ausdrucksmöglichkeit. Damit kann diese neue Erfahrung ans Bewußtsein angeschlossen werden und die Person ihr Gleichgewicht wiederfinden.

Der soziale Aspekt der Besessenheit wird an einem Fall deutlich, den *S.G. Lee*[8] untersucht hat. Eine etwa dreißigjährige verheiratete Frau, die seit achtzehn Monaten als Wahrsagerin tätig war, erzählt:»Ich war über sechs Monate krank. Ich litt vor allem an Schmerzen in den Seiten. Man sagte, die Geister der Vorfahren wären wegen unschicklichen Benehmens im Hause verärgert, deshalb würden sie mich in die Seiten stechen. Eine Ziege wurde zu ihrer Versöhnung geschlachtet. Das hatte keine Wirkung. Ein junger Ochse wurde geopfert. Ich dachte, ich hätte mich danach erholt. Ich konnte sogar alleine aufsitzen. Ich konnte mit Hilfe eines Stockes gehen. Zwei Wochen später kehrte es wieder, noch schlimmer als zuvor. Ich war nur noch ein Knochengerüst. Nach einigen schlaflosen Nächten schlief ich sehr tief und träumte, ich sehe meinen Großvater und Urgroßvater. Ich hatte Angst und verneigte mich. Mein Großvater rief mich und sagte mir:»Wir sind deine Vorfahren. Wir haben lange versucht, deinen Leuten zu verstehen zu geben (durch Krankheiten), daß wir dich zu unserem Aufenthaltsort ausersehen haben – um für uns zu reden. Wir haben beschlossen, selber zu kommen, weil wir dich in Todesnot sahen. Wach' auf! Zieh' dich an! Geh leise hinaus und renne davon, so schnell du kannst, damit du außerhalb des Hofes bist, wenn deine Abwesenheit entdeckt wird. Wir werden dich dann führen, wohin wir wollen.« Ich wachte auf. Es war ein Traum. Doch zu meinem Erstaunen fühlte ich mich stark. Ich konnte gehen, obwohl ich ein Knochenbündel war. Ich zog mich schnell an und schlüpfte aus der Hütte... Ich kam zu einem großen Hof und fühlte so etwas wie eine Stimme, die sagte:»Geh dorthin!« Ich ging in eine große Hütte. Dort saßen eine Anzahl Wahrsagerinnen (*izangoma*)... Ich ging zur Chefin der Wahrsagerinnen... Sie schaute mich an, ohne ein Wort zu sagen. Ohne etwas zu fragen, sprang sie auf, heulte und begann zu tanzen. Nachher verbrannte sie einige Medizinen über Gluten und ließ mich daran riechen. Es machte mich schwindlig, und ich fühlte einen Schauer durch meinen Körper gehen und wurde depressiv. Dann begann ich zu weinen. Ich weinte und weinte, bis man mir nach einer Weile befahl, sofort zu folgen. Wir gingen mit der Chefin zu einer nahen Kanalisation. Dort gab man mir ein Brechmittel. Dann kehrten wir zurück. Jeden Morgen wurde das wiederholt, bis eines Nachts die Ahnengeister zu mir kamen und mir versicherten, daß sie mit mir seien... Nach einer gewissen Zeit merkte ich, daß ich »Dinge riechen« konnte. Bei Zusammenkünften versteckten die Wahrsagerinnen Dinge da und dort. Ich konnte nun den Dingen folgen, bis ich sie aus ihrem Versteck zog.« Später wird sie in ihrer Heimat als Wahrsagerin initiiert. Hier erfolgt die Berufung über die Ahnen. Das Land der Ahnen oder der Toten ist das Unbewußte. Der Zugang zum Unbewußten führt über die Besessenheit. Zu den Eigenschaften des Kollektiven Unbewußten gehört die Präkognition (siehe Kapitel 14). Als Wahrsagerin dient sie ihrer Gemeinschaft.

In vielen Kulturen arbeiten Heiler in Trance. So berichten Laien aus Brasilien von Initiationserlebnissen durch den Geist eines gewissen »Doktor Fritz«, der sie als Werkzeug für außergewöhnliche Heilungen benutzt.[9] Mir scheint die Trance unbewußte Fähigkeiten zu erschließen, die der gewöhnlichen Persönlichkeit unzugänglich sind. Bei der Untersuchung solcher Phänomene darf man sich nicht davon beirren lassen, daß der Wirt derselbe bleibt. Es spielt auch keine Rolle, ob es je einen Doktor Fritz gegeben hat. Wichtig ist allein die Wirkung, die von diesem Geist ausgeht. In manchen Kulturen, zum Beispiel bei den Mayotte[10], ist es ganz selbstverständlich, daß dieselbe physische Person einmal ein gewöhnlicher Mensch, in Trance aber der Wirt eines Geistes ist. Es heißt dann, in Trance sei die gewöhnliche Wirtspersönlichkeit abwesend. Das könnte uns auch das Phänomen der Berserker verständlich machen, die besessen vom Gott Wotan in der Schlacht wüten, während ihr Körper wie schlafend zuhause liegt[11]. Der Unterschied zwischen den beiden Zuständen gilt als derart grundsätzlich, daß von einer *Verdoppelung* gesprochen werden muß. Das ist der Grund, warum oft eine *retrograde Amnesie** für die Taten in Trance besteht und warum Medien in Trance von ihrer gewöhnlichen Persönlichkeit in der dritten Person reden. Beide wissen in der Tat nichts voneinander.

Von Naturvölkern können wir viel über die *positive* Funktion der Besessenheit lernen. In diesem außergewöhnlichen, ekstatischen Zustand, in welchem das gewöhnliche Bewußtsein mehr oder weniger ausgeschaltet ist, werden sogar paranormale Leistungen möglich, die oft zum Wohle der

---

* Amnesie: ein teilweiser oder gänzlicher, zeitlich begrenzter oder anhaltender Gedächtnisverlust. Eine *retrograde* Amnesie bezieht sich dabei auf die Zeitspanne *vor* dem Ereignis, das diesen Defekt auslöste.

Gemeinschaft genutzt werden. (Echte Séancen mit Medien kommen dem sehr nahe.) Ekstatische Zustände galten stets als religiöse Ausnahmezustände und spielen in vielen Religionen auf der ganzen Welt eine wichtige Rolle. So sind wohl die Orakel der Pythia in Delphi oder die weissagenden germanischen Scherinnen zu verstehen. Die Mänaden im Gefolge des Dionysos waren des Gottes voll, was nicht heißen muß, sie seien betrunken gewesen. Von den römischen Saturnalien spannt sich ein weiter Bogen zur Fasnacht, die noch bis zum 11. Jahrhundert in der Kirche gefeiert wurde. Für den seelischen Haushalt ist es offenbar wichtig, aus dem Alltags-Ich heraus in einen größeren Zusammenhang treten zu können. Die Techniken, um diesen Zustand zu erreichen, sind vielfältig: von chemischen Drogen bis hin zu eintönigen Rhythmen. Immer entsteht ein *abaissement du niveau mental*, also eine Verminderung des Bewußtseins, die unbewußten Inhalten den Übertritt erleichtert. Das Christentum allerdings blieb auf Distanz zu solchen Tendenzen, es verbannte sie ebenso aus der Kirche wie die Ballspiele und Eselsfeste. Grundsätzlich führt jede Emotion zu einem *abaissement du niveau mental* und ermöglicht damit einen unbewußten Einbruch. Ob dieser Einbruch wohltuend oder verheerend wirkt, hängt vom kulturellen Zusammenhang ab, in welchem er sich ereignet.

Mich suchte einmal eine junge Frau auf, die an der Basler Fasnacht teilgenommen hatte, auf der sie ein (Piccolo-) Flötenspieler einer Clique faszinierte. Offenbar verzauberte er sie derart, daß sie ihm – wie die Kinder dem Rattenfänger – die ganze Nacht hindurch unwiderstehlich folgen mußte, selbst dann noch, als er längst seine Clique verlassen hatte und alleine flötend durch die einsamen Gassen der Altstadt zog. Er trug ein Kostüm der *commedia del' arte*, sein Gesicht war weiß geschminkt. Gegen Morgen entschwand er plötzlich ihren Blicken; sie konnte ihn nicht mehr finden, so sehr sie auch nach ihm suchte. Dieses Erlebnis beeindruckte sie so sehr, daß sie dachte, mit ihrem seelischen Gleichgewicht könne etwas nicht stimmen. So beschloß sie, sich einem Psychiater anzuvertrauen.

Was war geschehen? Ein uralter Brauch hatte sie ergriffen, dessen religiösen Hintergrund sie nicht mehr kannte. In ihrer langen Tradition hat sich die Basler Fasnacht ihre Ursprünglichkeit bis heute erhalten. Durch seine Verkleidung weist der Flötenspieler darauf hin, daß er ein Gott ist, der wie Orpheus mit seiner Musik alles in seinen Bann zieht. Seiner Faszination konnte sich meine Patientin auch in den folgenden Tagen nicht mehr entziehen. Etwas in ihr war ihm verfallen.

Versetzt sich die Jugend von heute nicht durch überlaute Popmusik mit ihren harten Taktschlägen in einen ähnlichen Rauschzustand, um dem Alltag zu entfliehen?

Der Alkoholiker erliegt im Grunde einer ähnlichen Faszination eines ich-fremden Zustands, auch wenn er seine Sucht nicht so versteht, als sei er dem Gott verfallen. Sonst müßte er eine religiöse Haltung dazu finden. Viele Alkoholiker haben mir versichert, daß sie den Alkohol überhaupt nicht mögen. Sie benutzen ihn bloß als Mittel, um möglichst schnell den begehrenswerten Zustand zu erreichen, in welchem das gewöhnliche Bewußtsein mehr oder weniger ausgeschaltet ist. Da sie diesen Zustand jedoch nicht, wie Anhänger der bacchantischen Religion, in religiöser Absicht suchen, sondern auf der Flucht vor der Realität oder als billigen Geistersatz, sind die Folgen meist negativ.

Im siebten Kapitel werde ich auf die Besessenheit durch die Dämonen Animus und Anima eingehen; hier weise ich nur darauf hin, daß das Problem von Animus und Anima in der Beziehung zwischen Mann und Frau viel von seiner Gewalttätigkeit verlieren würde, wenn mehr Emotionen in ekstatischer Form abreagiert werden könnten. Stattdessen verhalten wir uns »vernünftig«, wodurch sich die angestauten negativen Emotionen von Wut, Ärger, Haß und Traurigkeit ins Destruktive wandeln. Wir sinnen auf Rache und merken nicht, daß wir uns in einem Zustand der Unzurechnungsfähigkeit befinden. Bessenheit ist ein *alltägliches* Geschehen – eines, bei welchem sich das Gleichgewicht von Bewußtsein und Unbewußtsein verschiebt. Diese Verschiebung kann von einem leichten *abaissement* und Übergewicht des Unbewußten bis zum völligen Auslöschen des Bewußtseins in der Trance reichen. Beim primitiven Bewußtsein sind kurzdauernde, leicht heilbare Besessenheiten sehr häufig zu beobachten, so etwa bei den Buschmännern in der Kalahari[12]. Unsere Kultur beschränkt die Besessenheit daher zu Unrecht auf gewisse dämonische Fälle und spricht in leichteren Fällen von *Infestation*, »Umsessenheit«. Beim Exorzismus, der sie behandeln soll, kommt es zu einer Interaktion zwischen dem besessenmachenden unbewußten Inhalt und dem Exorzisten, der diesen mit seinen Mitteln – Gebeten, Rezitationen – zu bannen versucht.

In meine Praxis kam einmal ein Mann in mittleren Jahren, der in seiner Firma seit vielen Jahren als zuverlässiger Prokurist gearbeitet hatte. Eines Nachts drang er in die Büroräume ein – er besaß einen Schlüssel – und schlug dort alles kurz und klein. Als die ersten Arbeiter morgens gegen fünf Uhr zur Arbeit erschienen, sahen sie ihn das Büro verlassen. Er kehrte zu seiner Frau heim und legte sich schlafen. So fand ihn die Polizei. Beim Verhör konnte er nur die Tat gestehen; über sein Motiv wußte er nichts. Das war der Grund, weshalb er mich aufsuchte. Er war erschrocken darüber, daß er zu einer Tat fähig war, ohne zu wissen, was ihn dazu trieb. Seine Motive waren derart abgespalten, daß wir sie trotz eingehender Untersuchung nicht erhellen konnten. Der Psychiater spricht in einem solchen Fall von einem »orientierten Dämmerzustand«, was nichts erklärt; der Begriff sagt lediglich, daß das Bewußtsein weitgehend ausgeschaltet und trotzdem ein zielbewußtes Vorgehen möglich war. Der Mann erinnerte sich nur, daß es ihm unsägliche Genugtuung verschafft hatte, alles zu zerstören – und daß er von dieser Schwerarbeit befriedigt abließ, als er von den ersten Arbeitern gestört wurde. Diese Befriedigung hat mit der Emotion zu tun, die ihn besessen machte: Er mußte sie blindlings ausagieren.

»Was hat ihn wieder gepackt?«, fragen wir gelegentlich. Bringen wir damit nicht zum Ausdruck, daß leichte Grade von Besessenheit etwas Alltägliches sind? Tatsächlich genügen manchmal kleine, achtlos getane Bemerkungen, um uns zu »infizieren«, auch wenn wir uns bewußt dagegen wehren. Sie brauchen bloß einen unserer Komplexe zu treffen, und schon sitzt der Pfeil fest.

Der archaischen Mentalität war die Welt noch mit Geistern erfüllt; sie stand niemals in Gefahr, mit ihnen identisch zu sein. Unsere aufgeklärte Einstellung dagegen kann die Geister nicht mehr unterscheiden. Wir sind derart mit unserer Rationalität identisch, daß wir alles Irrationale als inexistent abtun. Die irrationale Seite verfällt dadurch dem Unbewußten. Das kann zu einer neurotischen Spaltung der Persönlichkeit führen – oder zu einer Dämonisierung des Unbewußten.

Die *Dämonisierung des Unbewußten* scheint mir ein Symptom unserer Zeit zu sein. Sie manifestiert sich in gewissen Richtungen moderner Malerei (vgl. Kapitel 11) ebenso wie in moderner Horrorliteratur. Das Unbewußte beraubt sie der Funktionen eines heilsamen Kompensators und eines Seelenführers. Je einseitiger sich das Ich mit dem Bewußtsein als Ganzem der Psyche identifiziert, desto unheimlicher wird das Unbewußte. Es kommt zu einer regelrechten Polarisierung, noch verschärft durch die christliche Tendenz, sich mit dem Guten und Hellen zu identifizieren.

Das Unbewußte wird dadurch, statt ausgleichend die Mitte anzustreben, allein zum persönlichen und kollektiven Schatten. Würden wir verstehen, daß diese Reaktion des Unbewußten uns bloß von unserer Einseitigkeit heilen möchte, so hätten wir eine Chance. Je mehr wir uns aber auf unsere lichte Seite schlagen, desto eher droht uns die dunkle unvermutet zu verschlingen. Denn indem wir die dunkle Hälfte leugnen, laufen wir Gefahr, von ihr unbemerkt besessen zu werden.

Das ist der psychologische Grund, weshalb in unserer zivilisierten Welt das Dunkel im Zunehmen begriffen ist, obwohl wir uns alle so sehr um unsere helle Seite bemühen. Wir irren uns, wenn wir meinen, das Gute müsse zunehmen, wenn wir uns bewußt darum bemühen. Solange wir uns nicht im gleichen Maße unserer Dunkelheit bewußt werden, macht diese unsere besten Anstrengungen zunichte. Bewußtwerdung heißt Unterscheidung. Bevor wir etwas Unbewußtes integrieren können, müssen wir uns von ihm unterscheiden. Dadurch beugen wir der Gefahr vor, von ihm besessen zu sein. Dann erst können wir uns mit ihm als dem anderen in uns auseinandersetzen und versuchen, uns dazu in Beziehung zu setzen.

Vom Unbewußten besessen zu sein, kann durch eine *religiöse Haltung* verhindert werden. Ich bin immer wieder überrascht, wie wenig moderne Menschen eine solche Aussage verstehen. Eine religiöse Haltung berücksichtigt sorgfältig das andere, Fremde, Unvertraute, Unerwartete und Gegensätzliche, um sich ihm mit dem nötigen Respekt anzunähern. Eine solche Haltung leugnet den Gegensatz nicht, läßt sich aber von ihm auch nicht besessen machen, denn sie unterscheidet sich davon.

In seinem Aufsatz »Geist und Leben«[13] macht C.G. Jung auf die Herkunft des Wortes »Geist« aufmerksam. In der Grundbedeutung hat es etwas mit Affekt zu tun; in diesem Sinne wäre der »Geist« ein Abbild des personifizierten Affektes. »Jeder Affekt hat die Neigung, zu einem autonomen Komplex zu werden«[14], was sich deutlich in unseren Redensarten wiederspiegelt. Bekanntlich geht der Affekt mit einem *abaissement du niveau mental* einher, einer Schwächung des Bewußtseins. Dem Affekt gelingt es leicht, vom Bewußtsein Besitz zu ergreifen. »Wir geraten außer uns vor Wut«, wodurch wir ausdrücken, daß wir nicht mehr wir selber sind. Etwas anderes hat uns ergriffen oder eben besessen gemacht, etwas ist in uns gefahren oder auf uns gefallen. Es sind *Einstellungen* und *Geisteshaltungen*, die den Affekt auslösen. Häufig gründen sie in einem Vorbild. Dieses ist oft unbewußt, was seine Wirksamkeit nur noch verstärkt. Meist sind es die Eltern, lebend oder verstorben, die so von außen oder von innen wirken. Der »Geist des Vaters (oder der Mutter)« repräsentiert deren ganze Haltung und wirkt auf die Nachkommen. Je weniger sich diese dessen bewußt sind, desto aufdringlicher kann er sich zeigen: in Angstzuständen, mit visueller Deutlichkeit. Eine solche Einstellung kann eine ganze Familie im Guten wie im Schlechten dominieren; man sagt dann, »es herrsche in der Familie ein guter/schlechter Geist« oder »der Vater/die Mutter sei der gute/schlechte Geist der Familie.« Eine solche Person wird über ihren Tod hinaus eine Quelle positiver oder negativer Affekte sein. Damit wird die Person zu einem Totengeist, der hilft – oder verfolgt.

Große Persönlichkeiten besitzen eine Ausstrahlung, die über den Bereich der Familie hinausreicht. Sie repräsentieren eine bestimmte Geisteshaltung oder -richtung, die für viele Menschen, ja eine ganze Epoche wegweisend werden kann. Damit stehen sie für eine gewisse *Obervorstellung*, die ein Leben bestimmt. Diese Obervorstellung kann von einer sprichwörtlichen Redensart bis zu einer ganzen Philosophie reichen. Allerdings ist sie als Idee nur dann wirksam, wenn sie emotionale Reaktionen hervorrufen kann; andernfalls bliebe sie bloß eine blasse Lehrmeinung. Die lebendige Idee dagegen besitzt bestimmende Kraft.

Das Sprichwort ist bekanntlich eine Abstraktion unzähliger Erfahrungen. In ihm manifestiert sich sozusagen die uralte Persönlichkeit in uns, die die Summe zahlreicher Leben ist. Diese wird in Produkten des Unbewußten symbolisiert durch die Figur des »*alten Weisen*«. Dieser stellt demnach den Geist in symbolischer Form dar, sei es als Einsicht, als hilfreicher Einfall, als Selbstbesinnung, als kritisches Urteil, als gründliche Überlegung, aber auch als instinktives Wissen.

Welche unbewußte Grundlage hat die lebendige Idee? Die Religionen bieten uns wahre Fundgruben für sie. Wie die vergleichende Religionsforschung erwiesen hat, gruppieren sich die lebendigen Ideen immer wieder um dieselben Grundmuster. C.G. Jung hat diese als *archetypische Vorstellungen* bezeichnet[15]. Große Persönlichkeiten sind anscheinend imstande, an die Wurzeln der archetypischen Grundlage des Menschen zu rühren. Meist haben sie der Menschheit eine neue Erkenntnis in der uralten, ewig wahren archetypischen Form vermittelt. Darum stellen sie nicht nur eine historische Einmaligkeit, sondern einen lebendigen Geist dar, der durch die Jahrhunderte fortwirken und ergreifen kann.

Die lebendige Idee allerdings ist keineswegs daran gebunden, daß eine historische und überragende Persönlichkeit sie formuliert. Sie weist vielmehr eine Eigendynamik und die Tendenz auf, irgendwo und anonym aufzutreten. In der Geistesgeschichte herrscht ein Kommen und Gehen von Vorstellungen, die eine ganze Zeit prägen können, ohne daß ihr Ursprung festzumachen wäre. Es ist der vielzitierte »Zeitgeist«, eine unbewußte Strömung, welche die Gesinnung einer ganzen Zivilisation oder Epoche zu prägen vermag. Das ist der introvertierte Aspekt der Geistes- und Universalgeschichte, der erst noch beschrieben werden müßte. Unsere extravertierte Haltung hat bisher alle möglichen äußeren Faktoren – Krieg, Hunger, Seuchen, Verarmung – für den Gang der Geschichte verantwortlich gemacht. Das ist insofern verständlich, als sich die unterirdischen Wurzeln der Bewegung viel schwerer nachweisen lassen. Manchmal »liegt etwas in der Luft«, und es bedarf nur eines kleinen Anstoßes, um unabsehbare Wirkungen auszulösen. Der Geist als Wind ist eben auch jenes Unsichtbare, das sich im Verborgenen über lange Zeit vorbereitet, um plötzlich und mit unerwarteter Heftigkeit hereinzubrechen. Es scheint so, als wäre das Kollektive Unbewußte einer breiten Masse im Verborgenen synchronisiert worden, um beim kleinsten Anstoß in gleichsinnige Schwingung versetzt zu werden.

Der Geist als lebendige Idee oder Zeitgeist zeigt wie der Komplex, von dem wir ausgegangen sind, die stärkste Tendenz zur *Autonomie*. In Zeitwenden mangelte es nie an Propheten, Religionsstiftern und Weltverbesserern. Die Wirkung eines Jesus von Nazareth etwa läßt sich nur so verstehen, daß er das auszudrücken vermochte, was bereits als neuer schöpferischer Inhalt bereitlag. Der Geist lebt von den noch unausgeschöpften psychischen Möglichkeiten, sofern er ein neuer, innovativer Geist ist. Die analytische Psychologie bezeichnet jene Möglichkeiten, die sich im Unbewußten aus dem Allzusammenhang lösen und der Bewußtseinsschwelle annähern, als *konstellierte Inhalte*. Im sechsten Kapitel werde ich darlegen, was ein *schöpferischer Komplex* ist. Hier möchte ich vorgreifend auf seine Funktion im Kollektiv hinweisen, wo er als Geist konstellierte Inhalte in eine neue geistige Bewegung verwandelt. Dabei ist der Geist sowohl guter wie übler Wirkung fähig, und der neue Geist braucht nicht stets der bessere zu sein als der alte.

Gemeinsam ist allen diesen Manifestationen des Geistes, daß sie ungestüm vom Individuum Besitz zu nehmen trachten – ob nun zum Wohl oder zum Wehe desselben. Der Geist ist wie ein mächtiges Erdbeben, dem wir uns gar nicht entziehen können – auch wenn wir vielleicht erst in der Rückschau wissen, wie sehr wir von ihm geprägt waren. Die Besessenheit in allen ihren verschiedenen Graden und Formen gehört zu dem Phänomen, das wir Geist nennen. Die Emotion, welche dem Geist beigeordnet ist, schwächt das Bewußtsein, auf dem sich der Affekt festsetzt. Wir sind dann von unseren Emotionen geritten. Die Emotion ist auch verantwortlich dafür, daß wir von Ideen besessen sind. In der Regel klingt eine Emotion in kurzer Zeit wieder ab. Die Ideen sorgen dafür, daß in der Anpassung an die Umwelt ständig neue Emotionen entstehen. Von der Natur der Vorstellungen hängt ab, ob sich diese Emotionen als Wohl oder als Krankheitsherd entpuppen.

Mens sana in corpore sano »ein gesunder Geist in einem gesunden Körper«, lernten wir als junge Lateinschüler. In der Tat sind wir heute sehr damit beschäftigt, den Körper fit und gesund zu erhalten, weil wir wissen, wieviel davon abhängt. Tun wir ebensoviel dafür, daß in uns ein gesunder Geist seinen Sitz nehmen kann? Der Geist ist im wesentlichen ein Phänomen des Unbewußten. Wir können ihn nicht bewußt wählen – er wählt uns. Aber wir können ihn kultivieren, prüfen, fördern oder ablehnen – vorausgesetzt, wir merken überhaupt, daß uns ein Geist bewegt. Aus seinen Wirkungen schließen wir auf seine Natur, weil er unseren Sinnen nicht direkt erkennbar ist. Niemand kann sich der Tatsache verschließen, daß wir von verschiedenen Geistern umgetrieben werden. Es liegt nicht an unserem Bewußtsein zu wählen, welche wir akzeptieren. Doch können wir der verschiedenen Geister allmählich bewußt werden, um sie in die Ökonomie der übergeordneten Ganzheit zu integrieren. Der bewußte Wille allerdings ist seinen eigenen Geistern nur zum kleinsten Teil gewachsen. Damit es uns nicht wie dem Zauberlehrling ergeht, bedarf es eines umsichtigen und moralisch verantwortlichen Bewußtseins, aber vielmehr noch der *Introspektion*.

Besessenheiten haben die unangenehme Eigenschaft, daß man sich ihrer nicht direkt bewußt werden kann, denn es handelt sich um eine unbewußte Identität mit einem Inhalt. Die Abgrenzung ist der Schlüssel zur Bewußtwerdung. Im unbewußten Zustand befinden wir uns noch in einem Allzusammenhang. Je bewußter wir werden, desto kleiner wird das, was wir als unser Ich bezeichnen. Dafür wächst andererseits das Selbst. Im unbewußten Zustand hängen wir noch in unabsehbarem Maße mit unserer Umgebung und unseren Mitmenschen zusammen. Durch die Qual enttäuschter Erwartungen schrumpft unser aufgeblasenes Ich. Im selben Maße kann es sich den geistigen Einflüssen dieser Umgebung entziehen und sich selber finden.

Im Kollektiv spielt die Besessenheit womöglich eine noch viel größere Rolle als beim einzelnen. In der Masse entsteht der Zusammenhalt durch die gemeinsame Unbewußtheit – einen gemeinsamen Geist. Alles hängt davon ab, wie dieser Geist beschaffen ist. Ihm kann man sich in der Masse schwerlich entziehen. Er kann den Menschen zum Heil im Gemeinschaftserlebnis oder in den Abgrund führen. Menschen werden in der Masse manipulierbar, denn sie sind der geistigen Infektion ausgesetzt. Nur der Fortschritt im Individuationsprozeß feit vor solcher Infektion, alle bewußte Kritik ist nur bedingt wirksam. Das ist verständlich, wenn wir die archetypische Grundlage der Idee berücksichtigen, der sich niemand entziehen kann und an die bewußter Wille nicht heranreicht. Allein auf dem Weg zur Individuation schützen wir uns wirksam vor Besessenheit jeglicher Art – und entwickeln einen gesunden Geist.

5. Die Welt der Schamanen und Medizinmänner

Ein Inhalt aus dem Unbewußten kann sich zunächst im Bewußtsein störend als schöpferischer Komplex bemerkbar machen. Falls das Bewußtsein diesen Fremdkörper assimilieren und integrieren kann, nimmt es ihm seine störende und schädliche Wirkung; *das Bewußtsein erweitert sich.* Gelingt es dem Bewußtsein hingegen nicht, eine Brücke zum Komplex zu schlagen und sich den neuen Inhalt verständnisvoll anzuschließen, verwandelt er sich in einen *pathologischen Komplex.*

Auf Beispiele für dieses psychologische Geschehen stieß *Knud Rasmussen* auf seiner fünften Thule-Expedition (1921-1924). In der Gegend von King-Williams-Land begegnete er einem jungen Netsilik-Eskimo namens *Arnaqaoq*, der Geistervisionen gehabt hatte und zum Schamanen geworden war. Ihn, der noch nie im Leben Bleistift und Papier in Händen gehalten hatte, forderte Rasmussen auf, seine Geschichte zu zeichnen. Stundenlang saß Arnaqaoq mit geschlossenen Augen da und ließ die unheimlichen Erlebnisse heraufkommen, um sie sichtbar zu machen. »Bisweilen konnte das Wiedererleben so stark auf seine Fantasie einwirken, daß er über den ganzen Körper zu zittern begann und das Zeichnen aufgeben mußte«[1]. Es entstanden einmalige Darstellungen seiner spontanen, unkonventionellen Geistervisionen und deren Verarbeitung. Die meisten in der ethnologischen Literatur bekannten Beispiele von Visionen von Schamanen bleiben im Rahmen der Stammestradition. Das hat seinen Grund darin, daß Visionen erfleht[2] und dann einem älteren erfahrenen Schamanen erzählt werden; dieser gibt ihnen eine von der Tradition ausgehende Interpretation, welche alle individuellen Züge als unerheblich ausklammert. Die spärlichen Kommentare zu den Zeichnungen lassen erkennen, daß die meisten »Geister« den Zeichner in feindlicher Absicht überfielen. Die bösen Geister in der ersten Abbildung[3] kamen über ihn, als er eines Nachts im Schutze eines Steines im Freien schlief, und wollten ihn fressen. Seinen Hunden gelang es, sie ihm vom Leibe zu halten.

Abb. 1.

Es waren zwei friedlose Seelen. Die große heißt »Lauscher«, hat ein großes Maul mit zwei Zähnen, aus dem die Zunge heraushängt, und eine unförmige Hand mit sechs Fingern. Er bewegt sich im Laufe. Die andere ist »Langohr« mit zwei Mäulern und drei Beinen.

Die Darstellung zeigt Dämonen als verzerrte Gestalten, bei denen meist einzelne Organe übertrieben ausgebildet sind. Ihnen fehlt die *Harmonie*. Denn als friedlosen Seelen war ihnen keine harmonische, ausgeglichene Entwicklung möglich. Sie sind nicht zu ihrem natürlichen Ziel gelangt, konnten sich nicht verwirklichen und schweifen daher unerlöst umher. Sie suchen ein lebendes Wesen, um ihm zu schaden, im Grunde jedoch, um ihre Ganzheit zu finden. Da der Komplex nur bedingt an eine Person gebunden ist, kann es vorkommen, daß er sich ein »neues Haus« sucht. Von Schamanen wird erzählt, daß sie Seelen von Vorübergehenden einfangen können. Die Seele ist ihrer Symbolik als Vogel und Schmetterling entsprechend ohnehin etwas, was sich leicht vom Individuum ablösen kann.

Diese beiden unruhigen Seelen zeichnet ein übertriebener Gehörsinn aus, der vielleicht auf eine besondere Empfänglichkeit für die Stimmen aus dem Jenseits (dem Unbewußten) hindeutet. Maul und Hände des »Lauschers« weisen deutlich Züge des Verschlingers auf – ein Aspekt des Unbewußten, dem wir schon früher begegnet sind.

Auf einer sommerlichen Bergwanderung begegnete Arnaqaoq dem fürchterlichen Zauberweib *Manilaq* (Presseis) (Abb. 2)[4]

Abb. 2.

Rechts oben hat der Zeichner dargestellt, daß er vor Schreck umfiel und erst wieder das Bewußtsein erlangte, als der Hund seinen Nabel leckte. Dies zeigt, wie eindrücklich real solche Erscheinungen für denjenigen sind, dem sie begegnen. Über die Details der Darstellung wissen wir zu wenig. Das Zauberweib wurde zu Arnaqaoqs Hilfsgeist (*paredros*), der zwischen ihm und der Mutter der Seetiere vermittelt und ihm Beute verschafft. Ähnliche Vorstellungen sind auch unter anderen Naturvölkern Nordamerikas verbreitet, zum Beispiel bei den Naskapi[5]. Dem Jäger erscheint der Herr der Tiere und verrät ihm, wo er ihm das Wild zum Abschuß freigeben wird. Der Jäger, der mit diesen Mächten verbunden ist, wird erfolgreich sein. Wenn er aber diese Mächte verletzt, verläßt ihn das Jagdglück.

Auf einer anderen Bergwanderung erblickte Arnaqaoq einen übermächtigen Geist (Abb. 3)[6]. Er war stumm und derart unheimlich, daß der Zeichner vor ihm floh, ohne ihn zum Hilfsgeist genommen zu haben. Auch in den Märchen ist es manchmal richtig zu schweigen, wenn man vom Dämon angerufen wird, ein andermal besser zu antworten – je nachdem, wie stark das Bewußtsein ist. Ist dieses zu schwach, so läuft es Gefahr, vom Dämon überwältigt zu werden, statt ihn zu assimilieren und sich mit ihm auseinanderzusetzen. Dazu bedürfte es eines Subjekts und eines eigenen Standpunktes. Nicht von ungefähr erteilen Sagen und Märchen den Rat, ein Kreuzzeichen und dergleichen gegen einen Dämon zu machen, um diesen abzuwehren. Die Gestalt in Abbildung 3 ist eine typi-

Abb. 3

Abb. 4

sche Erscheinung der Einsamkeit: Sie versinnbildlicht das Unbewußte, und folgt dem einsamen Wanderer als Schatten nach (*Synopados*). Ähnlich erging es Arnaqaoq eines Tages auf der Robbenjagd[7]. Ein Geist mit Riesenzähnen entstieg plötzlich der Grenze zwischen Wasser und Eis (*Wake*), an welcher Robben auftauchen, um zu atmen (Abb. 4). Dieses Ungeheuer war so groß wie ein Bär, hatte aber lange Beine mit Knoten an den Gelenken und zwei Schwänze. In einer Hautfalte schien ein großes Ohr zu sitzen; seine Zähne schienen so gewaltig wie die Stoßzähne eines Walrosses. Als dieser Riesengeist ein mächtiges Brüllen ausstieß, wurde dem Eskimo so bange, daß er nach Hause flüchtete, ohne ihn zum Hilfs-geist genommen zu haben.

Dieser Geist aus der Tiefe des Meeres ist noch etwas unheimlicher als die vorangehenden. Die Haare am ganzen Körper machen nicht den Eindruck eines warmen Pelzes, eher sehen sie wie Stacheln aus. Das bedrohliche Maul mit den gewaltigen Stoßzähnen weist auf seine Gefährlichkeit hin, der sich der Eskimo nicht gewachsen fühlte; deshalb floh er. In seiner Zeichnung, mit der Arnaqaoq seiner Angst Ausdruck zu verleihen versucht, nimmt er in einfacher Form vorweg, was das Malen in der Psychotherapie bedeutet: Sie ermöglicht es, dem Irrationalen, dem Angsterregenden, dem Unverständlichen Gestalt zu verleihen. Zunächst drückt sich darin meist eine Emotion aus, die das Bewußtsein in seinen Bann schlägt, obsediert oder paralysiert. Gelingt es diesem, sich malend oder gestaltend von der lähmenden Wirkung zu befreien, indem es die Emotion »objektiviert«, so kann es sich damit auseinandersetzen. Die Zeichnungen Arnaqaoqs gleichen jenen von Kindern, die sich ebenfalls spontan dieses Mittels bedienen, Andrängendes zu bewältigen. In ihrer Unmittelbarkeit und Ausdruckskraft erschüttern sie oft. Hier stoßen wir auf den Ursprung jeder noch so grotesken oder gekonnten Dämonendarstellung. Das Wesen des Dämons wird damit eingefangen. Für das primitive Gemüt des Naturmenschen und des Kindes ist das Dargestellte in der Darstellung leibhaftig anwesend.

Kurz nachdem die Eltern Arnaqaoqs gestorben waren, erschien ihm der schwermütige Hilfsgeist »Riesenauge«[8]. Er tröstete ihn: »Du brauchst dich nicht vor mir zu fürchten, auch ich kämpfe mit traurigen Gedanken, darum

Abb. 5

will ich dir folgen und dein Hilfsgeist sein.« (Abb. 5). Wie die Zeichnung erkennen läßt, hat er gewaltiges, struppiges Haar, das sich sträubt. Jedes Auge ist zweigeteilt. Das große Maul steht senkrecht; darin sitzen oben ein langer Zahn und seitlich zwei kürzere.

Die Schwermut nach dem Tode der Eltern ist eine natürliche Reaktion. Doch gelegentlich verbirgt sich dahinter ein Elternkomplex, der verhindert, daß sich die Schwermut nach einer Weile wieder verflüchtigt. Dann verwandelt sich der verstorbene Elternteil in einen obsedierenden Dämon. Es ist deshalb wichtig, die Trauer anzunehmen und zu verarbeiten, damit man sich vom Geist des Verstorbenen befreien kann. Der Geist »Riesenauge« stellt die Trauer um die Eltern dar. Wenn sich der Eskimo nicht vor ihm fürchtet, wird er zum Hilfsgeist, der ihm beisteht, Leute zu finden, die das Tabu gebrochen haben. Solche Leute stören die soziale Ordnung, so daß Dämonen einbrechen und Schaden anrichten können. Wenn sich ein Unglück oder ein Krankheitsfall ereignet, vermutet man, daß ein Tabubruch vorliegt[9]. Dann muß der Schamane oder Geisterbeschwörer denjenigen aufspüren, der einen Fehltritt begangen hat. Ein Tabu zu brechen, nennen wir heute eine Sünde; in primitiven Gesellschaften ist die Sünde nicht ein persönliches Vergehen, sondern eines, das den ganzen Stamm betrifft. Sie stört seine Ordnung und schwächt ihn dadurch. Allerlei Unheil wird somit Tür und Tor geöffnet. Der Schamane hat die Aufgabe, dieses Unheil abzuwehren. Dabei steht ihm der Hilfsgeist bei. Wenn Arnaqaoq über den Tod seiner Eltern hinweggekommen ist, wirken sie aus dem Jenseits hilfreich auf sein Leben. Dieses Beispiel zeigt, daß ein überwundener Komplex nicht nur integriert werden, sondern darüber hinaus eine fruchtbare Wirkung im Leben haben kann.

Als Arnaqaoq einst Lachse fing, schoß der »Geist mit den vielen Löchern«[10] aus der Tiefe des Sees hervor (Abb. 6). »Er wollte gern einem Menschen dienen und sein Hilfsgeist werden«. Seine Spezialität ist die Geburtshilfe. Die vielen Löcher, die er aufweist, ermuntern das Kind, aus dem Leib der Mutter zu kommen. Die Figur im Kreis stellt die Mutter der Seetiere dar, die Große Mutter, die unten auf dem Meeresgrund sitzt und über das Schicksal der Menschen brütet.

Für den Schamanen gibt es nichts Schwierigeres, als zur Mutter der Seetiere zu gelangen[11]. Zuweilen geschieht es, daß die alte Dame verstimmt ist und den Menschen grollt. Dann sitzt sie, von der Lampe und ihren

Abb. 6

Tieren abgewandt, in ihrem Haus am Grund des Meeres, ihr Haar hängt zerzaust über ihr Antlitz und ihre Augen herab. Sie beklagt die Sünden der Menschen und die Leichtfertigkeit der Weiber mit den Geburten. Der Zauberer muß all seine Kunst aufwenden, um ihren Zorn zu beschwichtigen. Erst wenn sie wieder besänftigt ist, entläßt sie alle Seetiere aus ihrem Haus, was großen Fang und Überfluß für die Menschen bedeutet.

Der Dämon kommt also keineswegs immer als Feind zum Menschen, sondern oft auch, wie in diesem Falle, als hilfreicher Geist. Als unsichtbarer Helfer beim Lachsfang verschafft er zuweilen sogar Nahrung – symbolisch auch dem Bewußtsein. Versteht dieses den Inhalt und findet die richtige Haltung zu ihm, so wird er hilfreich. Die Märchen sind voller Beispiele von solchen Begegnungen. Dem Schamanen gelingt es dank eines festen Bewußtseins, die Dämonen zu integrieren und sich mit ihnen als Hilfsgeistern zu verbünden. Damit wird er zum *Herr der Geister* – nicht mit Hilfe eines großen Zaubers, sondern dadurch, daß er sich mit allen Schrecken seiner Seele, die er als Geistervisionen leibhaftig erlebt, auseinandersetzt und sie in seine Persönlichkeit einbezieht.

Aus dem Bericht Rasmussens geht nicht hervor, wie berühmt Arnaqaoq als Schamane war. Für uns ist er wegen seiner Geistervisionen wichtig, die er so realistisch darzustellen verstand. Die Diskussion um den Geisteszustand der Schamanen und Medizinmänner nimmt in der Literatur einen breiten Raum ein[12]; als wesentliches Merkmal gilt, daß Schamane und Medizinmann für Erlebnisse aus dem Unbewußten – für sie eine übernatürliche Welt – sozusagen »durchlässiger« sind, ohne diesen zum Opfer zu fallen. Würden sie dem Unbewußten nicht widerstehen können, so wären sie selber als kranke zu bezeichnen und unfähig, Kranke zu heilen. Andererseits könnten sie nicht heilen, wenn sie die Schrecken der Geisterwelt nicht aus eigener Erfahrung kennen würden. Diese Durchlässigkeit für transzendente Erfahrungen erklärt viele Merkwürdigkeiten in ihrer Persönlichkeit. Der Psychiater und Anthropologe *Wolfgang G. Jilek* faßt seine Erfahrungen in den Worten zusammen[13]: »Nach Jahren persönlichen und professionellen Kontaktes mit traditionellen Heilern und Schamanen in Nordamerika und anderen Teilen der Welt (Afrika, Haiti, Südamerika, Thailand und Neu Guinea) erachte ich die verallgemeinernde Bezeichnung des Schamanen als pathologisch für absolut unhaltbar«.

Ausschlaggebend für die Berufung zum Schamanen ist die zufällige Begegnung mit einem halbgöttlichen Wesen, mit der Seele eines Ahnen, mit einem Tier oder der Eintritt eines ungewöhnlichen Ereignisses (Blitz, Unfall). Die sogenannte »übernatürliche Welt« gibt den entscheidenden Anstoß zur Berufung und Verbindung. Der Psychologe sieht darin nichts »Übernatürliches«, was jenseits der Naturgesetze stehen würde; für ihn liegen solche Phänomene in der Natur des Menschen, auch wenn sie oft numinosen Charakter haben. Alles, was von numinosen Gefühlen begleitet ist, stammt aus dem Kollektiven Unbewußten. Diese archetypischen Mächte haben Schicksalscharakter; sie bestimmen den Gang eines individuellen Lebens. Wir sind uns nicht im selben Maße bewußt wie die Naturvölker, daß der Beruf des Schamanen oder bei uns des Arztes weniger eine Karriere als eine *Berufung* darstellt. Ein »Geist« nimmt vom künftigen Schamanen Besitz und bestimmt seine Laufbahn. Oft sind es die Seelen verstorbener großer Schamanen oder von Schamanenahnen, die sich einen Nachfolger wählen, der seinem Stamm dienen soll. Oft muß der künftige Schamane rituell sterben, um mit den Seelen der Toten in Kontakt zu kommen, die ihn an ihrem Wissen teilhaben lassen. »Die Geister sehen«, im Traum oder wach, ist das entscheidende Zeichen für die schamanische Berufung, ob sie nun spontan ist oder frei gewollt«, schreibt Eliade.[14] Diese »Vision« verleiht augenblicklich die magische Kraft[15]. Dabei macht es allerdings einen Unterschied, ob eine solche Vision einem gewöhnlichen Menschen oder einem zukünftigen, erwählten Schamanen zuteil wird: Der zukünftige Schamane sucht die »Vision« nicht für sich, sondern zum Wohle der Allgemeinheit, damit das Volk leben kann und das Leben für alle besser wird. Mit seiner Berufung durch den Kontakt mit dem Kollektiven Unbewußten gehört der Betreffende nicht mehr nur sich selber, sondern der Gemeinschaft oder der Menschheit.

Der Medizinmann *John Fire Lame Deer* von den Lakote Indianern Süd-Dakotas berichtet über seine Initiation in einer Erdgrube auf einem Berg, wo er mit sechzehn Jahren seine »Vision« suchte: »Plötzlich spürte ich eine überwältigende Gegenwart. Mit mir war ein riesiger Vogel im engen Erdloch... Dieser Vogel flog um mich herum, als hätte er den ganzen Himmel zur Verfügung. Ich hörte seinen Ruf... Allmählich bemerkte ich, daß eine Stimme versuchte, mir etwas mitzuteilen. Es war ein Vogelschrei, aber ich sage Ihnen, ich begann einiges davon zu verstehen... Ich hörte auch eine menschliche Stimme, seltsam und krächzend... Plötzlich war ich weit oben mit den Vögeln. Ich konnte sogar auf die Sterne hinunterschauen, und der Mond war nahe an meiner linken Seite... Eine Stimme sagte:»Du opferst dich hier, um ein Medizinmann zu werden. Zu gegebener Zeit wirst du einer sein. Du wirst andere Medizinmänner lehren. Wir sind das Vogelvolk, die Geflügelten, die Adler und Eulen. Wir sind ein Volk, und du wirst unser Bruder sein. Du wirst nie einen von den Unsrigen töten oder verletzen. Du wirst uns verstehen lernen, wann immer du hier auf diesem Hügel eine Vision suchen kommst. Du wirst die Heilpflanzen und Wurzeln kennenlernen und Leute heilen. Du wirst kein Honorar verlangen. Das Leben eines Menschen ist kurz. Mache deines zu einem wertvollen.««[16]

Die Geflügelten sind übermenschliche Wesen, in etwa unseren Engeln vergleichbar. Als Geister der Lüfte führen sie den künftigen Schamanen in seinen Beruf ein und vermitteln ihm das nötige Wissen. Sie stellen eine bis zur halluzinatorischen Deutlichkeit gesteigerte Erfahrung der Intuition dar jener für Medizinmann und Arzt gleicherweise unentbehrlichen Gabe. Folgt er diesen schicksalsträchtigen Mächten, so zeigen sie ihm ihre hilfreiche Seite; sträubt er sich dagegen, so weisen sie ihm ihre dämonische, zerstörerische Seite. »Ein Schamane«, erklärt Eliade, »ist ein Mensch, der konkrete, unmittelbare Beziehung zu der Welt der Götter und Geister hat; er sieht sie von Angesicht zu Angesicht, er spricht mit ihnen, bittet sie, fleht sie an – aber er »kontrolliert« nur eine beschränkte Zahl von ihnen. Nicht ein jeder Gott oder Geist, der in der schamanischen Sitzung angerufen wird, ist deswegen schon ein »Vertrauter« oder »Helfer« des Schamanen«[17].

Die Hilfsgeister (*spiritus familiares*) stehen dem Schamanen dienend und helfend bei seiner Arbeit zur Seite, insbesondere bei seiner Reise ins Jenseits. Um eine verlorene Seele aus dem Jenseits zurückzuholen, begibt sich der Schamane auf die gefährliche Reise dorthin. Wir werden im nächsten Kapitel auf die durch Seelenverlust ausgelösten Krankheiten eingehen. Die *archaische Jenseitsreise* entspricht dem *Abstieg* des modernen Psychotherapeuten *ins Unbewußte*. Dafür benötigt er die in der Lehranalyse integrierten Komplexe als Helfer, um nicht mit dem Patienten einem gemeinsamen Unbewußten (Dämon) zu verfallen. (Häufig kommen Analysanden spontan mit dem gleichen Problem, das den Analytiker beschäftigt.) Die archaische Technik des Schamanen ist für die moderne Psychotherapie deshalb von großem Interesse, weil sie ihr Vorläufer ist. Sie verfügt, im Gegensatz zur modernen Psychotherapie, über die Erfahrung von Jahrtausenden.

Jeder integrierte Komplex – das dürfte inzwischen deutlich geworden sein – erweitert die Persönlichkeit durch neue Fähigkeiten. Das sind die Hilfsgeister, das heißt Fähigkeiten, die der Persönlichkeit zuhilfe kommen, wenn sie die richtige Einstellung zu ihnen findet. Nur in den seltensten Fällen kann der Schamane die Geister unter seine Absicht zwingen. Als Geister behalten sie eine gewisse Autonomie. Die Psyche integriert einen Komplex, indem sie ihn in den Zusammenhang der Persönlichkeit so einbezieht, daß er zu dieser nicht mehr im Gegensatz steht – und nicht etwa, indem sie ihn auflöst. Derart »aufgelöst« werden kann ein Komplex schon deshalb nicht, weil dahinter stets ein Archetyp steht. *Komplexe sind lebendige Bausteine der Psyche.* Nicht nur beim Medizinmann, sondern auch beim modernen Menschen stellen sie einen Teil der Persönlichkeit dar. Zur *Integration* gehört, daß die verschiedenen Teile fest miteinander verbunden sind; andernfalls, bei der *Dissoziation*, fallen die einzelnen Teile der Persönlichkeit auseinander. (Erinnern wir uns an das dritte Kapitel.)

Der von seinen Hilfsgeistern umgebene Schamane entspricht auf archaischer Stufe einer Persönlichkeit, die ihre verschiedenen Teile integriert hat. Allein von einer solchen Persönlichkeit kann eine heilsame Wirkung ausgehen. Sie allein kann der Dissoziationstendenz des Kranken entgegenwirken – und ihm die verlorene Seele zurückbringen.

6. Von Zauberpfeilen und Hexenschüssen – Primitive Krankheitsauffassungen

Um zu würdigen, was Schamanen oder Medizinmänner leisten, darf ihr Verständnis von Krankheit nicht außer acht bleiben. Eine Reihe von Forschern hat darüber berichtet, daß bei Eingeborenen unsere westliche rationale Medizin gelegentlich versagte, während der scheinbar nutzlose Hokuspokus des Medizinmannes wirksam war. Es wurden sogar Fälle bekannt, in denen sich westliche Ethnologen vergeblich ihre eigenen Medikamente verabreichten, dagegen vom einheimischen Medizinmann erfolgreich behandelt wurden. Andererseits liegen uns auch Berichte wie der des Ethnologen, *Koch-Grünberg* vor, den ein Medizinmann ebenso ausgiebig wie ergebnislos behandelte. Wirkt die primitive Medizin vielleicht nur, weil ihr Zeremoniell dramatisch und suggestiv ist? Viele Wissenschaftler vermuten das.

Auf jeden Fall beruht ihre Heilkraft in erheblichem Maße auf den geistigen Voraussetzungen der jeweiligen Kultur. Daran liegt es wohl, daß Medizinmänner vorwiegend, wenn nicht gar ausschließlich bei Angehörigen ihrer eigenen Kultur erfolgreich sind. Diese geistigen Voraussetzungen bilden das *archetypische Fundament der Kultur*, ihre unbewußten Auffassungen. Es sind die sakrosankten Bilder, nach welchen sich die Kultur aufbaut. Wenn ein religiöses Zeremoniell oder ein Ritual des Medizinmannes sie anspricht, treffen sie auf Tiefstes im Menschen, nämlich auf den *Archetyp des Heilers und des göttlichen Arztes*. Überall, wo dieser Archetypus in irgendeiner Weise berührt und konstelliert wird, da tritt Heilung ein. Ein alter Spruch lautet: *Medicus curat, natura sanat* (Der Arzt lindert, die Natur heilt). Nicht umsonst ist der christliche Heiland nicht nur ein Arzt der Seele, sondern auch ein Wunderheiler. Mit seinen Wunderheilungen[1] trat er den Beweis an, daß er der »wahre Arzt« und Heiler ist. Jener Zeit waren Leib und Geist noch nicht in zwei unvereinbare Gegensätze auseinandergerissen wie uns; die körperliche Krankheit war noch nicht geschieden von ihrer seelischen Komponente; die primitive Medizin behandelte Leib und Seele noch als Einheit. Zudem war das Heil der Seele eng verknüpft mit der körperlichen Unversehrtheit (*mens sana in corpore sano*). Erst unsere moderne Medizin hat sich ihrer religiösen Ursprünge entfremdet und in eine rein technische Verfahrensweise verwandelt.

Bisweilen wird der Erfolg der Medizinmänner allein auf eine psychologische Beeinflussung zurückgeführt. Dabei wirkt gerade die technisch fortgeschrittene Medizin von heute, die Chirurgie, beileibe nicht bloß somatisch im Sinne einer Defektheilung, sondern mit ihrem apparativen und hygienischen Zauber ebensosehr psychologisch. Ob wir es wahrhaben wollen oder nicht: Unsere »Götter in Weiß« behandeln und heilen, entgegen ihren rationalen Ansprüchen, ebenso kräftig mit irrationalen Mitteln. Damit können sie aber nur einen Patienten beeindrucken, der aus den ganzen kulturellen Voraussetzungen heraus ein gewisses *Verständnis* für diesen »Zauber« aufbringt. Zur Wirkung gehört außerdem aber das *Geheimnis*. Je »rationaler« die Heilmethoden werden, desto unwirksamer werden sie auch – weil sie dieses Geheimnis verschwinden lassen. Die moderne westliche Medizin bedient sich ihres technischen Aufwandes, um sich wieder mit jenem Geheimnis zu umgeben, das für jede Heilung nötig ist. Das Geheimnis ist in vielen Heilverfahren eine Geheimnistuerei, also ein absichtliches Verschleiern. Im Grunde genommen ist das wahre Geheimnis jene archetypische Wirkung bei jeder Heilung – eine Wirkung, die sich allen rationalen Erklärungsversuchen entzieht.

Dabei bedürfte es gar keiner Geheimnistuerei, wenn man sich des wirklichen Geheimnisses jeder Heilung bewußt wäre; es ist die *religiöse Grundlage ärztlicher Kunst*. Alle primitiven Heilverfahren leiten sich ursprünglich von religiösen Kulten ab; am bekanntesten wurden die Schulen von Kos und Epidauros bei den alten Griechen. Die meisten heutigen paramedizinischen Heilverfahren verdanken ihren Erfolg im wesentlichen ihrer religiösen Komponente. Es ist müßig zu spekulieren, um wieviel wirksamer moderne Medizin wäre, sofern sie nicht ihre religiösen Wurzeln verloren hätte. Vereinigungen christlicher Ärzte versuchen neuerdings, eine Rückbesinnung auf diese Wurzeln einzuleiten. Ihr Vorhaben wird dadurch erschwert, daß inzwischen auch die Patienten, deren geistige Voraussetzungen ebenso wichtig sind wie jene des Arztes, ihre christlichen Wurzeln verloren haben. Die kulturellen Voraussetzungen von Arzt und Patient müssen aufeinander abgestimmt sein. Der Zauber religiöser Ergriffenhat kann gelegentlich auch einen völlig unreligiösen Menschen erfassen, besonders wenn der Funke in der Masse auf ihn überspringt. Das ist der Sinn jeder religiösen Gemeinschaft und des Publikums. In der Masse mit ihrem *abaissement du niveau mental* kommt viel leichter ein kollektiver Zustand der gemeinsamen Ergriffenheit zustande, der Ehrfurcht vor dem schlechthin Mächtigeren. Sie ist nicht an eine spezielle Kultur gebunden. Wie sie hervorgerufen werden kann, hängt aber von der jeweiligen Kultur ab.

»Dein Glaube hat dich gerettet«, heißt es bei *Lukas* (8,48). Was wir heute unter Glaube verstehen, entspricht nicht mehr dem, was der Evangelist damit ausdrücken wollte. Wollte er nicht darauf hinweisen, daß im Patienten der Archetypus des Heilers durch das Erscheinen Christi angerührt und der Kranke davon ergriffen worden war? Das Wort »Glauben« bezeichnete ursprünglich diese religiöse Ergriffenheit – und nicht einen bestimmten Glaubensinhalt.

Der Archetypus des Heilers oder Heilands hat letztlich mit dem Selbst oder dem Anthropos zu tun. Er weist auf die *Ganzheit* des Menschen hin. *Wer ganz ist, ist auch heil. Krankheit ist ein Mangel an Ganzheit.* Sobald der Archetypus der Ganzheit konstelliert ist, kann Heilung eintreten. Auch hier entscheiden die kulturellen Voraussetzungen von Arzt und Patient darüber, ob es dem Arzt gelingt, den Archetypus der Ganzheit hervorzurufen, und ob der Patient diese Signale und Symbole versteht. Dabei unterscheiden sich der Archetypus und die Symbole der Ganzheit je nach Kultur, obwohl sie Gemeingut der Menschheit sind. Ein Patient kann gesunden, wenn es dem Arzt gelingt, ihm diese Symbole zu vermitteln.

Oft bleibt diese Aufgabe Priestern vorbehalten. Dabei sind Priester und Schamane nicht selten in ein und derselben Person vereinigt. Auf Epidauros und Kos wirkten Priesterärzte[2]. Imhotep gilt im Alten Ägypten als vergöttlichter Arzt. Die beiden Funktionen des Arztes und des Priesters gehörten stets eng zusammen. Aus dem mittelalterlichen *hôtel-dieu* wurde unser Hospital.

Was unterscheidet den Arzt vom Priester? Der Priester sorgt für die Ausübung der Religion, er regelt den Umgang des Menschen mit den Göttern. Der Arzt wirkt sozusagen auf der *Schattenseite* dieses Umgangs; er bemüht sich jene, die dem normalen Gang entraten und in Bedrängnis geraten sind. Der Arzt diagnostiziert auch, was seiner Zeit und der Kultur fehlt, um

Abhilfe zu schaffen. Kurzum, der Arzt befaßt sich mit den *Störungen des normalen Lebensflusses sowohl des Einzelnen wie seiner Zeit.* Der Arzt hat es daher mit Störungen, mit Abweichungen von der Norm, mit Ungleichgewicht, mit Leiden und Krankheit zu tun.

Früheren Zeiten waren geistig-seelisches und körperliches Leiden nicht prinzipiell geschieden. Nachdem die materialistische Medizin ihren Zenit überschritten hat, besinnt man sich wieder auf die leib-seelische Einheit und versucht, Leiden verstärkt psychosomatisch zu verstehen. Doch lassen sich die jahrhundertealten Denkgewohnheiten nicht plötzlich ausrotten.

Die Jungsche Psychologie hat mit dem Konzept des *unus mundus*[3] einen neuen Weg beschritten, denn zurück zum Geist der unistischen Auffassung der Antike können wir nicht mehr. Materie und Geist sind in unserem Bewußtsein zwei völlig verschiedene Anschauungsbereiche. (Darüber hilft auch das Postulat einer »Geist-Materie«, wie bei *Teilhard de Chardin*, nicht hinweg, die bisher noch kein Mensch empirisch nachweisen konnte.) Doch auch ohne »metaphysische Purzelbäume« finden wir Hinweise, daß materielle Vorgänge auf seelisch-geistige sinnvoll bezogen sind. In Synchronizitäten treten spontan Koinzidenzen von materiellen mit psychischen Vorgängen auf. In solchen »Schöpfungsakten in der Zeit«, wie Jung sie einmal genannt hat[4], wird eine Parallele von Materie und Psyche in unserer empirischen Welt sichtbar, die wohl auf einer einheitlichen Welt jenseits unseres Bewußtseins beruht. Es überrascht denn auch nicht, daß sich viele körperliche Krankheiten lange bevor sie ausbrechen, durch psychische Vorboten ankündigen. In der »Körpersprache« verschaffen sich seelische Vorgänge physischen Ausdruck; das verbindende Korrelat sind die *Emotionen*, die unbewußtes Geschehen mit körperlichen Begleitinnervationen anzeigen: Man wird bleich vor Schreck, das Herz springt einem bis zum Halse vor Freude, man kriegt weiche Knie vor Angst; das Problem bleibt einem im Hals stecken, liegt einem auf dem Magen. An solchen emotionalen Reaktionen ist besonders das vegetative Nervensystem beteiligt, das dem bewußten Willen entzogen ist: Wir erröten gerade dort, wo es uns peinlich ist.

C.G. Jung führt den Fall eines siebzehnjährigen Mädchens an[5], bei welchem zunächst unklar war, ob es an einer schweren körperlichen Krankheit – einer progressiven Muskelatrophie – oder an Hysterie litt. Für beide Diagnosen gab es Hinweise. Dieses Mädchen litt unter Albträumen. Insbesondere hatte sie ein scheußlicher Traum erschreckt, in welchem sich die Mutter am Kronleuchter im Salon erhängte; im zweiten Teil des Traums sprang ein scheuendes Pferd aus dem Korridorfenster des vierten Stockes auf die Straße hinunter, wo es zerschmettert liegenblieb. Die Deutung des Traumes wies der Differentialdiagnose die entscheidende Richtung; auch half sie das körperliche Geschehen verstehen, bei welchem sich das animalische Leben selber zerstört.

Den Traum als Informationsquelle nutzt die moderne Medizin immer noch viel zu selten. Allerdings ist es auch außerordentlich schwierig, diagnostisch möglicherweise bedeutsame Träume zu verstehen, bevor körperliche Symptome aufgetreten sind. Retrospektiv fällt es viel leichter, in der Traumserie jene Träume ausfindig zu machen, die auf eine kommende Krankheit vorausweisen. Eine Krankheit ist nicht vorprogrammiert; ein konstelliertes Problem, das nicht erkannt und bewußt gemacht wird, *kann*, muß aber nicht zu einer körperlichen Darstellung führen oder sich sonstwie ausdrücken. Rückblickend erst ist die Konsequenz des Ablaufes ersichtlich, nicht von vornherein. Wir können niemals prospektiv auch nur mit einiger Sicherheit behaupten, jemand könnte aus einem bestehenden pathogenen Konflikt heraus eine psychosomatische Krankheit entwickeln. Erst wenn die Krankheit ausgebrochen ist, sind wir in der Lage *retrospektiv* den pathogenen Konflikt und die Pathogenese anzugeben.

Körper und Psyche sind sinnvoll aufeinander bezogene Systeme; die Vorgänge des einen spiegeln sich im anderen. Bedenken wir bloß, wie wir intuitiv die Körperhaltung und unbewußte Körperinnovation als Ausdruck der seelischen Gestimmtheit kennen. Nicht zuletzt ist die Mimik ein averbales Kommunikationsmittel ersten Ranges. Was in unserem Unbewußten vorgeht, verraten wir durch unseren Körper; wer dessen Sprache zu lesen versteht, wird mehr über uns wissen, als wir verraten möchten.

Wie unbewußt man sich im allgemeinen seiner körperlichen Vorgänge ist, erlebt man in der täglichen hausärztlichen oder poliklinischen Praxis. Die Patienten können ihr Leiden selten beschreiben, ihre Diagnosen bleiben vage und ungenau – etwa wenn sie über ein »Reißen« oder einen »dumpfen Schmerz« klagen. Sie wissen auch nicht exakt anzugeben, wo der Schmerz sitzt. Im Alten China wurden Porzellanfigürchen verwendet, um die Symptome daran festzumachen. Damit sollte angeblich vermieden werden, den Patienten auszuziehen, was als unschicklich empfunden wurde; vielleicht hat es seinen Grund auch darin, daß der Patient ohnehin nicht in der Lage war, die Symptome genau zu schildern. Mir ist aufgefallen, daß in der primitiven Medizin kaum eine genaue Beschreibung des Krankheitsbildes gegeben wird.

Noch viel schwieriger ist es, seelische Leidenszustände zu diagnostizieren. Oft entziehen sie sich der genaueren Beschreibung, weil man sich ihrer gar nicht genügend bewußt wird. Unsere Sprache ist arm an entsprechenden Worten, und die Dichter helfen sich mit Bildern als Vergleichen. Aber außer der sprachlichen gibt es noch eine ganz andere Schwierigkeit, innerseelische Zustände auszudrücken. Bis vor kurzem, und in vielen Hinsichten noch heute, spielten sich die Geschehnisse unserer Psyche nicht in einem seelischen Innenraum ab, sondern außen. Noch heute meinen wir einen Mutterkomplex auf die reale Mutter zurückführen zu müssen, weil wir die Leiden in der Außenwelt an den realen Personen erleben. Noch heute unterscheiden wir nicht sauber zwischen unseren seelischen Vorgängen und dem äußeren Geschehen. Wir huldigen der primitiven Ansicht, die Außenwelt sei wirklich so, wie sie uns erscheint, wie wir sie erleben. Wir nehmen gar nicht die seelischen Vorgänge wahr, sondern setzen sie der Umwelt gleich.

Noch viel stärker erlebt der Primitive sein seelisches Geschehen als Vorgang in der Umwelt, mit welcher er in einer *participation mystique* oder archaischen Identität lebt. Ist es da verwunderlich, daß seine Umwelt von Geistern und Dämonen belebt ist, die für ihn teils hilfreich, teils gefährlich sind? Wir sind versucht, ihm aufklärerisch die Geister und Dämonen auszureden, doch sie sind real. Es ist ebenso sinnlos, sie ihm ausreden zu wollen, wie die Existenz von Komplexen zu leugnen. Diese existieren beim Primitiven nicht nur autonom, wie bei uns, sondern sogar objektiv. Doch auch wir, und nicht nur der Paranoiker, identifizieren die Komplexe oft derart stur mit Objekten, daß uns nichts davon abbringen kann. Überall, wo wir unbewußt sind, sind wir nicht weit von der primitiven Mentalität entfernt; deshalb können wir diese recht gut aus unserem eigenen Erleben verstehen.

Zum Verständnis primitiver Krankheitsauffassungen scheint mir eine Unterscheidung hilfreich, die *Glick*[6] zwischen drei Dimensionen der Kausalität vornimmt:

– die *causa efficiens* (auslösende Ursache):
    1. Krankheit hervorgerufen durch einen anderen Menschen
    2. Krankheit hervorgerufen durch sogenannte »übernatürliche Kräfte«
– die letzte Ursache (warum die Krankheit auftritt):

1. Übertreten einer sozialen oder religiösen Norm
2. Wirkung von Zauberei oder Hexerei
3. Bosheit sogenannter »übernatürlicher Kräfte«
- die *causa instrumentalis* (wie sie technisch entsteht):
  1. Eindringen eines Fremdkörpers
  2. Seelenverlust
  3. Besessenheit.

Diese Unterscheidung scheint mir einleuchtend und bisherigen Systemen überlegen[7]. Denn aus der Kausalität der Krankheit ergibt sich die Behandlung, die für den Primitiven ebenso logisch und rational ist wie für uns unsere moderne Therapie.

Uns interessiert in diesem Zusammenhang lediglich die *instrumentelle* Ursache der Krankheit. Überall auf der Welt *saugen* die Medizinmänner an der kranken Stelle des Körpers mit dem Mund oder einem Blasrohr und weisen anschließend der verblüfften Zuschauerschar den krankmachenden Fremdkörper vor[8]. Mit dem Beweis der Extraktion des fremden Objektes ist die Heilung so gut wie sicher. Die Krankheit wird nach dieser Vorstellung dadurch verursacht, daß *ein Fremdkörper* eindringt. Weit verbreitet ist die Vorstellung vom *Krankheitsprojektil*[9], einem Pfeil, den ein böser Zauberer abschießt, um Mensch und Vieh krank zu machen. In vielen Gegenden spricht man bei dieser Art der Krankheit vom »*Schlag*« oder vom »*Schuß*« (Hirn- oder Herz-Schlag, Hexen-Schuß). In Australien wird das »*bone-pointing*«[10] praktiziert: Dabei wird ein spitzes Knochen- oder Holzstück in die Richtung des Opfers gehalten; es soll magisch bewirken, daß ein Stück davon in den Körper des Opfers eindringt und ihn krank macht. Wie *A.P. Elkin* vermutet, könnten solche Vorstellungen ursprünglich aus Visionen und Träumen der australischen Eingeborenen entstanden sein[11].

Tatsächlich hört man in der täglichen analytischen Arbeit nicht selten entsprechende Träume auch von modernen, aufgeklärten Menschen. Ein Mann mittleren Alters mit einem negativen Mutterkomplex glaubte, zwei Frauen in seiner Umgebung verhielten sich in einer Angelegenheit, an der ihm viel lag, ihm gegenüber illoyal. In der folgenden Nacht träumte er: »Man muß mir aus diagnostischen Gründen mit einer langen Nadel in den Rücken stechen. Ich fürchte mich sehr davor und weiche zurück. Doch zuletzt halte ich hin. Ein Arzt sticht. Mehrere Ärzte sammeln die Resultate. Wie ich aufwache, spüre ich einen umschriebenen Schmerz im Rücken«.

Weil der Mann Frauen mißtraute, konnte er die wahre Lage nicht erkennen. Er hatte seine negative Beurteilung der Frau, gleichsam die Hexe in ihm, auf die beiden Frauen projiziert. Der Traum mußte ihn schmerzhaft mit der Wahrheit konfrontieren. Solche Träume weisen darauf hin, daß eine *Projektion*[12] stattgefunden hat. *Projektionen sind Fremdkörper.* Unsere Umgangssprache verführt uns zu der Annahme, wir nähmen Projektionen *aktiv* vor. In Wirklichkeit ist es der *Archetypus* des Zauberers oder Hexers, der seine krankmachenden Projektile ins Fleisch schießt. Die Hexer schleichen dabei ihre Opfer sogar im Schlaf an[13]. Auch der Liebesgott ist ein solch gefährlicher Zauberer, der uns mit seinen Pfeilen beschießt. Hiob klagt (6,4), »Die Pfeile des Allmächtigen stecken in mir, und mein Geist saugt ein ihr glühend Gift; die Schrecken Gottes verstören mich«.

Die projizierende Instanz ist nicht das Subjekt, sondern der Archetypus. Er veranlaßt die Projektion. Das heißt, hinter jeder Projektion steht ein Archetypus. »Archetypus« bedeutet eine angeborene Auffassungsmöglichkeit. Wir erleben nicht das Objekt oder die Umwelt, wie sie *sind*, sondern wie sie uns typischerweise *erscheinen*. Ihre Erscheinungsform ist durch den Archetypus, den das Objekt konstelliert, in typischer Form verändert. Diese Veränderung ruft auch die *Emotionen* hervor, die mit dem Objekt verbunden sind. So etwa mag mir eine unbekannte Katze merkwürdig erscheinen; wenn sie auf meine zärtlichen Annäherungsversuche hin dann auch noch faucht und die Haare sträubt, so kann es geschehen, daß mir kalte Schauer den Rücken hinunterlaufen; ich ahne, es könnte sich um ein Hexentier handeln. Durch sein abweisendes Verhalten konstelliert das unbekannte Objekt den Archetypus der Hexe. Anders ausgedrückt, ich projiziere meine Hexenvorstellung in die arme Katze. In Wahrheit ist es die Fremdheit der Katze und ihr seltsames Verhalten, die in mir die Konstellation des negativen Mutterarchetypus auslösen; dieser Archetypus läßt mich dann die Katze in einer typischen Weise auffassen, eben als Hexentier. Die Projektion besteht darin, daß ich meinen negativen Mutterarchetypus (Hexe) nicht in mir, sondern draußen in der Katze finde.

Wie kann eine Projektion zur Krankheit führen? Aufschluß darüber gibt der Fall eines fast dreißigjährigen Mannes, der oft an nächtlichen Magenkrämpfen litt, ohne daß der Hausarzt bisher ein Magenulcus hatte feststellen können. Er träumte: »Ich sehe mehrere Schattierungen in meinem Magen, wobei ich selber einen Schatten darstelle. Der Magen wird zum

Raum, in dem sich etwa acht Personen befinden, auf die ich unentwegt einrede. Ich weiß, daß einzelne Personen Verräter sind, und weiß auch, welche. Ich will sie los werden und schicke sie deshalb aus dem Raum. Doch muß ich feststellen, daß sie mich immer noch belauschen können. Im gleichen Moment weiß ich, daß ich sie nicht los werde, hole die restlichen Personen näher heran und rede leiser«.

Als er um zwei Uhr erwacht, merkt er, daß die zwei Schatten mit den zwei Personen und seinen Magenschmerzen identisch sind. Er nimmt eine Tablette und trinkt lauwarme Milch. Die Schmerzen kommen nach zwei Stunden wieder. Trotzdem kann er sich entspannen und wieder einschlafen.

Diesem Patienten »liegt« buchstäblich ein Problem »im Magen«. Es ist ein Schattenproblem, ein Gegensatzproblem, das, statt in seiner Psyche, in seinem Körper ausgetragen wird. Aus irgendeinem Grund sieht der Patient seinen Schatten, den Verräter, nicht in sich. Der Konflikt wird projiziert: meist in die Außenwelt, auf den Nachbarn oder den lieben Nächsten. In unserem Fall fand die Projektion nicht nach außen, sondern in den Magen statt. *Alfred Adler* beobachtete, daß dabei oft eine *Organminderwertigkeit* vorliegt: Ein Organ reagiert besonders empfindlich auf psychische Konflikte. Das ist eine Disposition. Wird der Konflikt in den Körper projiziert, so reagiert das minderwertige Organ. Kann der Konflikt über längere Zeit nicht aus der Projektion in die Psyche übertragen werden, wohin er seiner Natur nach gehört, so treten an diesem Organ Schädigungen auf, die schließlich irreversibel werden. Gerade vom Magenulcus als einem Streßulcus ist das bekannt.

Vor Jahren wurde ich konsiliarisch bei einem Mann in den Fünfzigerjahren hinzugezogen, der seinen dritten Herzinfarkt erlitten hatte. Meine Exploration ergab, daß er in dem Betrieb, in dem er seit Jahrzehnten an zweitoberster Stelle arbeitete, einen Vorgesetzten hatte, der aus Sparsamkeit die Abfälle mit den Lastwagen in die nächstgelegene Kiesgrube leeren ließ. Unser Patient konnte dieses gewinnsüchtige Verhalten nicht mit seinem umweltschützerischen Gewissen vereinbaren. Wiederholt sprach er bei seinem Chef vor, damit dieser Mißstand beseitigt und die Abfälle in einer geeigneten Deponie entleert würden – vergebens. Es »drückte ihm buchstäblich das Herz ab«, machtlos mit ansehen zu müssen, wie sein Chef um der paar Franken willen die Umwelt verschandelte. Im Gespräch mit mir beharrte der Patient darauf, daß er recht habe und das Verhalten des Chefs eine Schande sei. Eine neue Stelle wollte er nicht mehr suchen, dafür war er zu alt. Er projizierte den Schatten auf seinen Chef, wodurch die Auseinandersetzung mit seinem Schatten blockiert wurde. Diese Blockierung rief die *Emotionen* der Ohnmacht hervor, die seine Herzkranzgefäße angriffen. Immer sind die Projektionen mit Emotionen verbunden, weil sie eine mangelnde Anpassung an die Wirklichkeit darstellen. Der Patient hätte sich nicht so weit an die Realität anpassen können, daß ihm das Verhalten des Chefs gleichgültig geworden wäre; dazu war er viel zu zwanghaft. Aber er hätte seinen eigenen Schatten kennenlernen müssen, dann wäre er dem Schatten seiner Mitmenschen gegenüber konzilianter geworden. Doch er sah sich ja im Recht, der Fehler lag beim anderen! Auch wenn ich sein Schicksal nicht weiterverfolgen konnte, befürchte ich doch, daß er seine Uneinsichtigkeit inzwischen mit dem Tode bezahlen mußte.

Wie diese beiden Beispiele zeigen, ist im Einzelfall die Projektion nicht leicht durchschaubar. Der Therapeut muß vor Simplifizierungen sehr auf der Hut sein. Erst wenn er die unbewußte Situation eingehend kennt und die Lebensgeschichte gründlich exploriert hat, zeigen sich ihm die tieferen Zusammenhänge.

Kommen wir nun zum nächsten Typus der Krankheitsentstehung, dem *Seelenverlust* (*loss of soul*)[14]. Die Vorstellung, daß eine der Seelen des Menschen (oder die Seele) gestohlen werden oder spontan abwandern kann, ist praktisch über die ganze Welt verbreitet. Oft ist es dann Aufgabe des Schamanen, unter großen Gefahren ins Jenseits zu gehen, um die Seele von dort fortzulocken oder zu entführen. Diese Jenseitsreise führt der Schamane seinem Publikum sehr theatralisch und realistisch vor. Im Grunde nimmt er auf seine archaische Art nichts anderes vor als eine *Aktive Imagination*[15]; dabei faßt er die inneren Bilder, die spontan aufsteigen, ganz realistisch auf, um sich mit ihnen auseinanderzusetzen. Der Schamane braucht sein Publikum, damit eine unbewußte kollektive Atmosphäre entsteht, die suggestiv auf den Kranken wirkt. Die Schilderungen der Schamanen[16] lassen vermuten, daß sie ihre Reise nicht nur äußerlich darstellen, sondern auch innerlich vollziehen. Dem Kranken hilft dies offenbar, seine Seele zurückzugewinnen und zu gesunden.

Der Seelenverlust ist in der Psychologie ein wohlbekanntes Geschehen. Jung berichtet in seinen »Erinnerungen« (S. 195) von einer Fantasie, in welcher ihm die Seele entflogen sei; das heißt, daß sich die Libido ins Unbewußte zurückgezogen hat und dort eine geheime Belebung bewirkt. Diese kann sich, wie es Jung geschah, bis zu Spukphänomenen steigern. Spukphänomene sind, wie wir später sehen werden, exteriorisierte unbewußte Komplexe. Wenn das Bewußtsein nicht fähig ist, gewisse unbewußte Inhalte zuzulassen oder zu verstehen, diese aber eine starke Ladung aufweisen, manifestieren sie sich paraphysisch. Sobald Jung die konstellierten Fantasien aufzuschreiben begann, löste sich die Geisterschar auf, und der Spuk war beendet.

Die *Symptome des Seelenverlustes* gleichen denjenigen einer *Depression*. Bei beiden handelt es sich zunächst noch um keine Krankheit, sondern um eine durchaus häufige Reaktion. Nach dem Verlust eines nahen Angehörigen etwa zieht sich die Libido ins Unbewußte zurück. Da das Unbewußte das »Totenland« ist, könnte man auch sagen, die Seele sei mit dem Verstorbenen ins Jenseits abgewandert. Das entspricht der verbreiteten Vorstellung, daß der Tote seine Reise zu den Inseln der Seligen nicht gerne allein antritt. Er sucht sich einen Gefährten. Der Seelenverlust der Angehörigen wird für diese zu einer ernsten Gefahr. Eine kleine Unaufmerksamkeit beim Autofahren kann den Tod bedeuten.

Auffallend oft sterben Ehepartner kurz nacheinander; die Seele des überlebenden Teils ist schon zu Lebzeiten mit dem Verstorbenen abgewandert.

Kommt es zu einem Seelenverlust als Reaktion auf eine äußere Lebenssituation, die leicht einsehbar ist, so spricht man von einer *reaktiven Depression*. Bei der *neurotischen Depression* fehlt ein solcher einfacher Zusammenhang. Dort ist eine Teilpersönlichkeit unerlöst im Unbewußten hängengeblieben. Die sogenannte *endogene Depression* spielt sich nach den gleichen psychopathologischen Regeln ab. Allerdings scheint die Libido dabei tief im Unbewußten versteckt zu sein und ein *konstitutioneller Faktor* (daher der Name »endogen«) eine gewisse Rolle zu spielen. Manche Psychiater nehmen irrigerweise an, diese Art der Depression folge nicht der Psychodynamik der übrigen Depressionen, sondern sei nur körperlich. Für die Behandlung endogener Depressionen gelten aber die gleichen Gesichtspunkte wie bei den übrigen Depressionen.

Die *senilen Depressionen* sind nicht weniger psychogen als alle anderen. Sie können Vorboten des Todes sein – oder eine Vorbereitung darauf. Ich entsinne mich einer wohlhabenden, rüstigen Dame in den Siebzigern, die mich wegen einer Depression mit den üblichen Symptomen aufsuchte. Sie klagte, sie sei nicht mehr so unternehmungslustig wie früher. Tatsächlich war sie eine außergewöhnliche Dame, die sehr extravertiert gelebt, ein großes Haus geführt, viele Reisen unternommen und auch sportlich Beachtliches geleistet hatte. So hatte sie noch im Sommer zuvor den Zürichsee durchschwommen. Sie konnte sich nicht damit abfinden, daß sie dazu nun nicht mehr in der Lage war. Ihre Libido haftete mehr an diesen extravertierten Dingen. Es war nötig geworden, daß sie sich als Vorbereitung auf den Tod ihrer Seele zuwandte.

Einen weiteren Fall von seniler Depression schilderte mir Dr.med. *Franz Riklin*, der inzwischen verstorbene Präsident des Jung-Institutes. Er wurde einst zu einem etwa siebzigjährigen Mann gerufen, der in einer bedrohlichen Depression steckte, in welcher er weder aß noch sprach. Zunächst konnte sich Riklin mit ihm gar nicht unterhalten, weil er nur »ein Loch in die Wand stierte«. Riklins Frage jedoch, ob er dort den Tod sehe, durchzuckte den Alten wie ein Blitz. Nun taute er auf – und erzählte ihm schließlich sein Leben, welches er als korrekter, gewissenhafter Firmenleiter zugebracht hatte. Für seine Eltern hatte er bis zu deren Tod gesorgt, weil sein Bruder sich nicht um sie gekümmert hatte. Als Riklin ihn nach diesem Bruder fragte, seufzte der Depressive: Jener war das Schwarze Schaf in der Familie. Sein Bruder war sehr lebenslustig und unbekümmert, genoß das Leben, ging Jagen und Fischen, hatte Frauen – kurzum, er war das krasse Gegenteil des Patienten. Dieser hatte darum seit Jahren keinen Kontakt mehr mit ihm gehabt. *Riklin* erkannte: Der Bruder stellte die ungelebte Seite des Patienten dar. Diese Vermutung sprach er auch aus. Daraufhin söhnte sich der Patient mit dem Bruder aus und fuhr zu ihm in die Ferien. Dort holte er all das nach, was in seinem Leben zu kurz gekommen war. Als er zurückkehrte, war er längst nicht mehr depressiv. Er lebte noch einige Wochen und starb darauf friedlich. Er hatte jenen ins Unbewußte abgewanderten Teil der Libido in der Extraversion mit dem Bruder gelebt und damit der Ganzheit genüge getan. Damit hatte sich sein Leben vollendet.

Der moderne Analytiker behandelt den Seelenverlust im Grunde nicht anders als der Schamane: Er hilft dem Patienten, den ins Unbewußte abgewanderten oder dort belebten Seelenteil ins Bewußtsein zu heben. Neben der Berücksichtigung der Träume spielt dabei die Aktive Imagination eine wichtige Rolle. Allerdings ist es wichtig, daß die Seele so bald wie möglich zurückgeholt wird; andernfalls würde der Patient chronisch krank und müsse sterben, so heißt es in primitiven Gesellschaften.[17] Tiefenpsychologisch wird aus dem einfachen ein *pathologischer Komplex*. Das läßt sich immer wieder nachweisen. So hatte einer meiner Patienten als Student ein traumatisches Erlebnis, bei welchem er sich diskriminiert vorkam. Die anschließende Depression nutzte er nicht, um sich mit dem Trauma auseinanderzusetzen, welches eine Schwäche der Persönlichkeit in ihm berührt hatte. In den folgenden Jahrzehnten bezog er jegliche vergleichbaren Erlebnisse auf das Trauma. Es entwickelten sich ein Beziehungssystem und eine Beeinträchtigungshaltung, die ans Pathologische grenzten. Immer mehr Inhalte des Alltags wurden in dieses System einbezogen, wodurch sich die ursprünglichen Bezüge zum Trauma lockerten. Unterstützt wurde diese Entwicklung durch ein charakterlich bedingtes *Mißtrauen*. Soweit ich beurteilen kann, war das initiale Problem oder Trauma nicht derart übermächtig, daß der intelligente Patient nicht hätte damit fertig werden können – wenn er bloß gewußt hätte, wie er damit umgehen muß.

Die Seele kann nicht nur *spontan abwandern*. Häufiger wird sie von einem Zauberer, einem böswilligen Schamanen oder einem rächenden Geist – etwa eines Ermordeten oder eines Mörders – *gestohlen*[18]. Zauberer und Hexer – beziehungsweise deren weibliche Entsprechungen – sind keine persönlichen Figuren, sondern *archetypische*. Das heißt wiederum, wie wir schon bei den Projektilen feststellten, daß die Wirkung vom Archetyp ausgeht. So kann beispielsweise ein Mann nach der Begegnung mit einer bestimmten Frau völlig verändert sein. Seine Gedanken sind bei ihr, er kann nicht mehr schlafen und mag nicht mehr essen, er sehnt sich nach ihr. Für uns ist es eine persönliche Romanze zwischen den beiden; für den Primitiven ist sie eine *Hexe*, die ihm die Seele gestohlen hat. Damit hat er insofern nicht unrecht, als die Wirkung, unter welcher der »Verhexte« leidet, nicht von ihrem Bewußtsein ausging; vielleicht weiß sie gar nicht, was sie angerichtet hat. Andererseits beruht die soziale Rolle des Hexers wohl kaum auf realen »übernatürlichen Kräften«, wie *Sherill Freeman* angenommen hat[19]. Analytische Psychologen richten ihr Augenmerk vielmehr auf den *Archetypus* des Hexers, dem eine *selbstregulierende Funktion* in der Sozietät zukommt. Er ist eine Art moralische Kontrollinstanz, welche den Sittenkodex darstellt[20].

Doch zurück zum Seelenverlust. Am Beispiel Jungs war deutlich geworden, daß es einer Belebung im Unbewußten entsprechen kann, wenn ein neuer Inhalt konstelliert ist. Das ist die *schöpferische Depression*, die man in keinem Psychiatrielehrbuch findet, weil sie unbekannt und doch so häufig ist. Sie stellt keinen krankhaften Zustand dar, kann aber trotzdem sehr unangenehm sein, weil die Symptome dieselben sind wie bei einer Depression. »Man muß in der Depression fischen«, diese Anweisung gilt im Prinzip für alle Depressionen, ganz besonders aber für die schöpferische Depression. Final betrachtet, dient die Depression dazu, dem Leben einen neuen Inhalt aus dem Unbewußten anzugliedern und damit das Bewußtsein zu erweitern.

Die Diagnose der *Besessenheit* – der dritten Art der Krankheitsverursachung, auf die ich im vierten Kapitel näher eingegangen bin – findet man kaum je in Lehrbüchern der Psychiatrie. Schon eher sieht man sie in die Zuständigkeit der Theologie fallen[21]. Dies könnte den Eindruck erwecken, als würde es sich um seltene Erscheinungen handeln. Dem ist keineswegs so, wie schon die große Monographie von *T.K. Oesterreich*[22] klarmachte. Ebensowenig ist sie eine Domäne der Ethnologen, die das Phänomen sehr häufig in *einfachen Kulturen* finden.[23] Auch im Alltag des modernen Menschen treten solche Zustände auf, meist im Gefolge einer *Emotion*; dabei herrscht ein unbewußter Faktor vor, oft Animus oder Anima. Beim Mann äußern sie sich meist als Verstimmungen, bei der Frau als gefühllose Rechthaberei und Nörgelei. Das Niveau des Bewußtseins ist Schwankungen unterworfen; Müdigkeit, Drogen und Emotionen verursachen ein *abaissement du niveau mental*, worauf Inhalte aus dem Unbewußten dominierend einbrechen können.

Besessenheit ist ansteckend. Das wissen Primitive und vermeiden es manchmal, an Besessenheitstänzen teilzunehmen[24]. Wir wissen es nicht mehr und exponieren uns leichtsinnig, so daß wir angesteckt werden. Wem ist es nicht schon passiert, daß er sich plötzlich in einer seltsamen Verstimmung befand? Wenn man sich dann genau zurückbesinnt, wann diese begonnen hat, kann man feststellen, daß sie von einem Menschen ausging, der nicht bei sich selber war.

Panik ist im Grunde nichts anderes als eine epidemische Besessenheit durch einen akuten Affekt der Angst.

Die *Initialkrankheit* kommt bei schöpferischen Menschen vor. Es gibt nichts Destruktiveres in der Psyche als einen schöpferischen Komplex, der unterdrückt wird; dadurch wird er schöpferisch in der Zerstörung. Das kommt nicht nur dort vor, wo eine Berufung nicht verstanden wird, sondern besonders dort, wo das Individuum sich aus Faulheit, Bequemlichkeit oder Opportunismus dem schöpferischen Dämon verweigert. Selbstverständlich ist Kreativität mit Leiden und Entbehrungen verbunden, denn man gehört nicht mehr sich selber, sondern dem Dämon. Vor dieser schicksalshaften Bestimmung durch den Dämon fürchtet sich mancher und versucht, sich zu drücken. Die Geschichte des Propheten Jona im Alten Testament ist ein Beispiel dafür. Der schöpferische Dämon, von dem er verschlungen wird, ist der große Fisch, in dessen Bauch er sich wie im »Schoß der Unterwelt« (2,3) fühlt. Das Stoßgebet spiegelt die schöpferische Depression, in der man in der Tiefe in der »Mitte des Meeres«, von der Flut umschlossen, sich verstoßen fühlt, wo einem die Wasser bis an die Seele stehen, »Meertang das Haupt umschlingt«, man »in die Erde hinabfährt« und sich »ihre Riegel hinter einem schließen«. Erst wenn man vom Fisch am Land wieder ausgespieen ist, ist man gewandelt zur schöpferischen Tat.

In unserer westlichen Zivilisation ist Besessenheit keineswegs ein seltenes Phänomen, auch kein ausschließlich pathologisches. Meines Erachtens sollte man nicht nur die Fälle von sogenannter *dämonischer Besessenheit* dazu zählen, die von der katholischen Kirche mittels *Exorzismus* behandelt werden[25]. Um wirksam zu sein, benötigt der Exorzismus wie alle archaischen Heilmethoden, die Zuschauer als Mitspieler. Diese erst sorgen, wie beim Spiritismus überhaupt, für jene typische Atmosphäre, die für die Heilung nötig ist.

Vor allem die *pathogenetische Bedeutung* der Besessenheit ist noch nicht genügend bekannt. Besessenheit kennzeichnet die Mehrzahl geistiger Störungen. Meist ist es ein *pathologischer Komplex*, im antiken Sprachgebrauch ein *Dämon*, der von der bewußten Persönlichkeit Besitz ergreift. Dieser führt zu abnormen psychischen und körperlichen Zuständen, wie die folgende Krankengeschichte vor Augen führt:

Eine rund dreißigjährige Frau wurde mir von ihrem Hausarzt wegen verschiedenster körperliche Störungen überwiesen, nachdem er sie wegen häufiger Kopfschmerzen, Schwindelanfällen und »Klößen im Hals« sowie besonders Herzschmerzen mit Ausstrahlung in den linken Arm erfolglos behandelt hatte. Die Patientin hatte zuvor schon mehrere Ärzte aufgesucht, die meinten, es wären »bloß die Nerven«. Diese Meinung nützte ihr aber nichts; denn außerdem fürchtete sie, Hirnzellen könnten abgestorben sein, wegen verstopfter Venen zirkuliere das Blut nicht mehr richtig oder sie leide an einem Hirntumor. Im Anschluß an eine Hyperventilationstetanie – Krämpfe durch übermäßige Abatmung von CO_2 – wurde ein Elektroencephalogramm (EEG) vorgenommen, das normal ausfiel; auch das beruhigte sie nicht, ebensowenig wie ein normales Elektrokardiogramm (EKG). Migränemittel halfen kaum. Wegen einer depressiven Verstimmung erhielt sie Antidepressiva, die kaum Wirkung zeigten. Weil sie selber schon an eine psychische Behandlung gedacht hatte, fiel ein entsprechender Vorschlag des Hausarztes auf fruchtbaren Boden.

Als sie in meine Praxis kam, war sie voller Hoffnung, von ihrem jahrelangen Leiden befreit zu werden. Sie berichtete von verschiedenen Ängsten, fürchtete, sie werde früh sterben, weil sie nicht gesund sei. Sie ängstigte sich wegen der krampfartigen Schmerzen auf der Brust mit Ausstrahlung in den linken Arm, einem Herzinfarkt zu erliegen, obwohl sie der Hausarzt diesbezüglich zu beruhigen versucht hatte.

In den 23 Konsultationen innerhalb eines Jahres stellte sich als Kernkonflikt der folgende heraus: Mit vierzehn Jahren hatte sie einen Freund. Gegen diese Beziehung wehrte sich ihr Vater ständig und verleidete ihr schließlich das Leben so sehr, daß sie mit 21 Jahren von zuhause auszog. Ein Jahr später starb der Vater plötzlich und unerwartet mit 56 Jahren an einem *Herzinfarkt*. Sie hatten sich nicht mehr ausgesöhnt. Seither belastete die Patientin ein Schuldgefühl: Sie glaube, sie hätte ihrem jähzornigen Vater durch ihre mißliebige Freundschaft so viel Sorgen bereitet, daß diese zum Infarkt führten.

Obwohl sie die psychische Behandlung gesucht hatte, äußerte sie ständig die Befürchtung, es würde nichts nützen, weil ein unerkannter körperlicher Prozeß dahinter stecke. Tatsächlich ahmten ihre Symptome jene des Vaters nach, gleichsam als würde dieser sich dadurch rächen, daß er sie an der gleichen Krankheit leiden ließ. Verfolgungsträume quälten sie. Sie träumte auch, sie stoße im tiefverschneiten Wald auf eine Leiche und begegne einem Polizeiauto.

Durch seinen Tod wurde der Vater zu einem rachsüchtigen Dämon, der sie verfolgte. Er hatte nicht nur ihren Eros so sehr verletzt, daß sie erst zwei Jahre, bevor sie zu mir kam, wieder eine Beziehung zu einem Mann eingehen konnte; schon, als sie noch ein Kind war, hatte er die häusliche Atmosphäre so belastet, daß sie oft Angst hatte, der Krieg komme, und sich die Bettdecke über den Kopf zog.

Als der Vater gestorben war, war sie keineswegs traurig – sie fühlte sich erleichtert. Doch spürte sie schon damals einen Schmerz im Herzen. Erst vor dreieinhalb Jahren begann die eigentliche Krankheit mit Herzklopfen, Herzjagen (Tachykardie), Enge beim Atmen und Kloß im Hals. Ihre Mutter machte ihr mehrmals den Vorwurf, am vorzeitigen Tod des Vaters schuld zu sein. Ihre Patin erzählte ihr, daß der Vater sich bei ihr beklagt hätte, wie sehr er unter den Spannungen mit seiner Tochter leide. Dennoch hatte er sie stets wie Luft behandelt, wenn sie heimkam, und blieb unversöhnlich.

Aufopferungsvoll kümmerte sie sich seither um ihre Mutter, damit sie sich nicht die gleichen Vorwürfe machen mußte, wenn auch diese eines Tages sterben würde. Trotzdem träumte sie, die Mutter erleide einen Herzinfarkt, und sie komme zu spät.

In der Zwischenzeit sind die Symptome abgeklungen, die Patientin fühlt sich gut, doch die Arbeit an ihrer Neurose geht weiter.

War der Vater wirklich ein Dämon, der die Patientin unentwegt verfolgte – oder hat diese ihn nur so erlebt? Die Frage kann nicht beantwortet werden, denn der Komplex besteht aus einer Mischung von beidem. Einerseits kann die Patientin ihren Vater nur gemäß ihren archetypischen Voraussetzungen erleben; andererseits löst ein bestimmtes Verhalten ein bestimmtes archetypisches Bild aus den Möglichkeiten heraus, die der Archetypus darstellt. Darum heißt es bei *Platon*, der Dämon sei ein Mittler zwischen den Göttern und dem Menschen. Die Götter sind die archetypischen Vorstellungen, die Menschen sind die individuelle, konkrete Erfahrung. Das Wirksame ist der Komplex, hier der Vaterkomplex, der aus beidem besteht. Er machte krank, weil er vom Bewußtsein Besitz ergriffen hatte.

Die Besessenheit kennzeichnet, daß das Individuum keiner logischen Argumentation zugänglich ist. Alle Ärzte hatten ihr versichert, daß ihr Leiden nicht körperlich sei; ja sie selber war sogar bereit, das zu glauben, und wurde doch immer wieder von Zweifeln überwältigt. Die Macht des Dämons war so stark, daß ihr regelrecht die Luft wegblieb, als sie in einer Aktiven Imagination zum Vater in Beziehung treten wollte, den sie in ihrer Innenschau in der Garage antraf.

Daß sich der Laie kaum ein Bild von der Macht und Wirksamkeit der Komplexe macht, kann man ihm nicht verdenken. Schlimmer ist, daß viele Psychiater so tun, als wüßten sie nichts von Komplexen und könnten diese durch Suggestion behandeln. Ihr therapeutischer Alltag könnte ihnen zur

Genüge Beispiele vor Augen führen, die sie vom Gegenteil überzeugen sollten. Beim Publikum sowohl wie bei den Fachleuten verbirgt sich hinter der Leugnung von Dämonen eine tiefwurzelnde Dämonenfurcht, die seit Anbeginn der Menschheit besteht. Die Alten wurden nicht müde, der Bedrohung durch die Dämonen Ausdruck zu verleihen. Seit der Aufklärung gefällt sich der westliche Mensch darin, entweder die Existenz der Dämonen zu negieren oder zu ignorieren. Gefährlich ist beides. Denn daraus spricht psychische Blindheit oder Unbewußtheit.

7. Die Dämonen Animus und Anima

Eine besondere Stellung unter den Dämonen nehmen der Animus bei der Frau und die Anima beim Manne ein. Es kann leicht geschehen, daß er das weibliche Bewußtsein obsediert und sie das männliche. Daraus ergeben sich eigentümliche psychische Strukturen. Die Psychologie von Animus und Anima, insbesondere deren positive Seite, ist wiederholt dargestellt worden[1]. Hier konzentriere ich mich auf ihren *negativen Aspekt*. Kurz gesagt: Die positive Anima ist die Eros- und Gefühlsseite des Mannes, der positive Animus der schöpferische Geist der Frau. Oft zeigen sich jedoch die beiden Archetypen zunächst von ihrer negativen Seite.

Es gehört zur Dämonie dieser beiden Komplexe, daß sie sich tarnen, daß sie nicht erkannt und entlarvt werden wollen und daß ihnen dazu jede List recht ist. Nicht umsonst sagt Jung[2], »wenn die Auseinandersetzung mit dem Schatten das Gesellenstück (der Individuation) gewesen« sei, dann sei »die Auseinandersetzung mit der Anima das Meisterstück«. Insbesondere wird jeder, der von einem dieser Komplexe besessen ist, *leugnen, damit etwas zu tun zu haben*. Ich kenne mehrere Frauen, die unabhängig voneinander gerade dann, wenn sie so recht vom Animus geritten waren, meinten, sie würden die Dinge nie so klar und ungetrübt sehen wie in dieser Phase. Im Zustand der Animusbesessenheit besteht offenbar ein *Gefühl von Luzidität*, die einem Außenstehenden ganz unnatürlich und verdächtig erscheint. Das vom Animus hervorgerufene Bild einer äußeren Situation beherrscht das Bewußtsein, ohne daß dieses in der Lage wäre, auf kritische Distanz zu ihm zu gehen; denn der zugrundeliegende Affekt verfälscht dieses Bild. Zwar stimmt das Bild mit der äußeren Situation kaum überein – dafür »paßt« der Affekt umso besser zu ihm. Oft ist dieser Affekt durch eine unscheinbare emotionale Verletzung oder Enttäuschung entstanden, gegen die sich der Betreffende nicht rechtzeitig gewehrt hat. (Entsprechendes gilt für die Anima beim Manne.) Der negative Animus der Frau ist ein *Lügengeist*, der vor keiner Verstellung und vor keiner Verdrehung zurückschreckt. Er dreht einem die Worte im Mund um, er schlägt einen mit den eigenen Waffen, er argumentiert mit den Wahrheiten des Gegners gegen eben diese Wahrheiten. Kurzum, er ist ein *Trickster*.

Ich habe noch niemanden getroffen, der die Feststellung einfach hingenommen hat, er sei vom Animus oder der Anima besessen. Doch je aufbrausender jemand auf eine solche Feststellung reagiert, desto eher hat man die Wahrheit getroffen. Der Dämon wird aber seine ganze Überredungskunst aufbieten, denjenigen vom Gegenteil zu überzeugen, der diese Wahrheit festgestellt hat, und zu »beweisen« suchen, daß dieser die Psychologie der Person überhaupt nicht erfaßt habe. Die »Gegenbeweise« werden meist sehr eloquent vorgebracht, allerdings ohne daß tiefere seelische Schichten mitschwingen; so können sie nur blenden, aber nicht überzeugen.

Die Zurechnungsfähigkeit ist im Zustande der Besessenheit vermindert. Animus und Anima schlagen ihren Träger mit Blindheit, so daß er sich zu Taten und Worten hinreißen läßt, die seiner im bewußten Zustand unwürdig wären. Ich brauche hier nur an jene üblen Szenen einer Ehe zu erinnern, in denen die Scham voreinander aufgehoben ist. Man »sieht nur noch rot«, völlig obsediert vom Affekt. Dabei ist der Affizierte felsenfest davon überzeugt, mit seinem Standpunkt im Recht zu sein. Die *Verblendung* gehört zur Taktik des Dämons; er kann eben nur so lange unbehindert sein Spiel treiben, wie er unerkannt bleibt.

Der negative Animus der Frau, ebenso wie die negative Anima des Mannes, verschafft sich vielfältigen Ausdruck. Jede Darstellung bleibt notwendigerweise einseitig und lückenhaft. Ein Mann erlebt den Animus von außen, eine Frau von innen; dagegen erlebt er die Anima von innen, die Frau von außen. Je nach dem Standpunkt ergibt sich ein verschiedenartiges Bild. *Waltraut Körner* hat einfühlsam nachgezeichnet, wie eine Frau den Animus erleben kann, vor allem von seiner positiven Seite.

Letztlich stehen hinter den Komplexen von Animus und Anima *Götter*, nämlich die Archetypen. Denn im Grunde handelt es sich um »*übermenschliche« Mächte*, denen der Mensch nur mit einer religiösen Einstellung standhalten kann. Dem Ansturm dieser Mächte aus dem Unbewußten kann nur ein gefestigtes und in der Realität verankertes Bewußtsein widerstehen. Öfter geschieht es, daß diese Mächte unbemerkt von ihm Besitz ergreifen. Die Umwelt merkt es an einer gewissen Hochnäsigkeit und *Inflation*. Jede Vermischung des Bewußtseins mit unbewußten Inhalten führt zu einer Auflösung der Ich-Persönlichkeit und zu einer Aufgeblasenheit durch das Mana des Unbewußten. Man fühlt sich »von oben herab« behandelt, man wird belehrt, als kleiner unwissender Junge behandelt, man kommt sich klein und wertlos vor. Oder der Animus nimmt einen unter seine Fittiche, weil man es so nötig hat, so schwach und unselbständig ist. Dabei kann sich der Animus als richtiger Machtteufel entpuppen, der Mitmenschen herumkommandiert und sich daran weidet, wenn andere ihm zu Füßen liegen; dafür sind ihm alle Mittel recht, vom Zuckerbrot bis zur Peitsche. Unersättlich ist sein Machthunger: Er wird umso gefräßiger, sobald er Nachgiebigkeit und Schwäche spürt.

Wie der Animus nach außen alles dominieren will, so gebärdet er sich auch dem eigenen Bewußtsein gegenüber. Von ihm besessene Frauen treten zwar sehr arrogant und großspurig auf, aber ihre wirkliche Persönlichkeit ist ein jämmerliches, depressives Bündel. Sie können sich an nichts freuen, der Animus schnappt ihnen alles vor der Nase weg, was lebenswert wäre. Solche Frauen leiden fürchterlich. Dabei merken sie nicht, wo die Ursache des Leidens liegt. Sie glauben, ihre Umwelt lehne sie ab, mache sie leiden, widerspreche ihnen, lasse sie nicht so leben, daß sie zur Ruhe kommen können. Sie leiden nicht an sich, sondern an ihrer Umwelt. Das ist wiederum einer der Tricks des Animus, damit er unentdeckt sein unseliges Wesen treiben kann. Solche Fälle trotzen oft jeder Therapie. Dabei scheint es von außen, man könne doch nicht so verstockt und blind sein, die wirkliche Wurzel des Übels nicht zu sehen. Für die Umwelt ist überdeutlich, was sich eigener Einsicht entzieht. Alle vernünftigen Aufklärungsversuche scheitern an der Macht der Besessenheit.

Der Animus hat die Fähigkeit, sich wie ein Chamäleon wechselnden Situationen anzupassen. Ihm ist nicht die Wahrheit wichtig – obschon er das hoch und heilig beteuert – sondern sein *Ziel*. Jede Taktik, jede Lüge, jede fadenscheinige Argumentation, jeder Trugschluß, jedes Täuschungsmanöver ist ihm recht. In seinem männlichen Wesen versucht er es mit Imponiergehabe, Drohung, Einschüchterung bis hin zur Gewalt. Seine Gegner verwickelt er in Wortgefechte, wo es ihm um *Argumentation* geht, nicht um, wie er beteuert, die Wahrheit zu finden, sondern um die Oberhand zu behalten. Auf einen Mann übt er in dieser Hinsicht eine seltsam irritierende Wirkung aus und reizt ihn zum Widerspruch. Diese verkehrte Reaktion stachelt wiederum den Animus an, den Mann zu beschäftigen, hinzuhalten, zu fesseln und in Streit zu verwickeln. Der Animus ist auf Konfrontation aus. Überall ruft er Widerspruch hervor und sät Zwietracht. Friedfertige Naturen reizt er so lange, bis sie platzen – und sich ins Unrecht setzen – wie jene zänkische Frau, die ihren Mann so lange schier zur Weißglut bringt, bis er gegen sie tätlich wird. Jetzt hat sie Grund, sich in aller Öffentlichkeit über den Grobian zu beklagen. Vor der Welt steht *er* blamiert da.

Animus und Anima sind das göttliche oder königliche Paar. Sie können ohne einander nicht auskommen, sie sind die *Syzygie**[3]. Aber es besteht eine Haßliebe zwischen ihnen. Wie sie für die ungeheure Faszination zwischen den Geschlechtern verantwortlich sind, so sorgen sie auch für den abgrundtiefen Haß und jegliches Mißverständnis zwischen ihnen. Sie sind auch ein dämonisches Paar, das jedem Ehestreit und jeder Feindschaft der Geschlechter zu Pate steht. So unüberbrückbar groß ist der Gegensatz von Mann und Frau, daß Gott die Liebe schaffen mußte, damit sie doch zusammenkommen, mythologisiert Jung[4]. Und wenn sich nicht nur der bewußte Mann und die bewußte Frau gegenüberstehen, sondern noch je deren unbewußte Gegenseiten wie Anima und Animus, dann ist die babylonische Sprachverwirrung perfekt[5]. Meist kann man gar nicht mehr aussortieren, wer mit wem spricht, flirtet oder streitet. Daraus erwachsen viele grundlegende Verständigungsschwierigkeiten. Man glaubt, »vernünftig« miteinander zu reden – und versteht sich dennoch nicht, wie sich erst hinterher herausstellt. Jeder versteht das Gesprochene in der ihm typischen Weise, die von dem Gemeinten oft himmelweit abweicht.

Die negative Anima macht den Mann *weibisch*. Er beginnt zu jammern und zu klagen, versinkt in Wehleidigkeit, das »starke« Geschlecht wird schwach. Er kommt sich als der Ärmste, der Vernachlässigte, der ungerecht Behandelte, der Ausgenützte vor. Mit seiner Depression zieht er sich in den Schmollwinkel zurück und redet stunden-, oft tagelang mit niemandem mehr. Der negative Animus macht die Frau mürrisch und in ihrem Stolz leicht verletzlich. Die Anima im Mann macht ihn leicht sentimental, theatralisch, ja hysterisch. Er leidet an seinen Mitmenschen und an der Welt, nur nicht an sich selber. Weil in seinem Leiden oft eine innere Frau zu ihm tritt und ihm ins Ohr flüstert, *er* hätte ein besseres Schicksal und eine bessere Behandlung verdient, mischen sich Trauer und Hochmut. Die

---

* Als Syzygie bezeichnen Astrologen das »Miteinander« zweier Himmelskörper. Die Gnosis verstand darunter auch sexuelle Vereinigungen zwischen übernatürlichen Wesen.

Welt hat noch nicht zur Kenntnis genommen, was er für sie schon getan hat oder welche Begabungen er aufzuweisen hat. Da die Anpassung an die äußere Welt mißlingt, kann die Libido kompensatorisch Größenphantasien wecken. In der Schmollphase wird die Außenwelt abgewehrt, und die Libido fließt ins Unbewußte. Die Kluft zwischen Außen und Innen wird immer größer: hier die Welt, die kein Verständnis zeigt für diesen armen Mann, und dort die verführerische Anima, die ihm seine Bedeutsamkeit vorgaukelt. In dieser Haltung verharrt er. Alle Versuche, ihn zu beschwichtigen, sind vergeblich. Erst wenn man ihn untertänigst um Verzeihung bittet, die Schuld am Vorfall auf sich nimmt und verspricht, dergleichen niemals mehr zu tun, kriecht er vielleicht allmählich aus seinem Schmollwinkel hervor.

Jede Animus- oder Animabesessenheit führt bei ihrem Träger auf kurz oder lang zu einem *Minderwertigkeitsgefühl*, hinter dem eine echte Minderwertigkeit steckt, nämlich eine *Niederlage des Bewußtseins*. Um sich das nicht eingestehen zu müssen, wird der andere erniedrigt, der die Attacke von Animus oder Anima vielleicht ausgelöst, aber nicht verursacht hat. Der eigene Schmerz, die eigene Depression wird an diesem Mitmenschen ausgelassen. Anima- wie Animabesessenheit sind wegen ihres *abaissement du niveau mental* mit Affekten verknüpft, die von harmlosem Trotz bis zum Totschlag gehen können. Das Gefühl wird durch den Affekt verdrängt, weshalb man »kaltblütig« die schlimmsten Dinge reden oder tun kann. Überhaupt ist es um Menschen im Animus oder der Anima herum kalt und frostig. Die Wärme, die Zuwendung zum Mitmenschen sind erloschen. Man strahlt nur Negativität aus, sprüht Funken und schleudert Blitze, vermiest jede Stimmung, vergiftet die Atmosphäre, verdirbt gute Laune. Seine Mitmenschen versuchen, ihm aus dem Wege zu gehen, weil er »infektiös« ist: Er konstelliert nicht nur beim Mitmenschen Animus oder Anima, sondern steckt ihn mit seinen eigenen negativen Emotionen an.

Gelegentlich nimmt man sich zusammen und unterdrückt seine schlechte Animalaune – und steckt die Umgebung trotzdem an. In der Nähe eines solchen Besessenen fühlt man sich unwohl, beklemmt, unfrei, von versteckten Vorwürfen überschüttet, man traut sich nicht mehr spontan oder fröhlich zu sein, denn man erregt Anstoß. Es ist, als würde es heißen: »Was erlaubst du dir, fröhlich zu sein, wenn du siehst, wie schlecht es mir geht!« Die Logik steht kopf: »Geschieht dem Vater ganz recht, wenn ich an den Händen friere, warum kauft er mir keine Handschuhe!« Zu manchem Selbstmord kam es mit dieser Motivation: »Geschieht euch ganz recht, wenn ich mich umbringe, warum habt ihr euch nicht mehr um mich gekümmert!«

Die negative Anima ist ein Affekt, der alle Lebensgebiete überschattet. Auch beim intelligenten Mann kann dieser Affekt eine sonst untrügliche Logik derart verfälschen, daß seine Argumentationen vom Ziel und nicht von der Logik bestimmt werden. Diese Haltung kann sich bis in wissenschaftliche Abhandlungen einschleichen, wo sie zu offenkundigen Fälschungen führt (wishful thinking). Anima wie Animus sind Heuchler, Betrüger und Lügner, aber aus ganz verschiedenen Gründen. Der Animus tut es um des Rechthabens oder der Macht willen, die Anima um des Ehrgeizes oder der Eigenliebe willen.

Die Anima hat überdies die Funktion, die Beziehung zum Unbewußten herzustellen. Dadurch ist sie komplementär zur *Persona*, der sozialen, äußeren Anpassung. Der Animus der Frau stellt ihre Beziehung zum *Geist* dar, der zu ihrer Naturhaftigkeit komplementär ist.

Die vielfältigen Manifestationen von Animus und Anima zu schildern, würde hier zu weit führen. Insbesondere müßte auch von der *Projektion* auf den Mitmenschen die Rede sein, bei welcher die Anima als Verführerin und moralisch minderwertige Person, der Animus als Held oder Prediger (geistiger Verführer) auftreten kann, der eine ungeheure Faszination ausübt. Auch die Bilder von der negativen Anima als *Succubus* und dem negativen Animus als *Incubus* in Manifestationen des Unbewußten müßten dann zur Sprache kommen.* In der religiösen Kunst sind diese Gestalten oft dargestellt worden; ich verweise den Leser auf einschlägige Werke[6].

Schließlich sind Dämonen nicht nur negative sondern einfach menschliches Vermögen übersteigende Gestalten; deshalb müßten auch ihre positiven Erscheinungen dargestellt werden. Wenn ich hier von negativ und positiv rede, so bin ich mir bewußt, daß dies meine Wertungen sind. Die Archetypen sind Natur. Diese ist göttlich erhaben und erschreckend zugleich. So sind die beiden Dämonen Animus und Anima des Menschen bald seine wertvollste, ihn über das Mittelmaß erhebende, bald die teuflischsten, verwerflichsten, bösesten Seiten. Einmal mehr zeigt sich gerade hier, wie nahe Gegensätzliches beieinander sein kann.

---

* Im Dämonenglauben des Mittelalters galten Succubus und Incubus als Buhlteufel, die angeblich mit Menschen sexuell verkehrten.

8. Die Geister der Ahnen

Hinter den Dämonen des Animus und der Anima steht oft ein besonders starker Vater- oder Mutterkomplex. »Unter den möglichen Geistern«, sagt Jung[1], »sind die Elterngeister die praktisch wichtigsten, daher der universal verbreitete *Ahnenkult*, welcher ursprünglich der Beschwichtigung der Revenants diente, auf höherer Stufe aber zu einer wesentlich moralischen und erzieherischen Institution wurde (China!). Die Eltern sind für das Kind die nächsten und einflußreichsten Angehörigen. Im erwachsenen Alter aber wird dieser Einfluß abgespalten, die Eltern-Imagines werden daher womöglich noch mehr vom Bewußtsein abgedrängt und erhalten, wegen ihres nachwirkenden, vielleicht sogar unterdrückenden Einflusses, leicht ein negatives Vorzeichen. Auf diese Weise bleiben die Eltern-Imagines als fremdartig in einem psychischen »Außen« stehen«. »Je beschränkter das Bewußtseinsfeld eines Menschen ist, sagt Jung[2], »desto mehr psychische Inhalte (»Imagines«) erscheinen quasi außerhalb entweder als Geister oder als magische Potenzen, die auf Lebende (Zauberer, Hexen) projiziert sind«. »Das Bild (der Eltern) ist unbewußt projiziert, und wenn die Eltern sterben, so wirkt das projizierte Bild weiter, wie wenn es ein an und für sich existierender Geist wäre. Der Primitive spricht dann von den Elterngeistern, die in der Nacht zurückkehren (»Revenants«), der Moderne aber nennt dies Vater- oder Mutterkomplex.«[3]

Stets spricht Jung von *Imagines* – Bildern –, die wir von den Vorfahren haben. Diese Imagines entstehen einerseits aus den Erfahrungen und Einwirkungen der objektiven Eltern und Großeltern, andererseits aus der typischen Auffassung solcher Erfahrungen. Dem Kind ist ein Feld möglicher Auffassungen der Eltern angeboren: Archetypen.[4] Diese Mischung von persönlichem Erleben und angeborener Bereitschaft bezeichnet Jung mit einem von *Spitteler* entliehenen Begriff als *Imago*[5]. Unsere Unterscheidung zwischen *Persönlichem* und *Typischem* an einem solchen Bild ist eine Abstraktion, der keine subjektive Erfahrung entspricht. In einem Bild sind beide Elemente untrennbar miteinander verwoben.

Dies erschwert jede Untersuchung, *inwieweit psychische Eigenschaften* vererbt sind. Denn auch in *genetischer* Hinsicht sind wir ja Produkt unserer Vorfahren. Im Leben jedes Einzelnen konvergiert die Summe der Leben seiner Ahnen. In seinen Erinnerungen drückt es Jung[6] so aus:»Ich habe sehr stark das Gefühl, daß ich unter dem Einfluß von Dingen oder Fragen stehe, die von meinen Eltern und Großeltern und den weiteren Ahnen unvollendet und unbeantwortet gelassen wurden. Es hat oft den Anschein, als läge ein unpersönliches Karma[7] in einer Familie, welches von den Eltern auf die Kinder übergeht. So schien es mir immer, als ob auch ich Fragen zu beantworten hätte, die bei meinen Ahnen schon schicksalsmäßig aufgeworfen, aber noch nicht beantwortet sind, oder als ob ich Dinge vollenden oder auch nur fortsetzen müsse, welche die Vorzeit unerledigt gelassen hat. Es ist dabei schwer auszumachen, ob diese Fragen mehr persönlicher oder mehr allgemeiner (kollektiver) Natur sind. Mir scheint das letztere der Fall zu sein. Ein kollektives Problem erscheint – solange es nicht als solches erkannt ist – stets als ein persönliches und erweckt dann gegebenenfalls die Illusion, es sei im Gebiet der persönlichen Psyche etwas nicht in Ordnung. Tatsächlich ist der persönliche Bereich gestört, aber nicht notwendigerweise primär, sondern vielmehr sekundär, infolge einer unzuträglichen Veränderung der sozialen Atmosphäre. Die Störungsursache ist daher in einem solchen Fall nicht im persönlichen Umkreis, sondern vielmehr in der kollektiven Situation zu suchen. Diesem Umstand hat die bisherige Psychotherapie viel zu wenig Rechnung getragen«.

»Wir sind das Produkt unserer Eltern« – das klingt nach einer Banalität. Sie in der Analyse ernst zu nehmen, kostet oft viel Mühe und Arbeit. Gerade darin, daß uns die Ablösung von unseren Eltern so schwer fällt, zeigt sich, daß es sich weniger um ein persönliches als um ein archetypisches Problem handelt. Dort, wo Archetypen im Spiel sind, kann es nicht darum gehen, etwas zu »überwinden«; vielmehr gilt es, die wesentlichen Inhalte zu verstehen und zu integrieren. Die Ahnen machen sich so lange störend und zersetzend im Leben des Einzelnen bemerkbar, als sie nicht an ihm teilnehmen können. Die Ahnen sind sozusagen die *Erbeinheiten,* die unser Leben im Überpersönlichen konstituieren; letztlich gehen sie in der Kollektivität und Historizität der menschlichen Psyche auf. Wenn wir von den Ahnen reden, so nur bedingt im Sinne von bestimmten Individuen. Denn sie haben der Nachwelt meist dort Probleme unbeantwortet überlassen, wo diese die persönliche Sphäre überschreiten. Wenn wir eine Persönlichkeit charakterisieren, heben wir meist sehr stark ihre individuellen Züge hervor. Die kollektiven archetypischen Probleme sind es jedoch, welche ein Leben in seiner Unverwechselbarkeit prägen. Bleibt eine wesentliche Frage oder ein wesentliches Problem eines Lebens ungelöst, so teilt es sich den folgenden Generationen mit. Nach meiner Erfahrung wird es erst in der Generation der Enkel deutlich formulierbar. Es überspringt sozusagen die nächstfolgende Generation. Tatsächlich wird diese Tatsache in der bisherigen Psychotherapie zu wenig berücksichtigt.»Sowohl unsere Seele wie der Körper«, sagt Jung[8], bestehen aus Einzelheiten, die alle schon in der Ahnenreihe vorhanden gewesen sind. Das»Neue« in der individuellen Seele ist eine endlos variierte Rekombination uralter Bestandteile, Körper wie Seele haben daher einen eminent historischen Charakter und finden im Neuen, eben erst Entstandenen, keine richtige Unterkunft, d.h. die anzestralen Züge sind darin nur zum Teil zu Hause. Wir sind mit Mittelalter und Antike und Primitivität noch längst nicht so fertig geworden, wie es unsere Psyche erfordert. Wir sind statt dessen in einen Katarakt des Fortschritts hineingestürzt, der mit umso wilderer Gewalt vorwärts in die Zukunft drängt, je mehr er uns von unseren Wurzeln abreißt. Je weniger wir verstehen, wonach unsere Väter und Vorväter gesucht haben, desto weniger verstehen wir uns selbst, und helfen mit allen Kräften, die Instinkt- und Wurzellosigkeit des Einzelmenschen zu vermehren, so daß er als Massenpartikel nur noch dem»Geist der Schwere« folgt.«

Die Ahnengeister stellen eine Ausdehnung unseres kurzen Lebens über die begrenzte Lebensspanne hinaus dar. Unsere Gegenwart, bestimmt von vielfältigen Strömungen der Vergangenheit, trägt die Keime für die Zukunft in sich. Im Unbewußten bereitet sich die Zukunft von langer Hand vor, sowohl für das Leben des Einzelnen wie für eine ganze Kultur. *Die unerledigten Probleme der Vergangenheit werden zu den Ahnendämonen, die die Gegenwart überschatten und die Zukunft bestimmen.* Diese schicksalsträchtige Rolle der Ahnen erklärt, weshalb ihnen in allen Kulturen der Welt eine so bedeutende Rolle beigemessen und ein entsprechender Kult zuteil wird.

Wie machtvoll die Ahnen ins Leben eines modernen Menschen hineinwirken, erlebte ich an einer 33jährigen Frau aus der Innerschweiz. Sie schilderte mir eine Serie von Träumen, in denen ein gemeinsames Geschehen auffiel:

100

Erster Traum: »Krieg. Ich bin auf der Flucht vor dem Feind. Es kommt nicht zum Kampf.«

Zweiter Traum (zwei Monate später): »Ich bin ins Mittelalter versetzt. Zwischen dem Volk, dem ich angehöre, und einem mächtigen Nachbarvolk herrscht Feindschaft. Ich bekomme den Auftrag, dem Feind ein Schriftstück mit einem Friedensangebot zu überbringen. Ein paar Burschen begleiten mich durch unwegsames Gelände. Endlich sind wir oben auf dem Hügel, auf dem sich das feindliche Heerlager befindet. Die prachtvollen Zelte verraten Macht und Reichtum des Gegners. Plötzlich bin ich in einer Burg. Hier erfahre ich, daß die vorgeschlagenen Friedensverhandlungen abgelehnt wurden. Fluchtartig verlassen meine Begleiter und ich das Lager.

Etwas später bin ich wieder bei meiner Sippe oder meinem Volke. Auf Weisung des oder der Führer begeben sich alle auf eine merkwürdige, lange Wanderschaft. Das Ziel ist nicht klar, aber es könnte ein Bittgang zum Feind sein.

Das ganze Volk hat sich wieder im eigenen Gebiet zusammengefunden. Durch einen Führer vernehmen wir, daß der Feind bald angreifen werde und wir den Kampf gegen diesen mächtigen Widersacher verlieren werden. Mit einigen anderen Frauen flüchte ich in nahes, aber fremdes Gebiet. Hier verstecken wir uns aus Angst davor, von den Verfolgern vergewaltigt zu werden.«

Dritter Traum (drei Monate später): »Auf einer kleinen Ebene unterhalb eines Burgturms haben sich viele Menschen zu einer historischen Gedenkfeier eingefunden. Einige Bekannte treibt die Neugier dazu, auch das Innere des uralten Turmes zu besichtigen. Eine junge Kollegin steht in besonderer Beziehung zu diesem Bau und zum Fest. Ein Ahne, zu dessen Gedenken man sich wahrscheinlich versammelt hat, lebte auf dieser Burg.«

Vierter Traum (ein Monat später): »Ich bin in einer Burg und laufe durch viele lange Gänge. Ich möchte ins Freie gelangen. Endlich komme ich in einen helleren Eckraum mit Fenstern. Der Burgherr oder ein Sohn haben mich hier erwartet. Ich schaue durch ein Fenster und sehe, daß sich das Gebäude in einsamem, kargem Berggebiet befindet. Es drängt mich zu gehen, da ich weiß, daß aus der Tiefe Feinde herannahen, die die Burg stürmen wollen. Ich erfahre, daß ich bleiben solle, da ich vom Burgherrn erwählt worden sei. Er liebt mich. Ich scheine mit ihm verwandt zu sein.

Zusammen mit dem Burgherrn und seinen wenigen Getreuen habe ich die festungsähnliche Burg verlassen und befinde mich nun auf einer Bergstraße. Die Männer sind zu Pferd und tragen Degen und Dolch. Auch für mich steht ein schönes, lebhaftes Pferd bereit. Man befiehlt mir aufzusitzen. Ich zögere und frage, ob ich im Damensitz oder anders aufsitzen solle. Die Männer sagen, daß ich es auf die gewöhnliche Weise tun soll. Nun fühle ich mich etwas sicherer und befolge ihre Anweisung. Ich prüfe, ob mein Pferd mir gehorcht. Es reagiert auf den kleinsten Zug am Zaumzeug. Ich habe Angst, denn in wenigen Augenblicken wird der Feind auftauchen. Fluchtgedanken erfüllen mich. Ich möchte auf meinem Pferd den Berghang hinauf bis zur Kuppe und auf der anderen Seite wieder hinunterreiten. Es wäre ein einfacher und sicherer Weg, mich zu retten. Die Männer ahnen, daß ich fliehen will. Sie wollen, daß ich bei ihnen bleibe und mich mit ihnen verteidige. Ich bleibe und fürchte mich. Ich sehe einige Männer, die miteinander kämpfen. Viele haben blutende Stichwunden.«

Fünfter Traum (zwei Monate später):»Es herrscht Krieg. Als Soldat erlebe ich zusammen mit anderen Leidensgenossen Verfolgung, Hunger, Elend und Gefangenschaft in Deutschland. Wahrscheinlich konnte ich fliehen, denn ich bin nun in Österreich, wo man mir und andern heimatlosen Soldaten Asyl gewährt.

Hilfreiche Menschen schenken uns einen Kessel voll frischen Gemüses, Bohnensamen und Kartoffeln. Voll Hoffnung nehme ich das Saatgut aus dem Kessel. Es soll uns nicht zur Nahrung dienen, sondern in einem Acker keimen und wachsen. Ein neues, freies Leben beginnt nun.«

Diese eindrückliche Traumserie begann schon vor der Analyse. Sie stand in völligem Kontrast zu dem einfachen, bürgerlichen Leben der Analysandin. Diese hatte auch nie entsprechende Ambitionen gehabt, sondern ein etwas wechselhaftes, unstetes Leben geführt, in welchem sie möglichst wenig auffallen wollte. Sie lebte unter ihren Möglichkeiten. Deswegen wurde sie neurotisch, bis an die Grenze zur Psychose. In früher Jugend hatte sie ihren Vater verloren. Ihre Mutter, die für die Erziehung allein sorgte, vermittelte ihr ein strenges katholisches Weltbild. Schon in ihrer Mittelschulzeit traten körperliche Störungen auf. Kürzlich hat sie sich einer schweren Operation wegen eines bösartigen Leidens unterziehen müssen.

Nichts in ihrem Leben war von solcher Bedeutung, daß es die Schwere der Träume erklären würde, von der Bedrohung durch das körperliche

Leiden einmal abgesehen. Tatsächlich könnte es sich in der Traumserie um eine Art *Nachtmeerfahrt*[9] handeln. Es ist Krieg, der durch kein Friedensangebot, sondern nur durch blutigen Kampf zu entscheiden ist. Doch nach Verfolgung, Hunger und Gefangenschaft erhält die Analysandin das Saatgut für die neue Zukunft.

In den Träumen erscheint die Analysandin als *Amazone* in einer sehr männlichen Welt von Kriegern, was sie sich nicht erklären konnte. Ich veranlaßte sie, in ihrer Familiengeschichte nachzuforschen. Von ihrer Mutter erfuhr sie nun, daß ihr Geschlecht väterlicherseits bis ins 15. Jahrhundert zurückgeht. 1444 ist ein Landvogt in der Gaster verzeichnet. 1515 fiel einer ihrer Ahnen bei Marignano, und 1550 ist einer als Talvogt zu Engelberg bekannt. Das Geschlecht ihrer Mutter geht auf eine Äbtissin zu Münster bis ins Jahr 1190 zurück. Der Stamm ist seit 1300 bezeugt. Um 1400 teilte er sich in drei Linien. Aus einer ersten kriegerischen Linie stammt ein tapferer und frommer Ritter, der als Oberst über vierzig Jahre der Krone Frankreichs diente. Sein Bruder war in venezianischen Diensten, dessen Sohn kämpfte als französischer Offizier auf vielen Schlachtfeldern. Einige Vorfahren waren Landrichter und bildeten das Häuptergeschlecht des Freistaates Graubünden. Einer war von Napoleon 1805 auf dem Schlachtfeld von Austerlitz zum General und Ritter der Ehrenlegion ernannt worden. Der Titel »Baron« wurde in der Familie erblich. Zu ihr zählten auch einige hervorragende Staatsmänner sowie ein Freiherr und ein bischöflicher Truchseß. Es würde zu weit führen, alle oder auch nur die meisten verdienten Vorfahren aufzuzählen; der Leser wird schon aus diesen Angaben ermessen können, in welchem Maße die Ahnen fortwirkten.

In ihren Träumen trat zwar keiner ihrer Ahnen auf – doch passen die Traumszenarien zu ihrem Stammbaum. Sie spielen in einer mittelalterlichen Umgebung, ohne daß eine bestimmte historische Situation dargestellt wäre. Die Ahnenleben kommen darin insofern zur Darstellung, als sich deren Leben im allgemeinen in dieser Art abgespielt hat: als Landesherren auf Burgen, verwickelt in die Händel ihrer Zeit. Die Analysandin wurde neurotisch, weil sie die Dimensionen ihres persönlichen Hinter-

---

* Das überall auf der Welt vorkommende mythologische Motiv der *Nachtmeerfahrt* entspricht einer Regeneration im und durch das Unbewußte, dargestellt im Bild der Reise der Sonne vom Untergang im Westen zum Aufgang im Osten.

grundes unterschätzte. Sie mußte zur Kenntnis nehmen, daß bei ihr *im Gewande persönlicher Konflikte Zeitprobleme Gestalt annahmen, denen sie eine Antwort schuldete.* Was wollen solche Träume einer jungen Frau mitteilen, die unter völlig veränderten Umweltbedingungen lebt? Anscheinend weisen sie auf die Tatsache hin, daß sie trotz veränderter Bedingungen eine kollektive Aufgabe hat. Sie versuchte, bloß ihr persönliches Leben zu akzeptieren, und wurde krank. Die seelischen Dimensionen vieler Menschen weisen über ihr individuelles Dasein hinaus. Ihr Leben steht nicht zu ihrer freien Verfügung, sondern hat eine Bestimmung. Sie gehören nicht sich, sondern der Allgemeinheit.

Aus ähnlichen Erfahrungen wurde schon der Schluß gezogen, es müßte sich um *wiedererinnerte Ahnenleben* handeln[10]. Wir können darüber nichts mit Sicherheit sagen. Daß sich die Erfahrungen der Ahnen als Erbeinheiten in unserer Seele niedergeschlagen haben, genügt zur Erklärung vollauf, ohne zu abenteuerlichen, unbeweisbaren Spekulationen Zuflucht nehmen zu müssen.

Die individuellen Ahnen gehen allmählich in die allgemeinen Ahnen über. Im chinesischen Ahnentempel wurden die Verstorbenen der vier letzten Generationen individuell verehrt. Starb dann derjenige der nächsten Generation, so wurde das Täfelchen des ältesten Ahns in die Kiste der Ahnen gelegt: er hatte seine Individualität verloren und war dem Bewußtsein der lebenden Generation zu weit entrückt. Weiter zurück als vier Generationen reicht das individuelle Gedächtnis wohl auch in einer Ackerbaukultur nicht, wo der Ahnenkult die größte Rolle spielt. In den Archetypen schlagen sich die Erfahrungen aller unserer Ahnen nieder[11].

»Bei primitiven Völkern«, fiel Jung auf, »herrscht vielfach der Glaube, daß die Seele des Kindes ein inkarnierter Ahnengeist ist, weshalb es geradezu gefährlich ist, Kinder zu strafen, wegen der Beleidigung des Ahnengeistes«[12]. Bei Primitiven spielt das Unbewußte wegen des niedrigen Bewußtseinniveaus noch die entscheidende Rolle. Sie nehmen daher die aus der Ahnenreihe ererbten Eigenschaften viel sensibler wahr als wir. Doch auch bei uns geben oft nicht die unmittelbaren Eltern den entscheidenden Impuls für das Leben ihrer Kinder. »Diese sind manchmal für die Eltern ebenso typisch wie der Tannzapfen für den Apfelbaum«, sagt Jung. »Ja, man dürfte fast den Satz aufstellen, daß nicht die Eltern, sondern vielmehr deren Stammbäume, die Groß- und Urgroßväter und -mütter die wahren Erzeuger der Kinder seien und mehr an deren Individualität erklärten, als gerade die unmittelbaren, sozusagen zufälligen Eltern. So ist auch die wahre seelische Individualität des Kindes ein Novum in bezug auf die Eltern, und nicht aus deren Psyche abzuleiten. Sie ist eine Kombination von kollektiven Faktoren, die in der Psyche der Eltern nur potentiell vorhanden und des öfteren überhaupt unsichtbar sind. Nicht nur der Körper des Kindes, sondern auch seine Seele geht aus der Ahnenreihe hervor, insofern sie individuell von der Kollektivseele der Menschheit unterscheidbar ist«[13].

Es ist daher nicht verwunderlich, daß die Ahnen als die *Mächtigen Toten* galten; vor ihnen fürchteten sich die Lebenden, brachten ihnen zur Versöhnung Opfer dar und flehten sie um Hilfe und Gedeihen ihrer Saaten an[14]. »Ein weiterer Fall struktureller Veränderung« der Persönlichkeit, sagt Jung[15] in seinem Aufsatz »Über Wiedergeburt«, »betrifft einige seltene Beobachtungen, über die ich mich nur mit größter Reserve äußern kann. Es handelt sich um Besessenheitszustände, wo aber die Besessenheit durch etwas ausgelöst wird, was man wohl am passendsten als »Ahnenseele« bezeichnet, und zwar als eine *bestimmte* Ahnenseele. Praktisch sind es Fälle von auffallender Identifikation mit Verstorbenen. (Die Identitätserscheinungen treten natürlich erst nach dem Tode des »Ahnen« ein.) *Léon Daudet* hat mich ursprünglich auf solche Möglichkeiten durch sein unordentliches, aber geniales Buch »L'Hérédo« aufmerksam gemacht. Er nimmt an, daß in der Struktur der Persönlichkeit Ahnenbestandteile vorhanden seien, die plötzlich einmal, unter irgendwelchen Bedingungen, ausbrechen können. Dadurch fällt das Individuum unvermittelt in eine anzestrale Rolle. Nun wissen wir, daß dieser bei Primitiven eine große Bedeutung zukommt. Es besteht nicht nur die Annahme, daß sich Ahnengeister in den Kindern reinkarnieren, sondern man versucht auch, sie in die Kinder zu versetzen, indem man diesen die entsprechenden Namen gibt. Ebenso versuchen die Primitiven, sich selber – rituell – in die Ahnen zurückzuverwandeln. Ich verweise auf die australische Vorstellung der *altjirangamitjina*[16], der halb tierhaften Ahnenseelen, deren kultische Wiederbelebung von größter funktioneller Bedeutung für das Leben des Stammes ist. Diese steinzeitlichen Vorstellungen waren weitverbreitet, was man noch an zahlreichen Spuren an anderen Orten erkennen kann. Es ist daher nicht unwahrscheinlich, daß sich solche Urformen des Erlebens auch heute noch als Identifikationen mit Ahnenseelen wiederholen, und ich glaube, solche Fälle gesehen zu haben«.

Würden wir im Westen nicht alles leicht in die äußere Wirklichkeit projizieren, sondern wären wir uns bewußt, daß wir mit Ahnen im Leben des Individuums nicht unbedingt einen bestimmten Ahn bezeichnen, so könnten wir diese Bezeichnung für viele wichtige psychologische Erscheinungen verwenden. In seinen »Erinnerungen« schildert Jung[17], daß er als etwa Elfjähriger in zwei Wirklichkeiten lebte: Die eine war der Schuljunge, die andere »ein Mann, der nicht mit sich spaßen ließ... Er war ein alter Mann, der im 18. Jahrhundert lebt und Schnallenschuhe trägt und eine weiße Perücke und in einer Kalesche fährt mit hohen, konkaven Hinterrädern, zwischen denen der Kutscherkasten an Federn und Lederriemen aufgehängt ist. Ich hatte nämlich ein merkwürdiges Erlebnis gehabt:... eines Tages kam eine uralte grüne Kutsche aus dem Schwarzwald an unserem Haus vorbei. Eine urweltliche Kalesche, wie aus dem 18. Jahrhundert. Als ich sie sah, hatte ich das aufregende Gefühl:»Da haben wir es ja! Das ist ja aus *meiner* Zeit!« – Es war, wie wenn ich sie wiedererkannt hätte; denn sie war von derselben Art wie die, in der ich selber gefahren war!... Die Kutsche war ein Rest aus jener Zeit! Ich kann nicht beschreiben, was damals in mir vorging, oder was es war, das mich so stark berührte: eine Sehnsucht, ein Heimwehgefühl, oder ein Wiedererkennen: »Ja, so war es doch! Das war's doch!«
Viele Menschen fühlen sich einer bestimmten Epoche gefühlsmäßig verwandt. Sie verstehen diese von innen heraus, als ob sie ein Kind jener Zeit wären. So erging es Jung auch mit der Alchemie, über welche er schon als Junge Fantasien auf dem Schulweg hatte[18]. Es war das Geheimnis des Burgturmes, in welchem sich eine Art Laboratorium befand, in welchem er Gold fabrizierte, und zwar aus der geheimen Substanz, welche die Kupferwurzel aus der Luft zog. »Es war wirklich ein *Arcanum* (Geheimnis), von dessen Natur ich mir keine Vorstellung machte und machen konnte. Auch bestand keine Imagination über die Natur des Umwandlungsprozesses«.
Gerade dieses Beispiel macht wohl deutlich, wie schicksalshaft solche »Verwandtschaftsgefühle« sein können. Sie stehen für die geistigen Ahnen oder die Historizität der Psyche. In primitiven Kulturen spricht oft ein Ahnengeist durch ein Medium in Trance. Im Kapitel »Welt der Geister« sahen wir, welchen Wert die vom Medium übermittelten Anweisungen des Ahnengeistes für den Stamm haben.
Da die Verstorbenen im Boden begraben und ins Totenland – ins Unbe-

wußte[19] – entschwunden sind, wirken sie aus der *Erde* auf die Lebenden. Es heißt, wenn die Chinesen ausgerottet würden und sich Angehörige einer fremden Rasse auf ihrem Gebiet ansiedelten, wären diese nach hundert Jahren wieder Chinesen. Die Erde, durchtränkt mit dem Erbgut der Ahnen, übt eine assimilierende Kraft auf die dort lebenden Menschen aus. Darum ist der Indianer die Seele des Amerikaners[20]. Die Visionen der Indianer, so scheint mir, ähneln einander nicht aufgrund der gemeinsamen Tradition – sie entsteigen ihrer Erde. Der Häuptling *Schwarzer Hirsch*[21] war neun Jahre alt, als er seine große Vision seiner Berufung nach schwerer Krankheit hatte. Diese kosmischen Bilder tragen alle Merkmale des religiösen Weltbildes der Waldlandindianer Nordamerikas[22], nämlich vor allem je zwölf verschiedenfarbige Pferde nach den vier Himmelsrichtungen, dann Büffelhufe, Hirschzähne, Geweihe und Gänse, alles wichtige indianische Symbole. Konnte er in jenem Alter schon so viel von der Indianerkultur mitbekommen haben, daß diese seine Vision entscheidend prägte? Dagegen war die Erfahrung mit Pferden eine ganz geläufige. Ich kann mir das nur als Einfluß der Erde auf den Jungen vorstellen, die ihn auch aus der Krankheit rettete.

In vielen Gebieten der Erde, so in Schwarzafrika, hält sich der Glaube, man könne weder ein Gebiet noch die in ihm wohnenden Mächte erobern, sondern nur lebende Menschen. Die politische Herrschaft erstreckt sich nur auf die Menschen, dagegen bleiben die Erstbesitzer des Bodens auch als Unterjochte die Erdherren[23]. Einem in der Religionsgeschichte bekannten Gesetz zufolge zwingt das erobernde Volk den Unterjochten seine politischen und sozialen Strukturen auf – doch die einheimischen Götter unterminieren die Eroberer[24].

Je weiter der Tod bedeutender Persönlichkeiten zurückliegt, desto mehr entkleidet das individuelle Gedächtnis sie ihrer individuellen Züge und *mythisiert* unbewußt. Eine entsprechende Beobachtung machte *Thiel*[25] bei den Yansi am Songo, einem Nebenfluß des Zaire im Kongo, wo er den größten Häuptling, Mfumu Bay kannte. Dieser starb 1967. Als Thiel vier Jahre später in jenes Gebiet zurückkehrte, hatte die Präsenz des Toten auf dem Friedhof abgenommen, obwohl sein Grab noch gepflegt war. Dagegen erzählten sich die Leute Wunderdinge über ihn, aus denen er den Eindruck gewann, daß Mfumu Bay zu den Stammesahnen eingehen werde.

Indem sich die *individuellen* Züge bedeutender Persönlichkeiten in *legendäre* umwandeln, werden die Betreffenden immer mehr Allgemeingut und dem Kollektiven Unbewußten einverleibt. Man kann den Verlust der individuellen Züge um der historischen Genauigkeit willen bedauern, doch sind es eben die *archetypischen Züge, die den zeitlosen Wert der Persönlichkeit ausmachen.* Darum ist die Persönlichkeit des historischen Jesus nicht mehr zu rekonstruieren[26] und auch gar nicht wichtig. Was an ihm fortwirkt, sind seine archetypischen Züge, die überliefert sind, zwar nicht historisch getreu, doch im damaligen Geiste. Unsere Zeit betont die einmaligen individuellen Schicksale und Charaktere zu stark gegenüber den zeitlosen archetypischen überindividuellen Merkmalen. Je weiter der Verstorbene sich vom Lebenden entfernt, desto mehr geht er im Allgemeinmenschlichen auf, welches die Archetypen darstellen. Daher stammt die *Idee vom vergöttlichten Toten oder Heroen.* So soll Imhotep im Alten Reich Ägyptens ein berühmter Baumeister und Arzt gewesen sein, der später vergöttlicht wurde[27].

Die Seele hat historischen Charakter; sie empfängt zwar erst mit Beginn des individuellen Lebens ihre Inhalte, doch sind ihr gewisse Möglichkeiten angeboren, die bei der Verarbeitung von Erlebnissen eine große Rolle spielen. *Eine Auffassung, die der historischen Dimension der Seele nicht Genüge tut, läßt diese verkümmern.* Schicksalshafte Bestimmungen liegen in ihr, die dem individuellen Leben seine Einmaligkeit geben. Die Berücksichtigung der Ahnengeister im Individuationsprozeß in dieser allgemeinen Form ist unabwendbar geworden. Sie hat eine heilsame Wirkung.

Die Frage der Wiedergeburt beschäftigt heutzutage viele Menschen. Die Schwierigkeit, echte Reinkarnation nachzuweisen, erwächst aus der Tatsache des *absoluten Wissens im Kollektiven Unbewußten*[28]. Wenn einem Kleinkind Gegenstände einer verstorbenen Person vorgelegt werden, die es »wiedererkennt«, so sind das keine »Beweise«, aber höchst interessante Hinweise für die Möglichkeit einer persönlichen Wiedergeburt. Jung hat diese unentscheidbare Frage offen gelassen, aber der archetypischen Idee vom psychologischen Standpunkt aus nachgeforscht[29]. In seinen »Erinnerungen« (S. 320) äußert er dazu: »Ich weiß keine Antwort auf die Frage, ob das Karma, welches ich lebe, das Resultat meiner vergangenen Leben, oder ob es nicht vielmehr die Errungenschaft meiner Ahnen sei, deren Erbe in mir zusammenkommt. Bin ich eine Kombination von Ahnenleben und verkörpere deren Leben wieder? Habe ich als bestimmte Persönlichkeit früher schon einmal gelebt und bin in jenem Leben soweit gekommen, daß ich nun eine Lösung versuchen kann? Ich weiß es nicht.

Buddha hat es offen gelassen, und ich möchte annehmen, er habe es nicht mit Sicherheit gewußt. Ich könnte mir gut vorstellen, daß ich in früheren Jahrhunderten gelebt habe und dort an Fragen gestoßen bin, die ich noch nicht beantworten konnte; daß ich wiedergeboren werden mußte, weil ich die mir gestellte Aufgabe nicht erfüllt hatte. Wenn ich sterbe, werden – so stelle ich es mir vor – meine Taten nachfolgen. Ich werde das mitbringen, was ich getan habe.«

Wie in der geschilderten Traumserie, so fiel mir auch an anderen Träumen historischen Inhaltes auf, daß persönliche Aspekte und Daten fehlen. Wir müssen mit der Möglichkeit rechnen, daß eine *archetypische Quintessenz unserer Existenz überlebt und reinkarniert wird*. Was wir aus Todesträumen und Träumen über Verstorbene wissen, paßt dazu. Vielleicht suchen wir am falschen Ende, weil uns die einmaligen Züge einer menschlichen Persönlichkeit das Unverwechselbare zu sein scheinen. Dabei übersehen wir, daß die archetypischen Züge zwar das Allgemeine, aber auch das Essentielle einer Existenz darstellen. In der Erinnerung verlieren die Ahnen daher ihre persönlichen Merkmale, doch bleiben deren archetypische. Sie stellen die Menschheitsprobleme dar – und machen das Wesentliche eines Menschenlebens aus.

»Ich spreche in diesem Buch, dem Erinnerungsbuch«, sagt Jung[30], »viel über meine subjektive Anschauung, die jedoch keine Erklügelung der Vernunft darstellt. Vielmehr ist sie eine Schau, die sich ergibt, wenn man absichtlich mit halbgeschlossenen Augen und etwas tauben Ohren Gestalt und Stimme des Seins zu sehen und zu hören unternimmt. Sehen und hören wir zu deutlich, dann sind wir auf Stunde und Minute des Heute eingeschränkt und spüren nichts davon, wie und ob unsere anzestralen Seelen das Heute vernehmen und verstehen, oder mit anderen Worten, wie das Unbewußte reagiert. So bleiben wir im Dunkel darüber, ob die Ahnenwelt mit urtümlichem Behagen an unserem leben teilnimmt, oder umgekehrt, ob sie sich mit Abscheu davon abwendet. Unsere innere Ruhe und Zufriedenheit hängt in hohem Maße davon ab, ob die historische Familie, welche durch das Individuum personifiziert wird, mit den ephemeren Bedingungen unseres Heute übereinstimmt oder nicht«.

9. Die Beziehung zwischen Subjekt und Objekt

Wie kann ein Inhalt des Bewußtseins überhaupt von einem unbewußten Inhalt unterschieden werden?[1] Schon im vorletzten Kapitel tauchte diese Frage auf. Wer von Animus oder Anima besessen ist, behauptet beharrlich, er denke und handle vollauf bewußt; so erscheint einer vom Animus gerittenen Frau ihr Zustand als äußerste Klarheit und Bewußtheit. Wir nähern uns damit einem zentralen Problem der Psychologie überhaupt. Noch heute wird das Unbewußte überhaupt geleugnet oder, wie bei *Jean Gebser*, in verschiedene Intensitäten oder Bewußtseinsstufen umgedeutet. Ist es denn nicht überhaupt ein Widerspruch, von unbewußten Inhalten zu sprechen? Ein Inhalt kann doch nur von einem Bewußtsein unterschieden und erfaßt werden. Sobald ein Inhalt formuliert oder gestaltet wird, hat sich ein Bewußtsein seiner bemächtigt. Das Unbewußte scheint bestenfalls negativ definierbar: als alles, was mir nicht bewußt ist, was ich nicht weiß.

Doch das Unbewußte ist nicht das Nichtwissen oder Unwissen, obwohl es das Nichtgewußte ist. Das klingt verwirrend, klärt sich aber, wenn wir die Evolution des Bewußtseins untersuchen.

Im ursprünglichen Zustand lebt der Mensch in einer *archaischen Identität* oder, wie der große französische Philosoph und Ethnologe Lucien Lévy-Bruhl es genannt hat, in einer *participation mystique* mit seiner Umgebung[2]. Er unterscheidet nicht zwischen sich und seiner Umgebung; denn er ist sich noch nicht als eines Subjekts bewußt, demzufolge gibt es für ihn noch kein Objekt. Er lebt eingetaucht in einen Ereignisstrom[3]. Es gibt eigentlich keine Zeit: Alles ist aktuelles Ereignis, alles ist im gegenwärtigen Augenblick fokussiert, der nur eine geringe Zeitspanne ausmacht; vorher und nachher sind relativ. Der steinzeitliche Mensch lebte hunderttausende von Jahren in diesem geistigen Zustand, in welchem er ein geschichtsloses Dasein führte. Alles ist unmittelbare Gegenwart, was den Menschen fasziniert oder beschäftigt. Der kleine Lichtkegel seines Bewußtseins ist darauf begrenzt, diesen kurzen Augenblick zu erhellen. Nur was er erfaßt, findet das Interesse und die Aufmerksamkeit (Libido) des Menschen. Kaum tritt etwas aus diesem Lichtkegel, so verfällt es wieder dem Unbewußten. In diesem Zustand beschränkt sich das Bewußtsein auf die jeweilige Gegenwart. Es gibt weder Vergangenheit noch Zukunft. Zwar lernt auch dieser Mensch aus Erfahrungen – doch speichert er sie als solche und nicht als abrufbare Erinnerung.

Ebensowenig gibt es einen Raum. Es gibt nur das Hier, in welchem sich die augenblickliche Gegenwart abspielt. Ein späteres Hier ist nicht ein Dort, sondern ebenso aktuelles Hier wie das frühere, weil zwischen beiden keine Beziehung besteht. Der Ereignisstrom ist eine Abfolge unendlich vieler Augenblicke, die aus dem jeweiligen Hier und Jetzt bestehen, ohne untereinander zusammenzuhängen; denn es fehlt ein einheitliches Bewußtsein oder Subjekt, das die Zusammenhänge festhalten könnte.

Diesen Zustand nachzuvollziehen, fällt schwer. Denn zweifellos handelt der Mensch auch auf dieser Bewußtseinsstufe zweckmäßig, – sei es der Angehörige eines Naturvolks oder ein Kleinkind. Wie den Tieren, so bieten ihm seine Instinkte die Voraussetzungen dafür, sein Leben zu erhalten.

Gerade an einer Instinkthandlung wird deutlich, welche Kluft ein zweckmäßiges Tun vom Bewußtsein seines Vollzugs und seiner Gründe trennt. Und selbst wenn uns gelegentlich bewußt ist, *was* wir gerade tun, wissen wir noch lange nicht, *weshalb* wir es tun. So stecken wir an Weihnachten Kerzen auf einen grünen Baum und behaupten, wir täten es zur Geburt Christi. Nur wenigen Leuten dürfte »bewußt sein«, was sie tun. Die meisten tun es, weil man das eben so macht, weil es alle tun und weil es schon die Eltern getan haben, weil es so Brauch ist. So hat der Mensch die längste Zeit gelebt. Er hat das getan, was »man tut«, was er seit Kindheit die Erwachsenen verrichten gesehen hat und deshalb nachahmt. Auch in unserem Alltag ahmen wir vieles mit Erfolg nach, ohne unsere eigene Motivation zu hinterfragen.

Im nachhinein sind wir selten um Gründe für unser Handeln verlegen. Zumindest dann sind wir uns sicher, wir seien uns unserer Motive bewußt. Wir glauben in manchen Situationen, wir seien frei in der Entscheidung, wir hätten verschiedene Möglichkeiten zur Wahl. Wir räsonnieren sogar über Vor- und Nachteile der verschiedenen Möglichkeiten – und doch hat unser Unbewußtes die Entscheidung längst vorweggenommen. Wir täuschen uns gewaltig darüber, einen wie großen Anteil das Bewußtsein an unserem Alltagsleben hat.

Oft erntete ich von Patienten treuherzigen Widerspruch, wenn ich ihnen unterstellte, sie hätten etwas unbewußt getan. Was uns unbewußt ist, tun wir in der festen Überzeugung, es nicht zu tun. »Aber doch *ich* nicht...!« Von dem, was uns unbewußt ist, haben wir keine Ahnung. Wir beteuern aufrichtig, nie etwas derartiges gedacht oder getan zu haben – was man uns nicht verübeln kann, »denn das Unbewußte ist wirklich unbewußt« (Jung).

Das heißt jedoch nicht, daß wir im unbewußten Zustand untätig wären und keine Gedanken hätten. Im Gegenteil: Das Unbewußte ist äußerst aktiv, nimmermüde wirkt es dabei aus einem reichen Erfahrungsschatz. Denn »das Unbewußte«, so Jung, »ist nicht ein Nichts, ein Fehlen von etwas, sondern es ist die ursprüngliche Funktionsweise«. »Unbewußt« heißt dabei, daß das Wunder der Bewußtwerdung noch nicht eingetreten ist. Der Mensch ist – wie die Tiere – noch ganz Natur. Das Unbewußte beherbergt einerseits alle angeborenen Verhaltensmuster (Instinkte), andererseits alle angeborenen Möglichkeiten der Auffassung (Archetypen). Darum kann man an Naturvölkern so gut die Instinkte und archetypischen Vorstellungen untersuchen: Das Bewußtsein hat sie noch nicht verändert.

Würde der Mensch weiter in dieser Mentalität leben, so würde er allein den vom Schöpfer in ihn gelegten Willen tun. Doch wie der Mythus von der Opferung des Kosmischen Menschen besagt, haben die Götter oder Weisen der Vorzeit diesem paradiesischen Zustand ein Ende gesetzt, indem sie den Kosmischen Menschen opferten. Wie ich an anderer Stelle ausgeführt habe[4], entspricht der Kosmische Mensch einem *Allzusammenhang*, in welchem der Mensch eingebettet ist. *Seine Seele tritt ihm in seiner Umwelt entgegen.* Er fühlt als Kreatur mit der übrigen Schöpfung, von der er noch nicht getrennt ist. Steine und Bäume erzählen dem Menschen ihre Geschichte; sie sind nicht tot oder stumm. In seinem animistischen Weltbild ist die ganze Natur belebt. Dieser Geisteszustand ist uns gar nicht so fremd, wie es scheinen mag. Die Dichter künden in ihrer Poesie von ihm, und der davon Abgeschnittene ahnt beim Lesen wieder etwas davon, so als höre er ein Echo aus ferner Zeit. Unsere Kleinkinder leben noch durchaus in einer *magischen Welt*. Sie ist die Welt des Unbewußten, wie sie uns in unseren Träumen entgegentritt. Darum kann sie uns gar nicht fremd sein, auch wenn sie ganz anderen Gesetzen gehorcht als die Tagwelt unseres Bewußtseins. Jene Welt verwickelt uns in ein merkwürdiges Verwirrspiel: Wir begegnen uns dort als einer anderen Person, als Tier oder Pflanze oder gar als unbelebter Natur (Steine, Gewitter, Wolken) – und sind es doch auch wieder nicht. »Wer bin ich wirklich?«, fragen wir uns dann. In diesem Stadium bin ich irgendwie alles. Nichts ist mir ganz fremd, auch wenn es mich ängstigt. Alles gehört zu mir, und ich lebe in allem, was mich umgibt.

Insofern wir mit dem Unbewußten verbunden sind, haben wir uns nie von dieser archaischen Welt entfernt. Jede Nacht tauchen wir wieder in sie ein, und auch am Tag leben wir in ihr dort, wohin das Licht des Bewußtseins noch nicht gefallen ist. Wenn jemand zu Unrecht über meinen Hund schimpft, fühle ich mich persönlich verletzt. Der Hund ist ein Teil von mir, ich lebe mit ihm in *Partizipation*. Alles, woran wir hängen, ist ein Stück von uns. Wenn es uns abhanden kommt, empfinden wir einen *Seelenverlust*. Gefährlich wird diese Abhängigkeit bei materiellen Dingen, an die wir unsere Seele verloren haben, aber auch bei anderen Menschen: so etwa, wenn das Kind ein Stück Seele der Mutter geblieben ist, wenn die Frau die Seele des Mannes darstellt oder der Mann den Geist der Frau. Dann sind sie nur »ein Herz und eine Seele« – ein fragwürdiger Idealzustand. Denn eine Beziehung ist dort nicht möglich, wo Identität besteht. *Identität ist ein Zusammenhang, aber keine Beziehung.* Wirkliche Beziehungen können erst zwischen zwei unterschiedlichen Personen entstehen. Insofern wir in archaischer Identität leben, leben wir in den Dingen und Personen unserer Umgebung, aber nicht auf diese bezogen. Sie folgen unserem Willen oder wir dem ihrigen. Es besteht eine magische Abhängigkeit, ein *magischer Zwang*, den die Objekte oder Personen auf uns oder wir auf sie ausüben. Wir sind ihnen verfallen, oder sie uns. Der Wille, das Bewußtsein sind dann nicht wirklich frei.

Wie diese Beispiele zeigen, ist der moderne Mensch gar nicht so weit entfernt vom Geisteszustand der Naturvölker; daran liegt es, daß er sich in diesen Zustand einfühlen kann. Im Gegensatz zu unseren Kleinkindern ist der Angehörige eines Naturvolkes ein Erwachsener, der seine Erfahrungen verbalisiert und begründet. Seine Begründung ist jedoch nicht eine logische, wie sie dem Bewußtsein entsprechen würde, sondern eine mythologische, die den Aussagen des Unbewußten entspricht. Das erschwert den Dialog mit ihm: Der Primitive glaubt, eine ganz plausible Erklärung gegeben zu haben, während sie nach unseren Anschauungen gar nichts

»erklärt«. Ein Ereignis zu erklären, heißt eben, es in den Zusammenhang der jeweiligen Weltanschauung einzufügen. Der »Primitive« – dieser Ausdruck ist nie pejorativ gemeint – lebt in einer belebten Umwelt, in der es weder Objekt noch Subjekt, weder Außen – noch Innenwelt gibt. Die Außenwelt ist ihm so gut Innenwelt wie umgekehrt. Deshalb wird sein Handeln noch weitgehend von seiner Umwelt bestimmt. Die Natur ist ihm Mutter; sie sorgt für alle seine Bedürfnisse, so daß er weder anbauen noch ernten muß. Er genießt, was ihm die Natur bietet, er ist Sammler und Jäger oder Wildbeuter. Er sorgt für sich, wenn er das Bedürfnis hat, und weil er ganz in der Gegenwart lebt, legt er keine Vorräte an. Er lebt wie die Vögel des Himmels, von denen es heißt: »Sie säen nicht und ernten nicht und sammeln nicht in Scheunen, und euer himmlischer Vater ernährt sie (doch)« (Mt 6,26).

Weil sich sein Bewußtsein nicht von Objekten abgrenzt, verschwimmen ihm auch die für uns unüberwindlich scheinenden Grenzen zwischen Mensch und Tier. Viele Mythen berichten von Tierahnen, und Märchen schildern die Ehe zwischen Tier und Mensch[5]. Menschen und Tiere verwandeln sich ganz leicht ineinander[6]. Der Mensch empfindet sich noch nicht als Krone der Schöpfung. Er ist irgendwo in der Tierreihe eingebettet; auch gibt es mächtigere Tiere als ihn, wie etwa der Löwe oder der Elefant. Der Zauberer geht nachts als Krokodil um und schadet den gewöhnlichen Menschen. Wenn das Krokodil ein Kind gefressen hat, muß die Buschseele des Hexers in es gefahren sein, denn Krokodile ernähren sich gewöhnlich nicht von Kindern.

An dieser ganz anderen Welterfahrung liegt es, daß sich die Mentalität der Primitiven grundlegend von der unsrigen unterscheidet. Die *Magie* beruht auf der Identität: Wirkungen gehen von einem Objekt auf ein anderes *unmittelbar* über. Die Magie spielt eine große Rolle bei der Erklärung des Unerklärlichen. Wegen der *Sympatheia*, einem Kausalzusammenhang der Dinge untereinander, ist überall Magie im Spiel. Daran teil nehmen Zauberer, Hexer, Medizinmänner und Schamanen; in ihrer magischen Macht steht es, unerklärliche Wirkungen hervorzubringen – etwa indem sie Krankheitsprojektile schleudern –, aber auch zu bannen.

Besessenheit kommt bei dieser Mentalität oft vor, weil das Ich schwach ist. Praktisch jeder Angehörige der Kultur ist auch fähig, den Besessenen von seinem Zustand zu befreien, ohne dazu einen eigentlichen Exorzismus vorzunehmen[7]. Das zeigt, wie leicht das Bewußtsein *dissoziiert* wird, das heißt, wie leicht ein anderer Inhalt von ihm Besitz ergreift. Jeder Mensch macht in seiner Entwicklung dieses Stadium nochmals durch, und mancher kommt nicht weit darüber hinaus, obwohl er nicht mehr als Steinzeitmensch lebt.

Wir leben zwar hauptsächlich auf einer anderen Stufe der Bewußtseinsentwicklung, doch weisen wir die Merkmale archaischer Identität überall dort auf, wo wir unbewußt sind. Mit jeder *Emotion* ist ein *abaissement du niveau mental* verbunden, das heißt eine Schwächung des Bewußtseins, so daß unbewußte Inhalte einbrechen und von diesem Besitz ergreifen können. Unsere Emotionen führen uns auch leicht in Besessenheiten, von denen im Kapitel »Primitive Krankheitsauffassungen« die Rede war. Wir werden von krankhaften Ideen oder von Ängsten besessen (Krebsangst, Atomangst). Diese Besessenheiten erkennen wir deshalb nicht, weil wir logische Begründungen dafür haben oder weil wir sie durch Rationalisierung verdecken. Die psychosomatisch kranke Frau, von der in jenem Kapitel die Rede war, glaubte nach der körperlichen Untersuchung den Ärzten schon, daß keine physische Erkrankung vorlag und die Störung daher psychischer Natur sein müsse. »Was aber, wenn sich der körperliche Krankheitsprozeß den Untersuchungsmethoden entzogen hätte?«, fragte es in ihr. Wir trauen unserer modernen Ratio erstaunlich wenig. Tatsächlich hat sich die animistische Mentalität über die längere Dauer der Hominisation bewährt als unsere moderne Vernunft.

Der Zustand der archaischen Mentalität ist schwer zu erkennen, solange man darin lebt. Denn er ist *selbstverständlich* und *widerspruchsfrei*. Erst wenn Widersprüche oder Zweifel auftreten, zerreißt die dünne Haut, unter welcher der Mensch lebte. Das ist der Moment der *Opferung des Kosmischen Menschen.*

Damit beginnt eine zweite Stufe der Bewußtwerdung. Auf ihr begreift der Mensch, daß an den Objekten seiner Umgebung Inhalte seiner Psyche haften. Erst in diesem Moment kann man von *Projektion* sprechen. Der paradiesische Zustand einer fraglosen Einheit mit der Welt verschwindet, und erstmals steht man seiner Umgebung fremd gegenüber. Daraus stammt *Unterscheidung von Subjekt und Objekt.* Strenggenommen kann man erst jetzt davon reden, daß Götter, Geister und Dämonen die Welt bevölkern. Denn erst durch die Opferung des Kosmischen Menschen *entsteht die Welt.* Erst wenn dieser Allzusammenhang aufgelöst ist, sieht sich ein Subjekt einer objektiven Welt gegenüber. *Bewußtwerdung heißt Unter-*

scheidung. Die Vertreibung aus dem Paradies (Gn 3, 24) bedeutet eben diese Unterscheidung. Im Paradies lebte der Mensch noch in der Unschuld der archaischen Identität, er konnte noch gar nicht anders. Südseeromantik und Idealisierung des Naturmenschen sind Ausdruck der *Sehnsucht nach diesem paradiesischen Zustand der Einheit* zurück, aus dem wir ursprünglich kamen. Doch zurück können wir nicht mehr. Wer einmal das Paradies verlassen hat, muß den Baum des Lebens anderswo suchen. Darin besteht das Problem des neuen Bewußtseinszustandes: Der göttliche Unschuldszustand ging verloren. Der Mensch ist nicht mehr wie in einer Eihülle geborgen, sondern findet sich in einer ihm fremden Welt vor, in der ihm viele Gefahren drohen und Mächte begegnen. Erst im *Rückblick* vom neugewonnenen Bewußtseinsstand auf seine frühere Mentalität kann er von archaischer Identität reden. Erst jetzt sieht er in der früheren belebten Umwelt fremdartige Mächte und Kräfte. Er unterscheidet zwischen sich und diesen Wesen. Damit entsteht ein Zustand der *Polydämonie* oder des *Polytheismus.*

Im Alten Griechenland herrschten nicht nur viele Götter, es tummelten sich Nymphen in den Gewässern, Dryaden in Büschen und Bäumen, Satyrn in den Feldern, der Pan erschreckte den einsamen Hirten. Kurzum, die Natur war mit zahlreichen *Numina* bevölkert. In der heißen Mittagsstunde hielt Pan sein Schläfchen und wollte nicht gestört werden, die weiße Mittagsfrau ging durch die Felder. Im Meere krönten die weißen Mähnen der Rosse Poseidons die Wellen. Aus dem weißen Schaum des Gischtes, der sich um das abgeschnittene Glied des Göttervaters Kronos gebildet hatte, entstand Aphrodite. Der Blitz des Donnerers Zeus durchzuckte den Himmel im Gewitter. Im stillen Waldsee badete die keusche Artemis mit ihren Gefährtinnen, ermüdet von der Jagd. Die Natur schmückt sich mit den schönsten Blüten und Blumen, wenn Zeus mit Hera schläft.

Der Mensch stellt sich auf diese Mächte ein, denn er weiß sich von ihnen abhängig, ja unterlegen. Eine *religiöse Haltung* ihnen gegenüber gesteht diese Unterlegenheit ein. Wenn er sich richtig auf diese Mächte bezieht, erfreut er sich ihrer Hilfe. Ihnen ist er ausgeliefert, doch von ihnen kommt ihm auch sein Bestes zu. Unser Wort »Inspiration« weist noch darauf hin, daß nicht wir die guten Ideen haben, sondern daß sie uns »eingeblasen« werden von den Geistern oder Göttern. Darum ruft der Dichter die Muse an, ihm die Gedanken zum Werk einzugeben. Wie durch die Propheten des Alten Testaments spricht durch den Dichter der Gott. Deshalb ist er Sprachrohr und Künder von Größerem. In Kulturen, in denen jene Geisteshaltung vorherrschte, waren noch *viele psychische Funktionen projiziert*. Das erschwert eine vergleichende Psychiatrie; man kann nicht einfach einen Fragebogen aus unserer westlichen Kultur in die Eingeborenensprache übersetzen, denn es gibt kein Wort für »Depression« oder »depressiv«[8]. Es genügt auch nicht eine Umschreibung. Der Zustand wird nicht als ein innerpsychischer erlebt, sondern beispielsweise als Seelenverlust oder Verzauberung. Das Erkennen, das für uns zweifellos eine psychische Funktion ist, wird im Alten Ägypten zu einer Personifikation des Schöpfergottes Atum. Das 17. Kapitel des Totenbuches erklärt:»Hu (der Ausspruch) und Sia (das Erkennen) begleiten Vater Atum (Sonne) auf jedem Tageslauf«. Im 85. Kapitel heißt es:»Ich bin Hu, der nicht vergehen kann in seinem Namen Seele«[9]. Ähnlich ist im Prolog des Johannes- Evangeliums das schöpferische Wort (*logos*) personifiziert und wird Fleisch. Wie solche Stellen belegen, lebt die Seele weitgehend in der Projektion. Daher werden psychische Funktionen *konkretisiert*, während wir sie *abstrahieren*. Doch auch wir sagen noch »Er hat ein *Herz* für die Armen« statt »Er hat Mitgefühl« und lokalisieren eine Vielzahl psychische Funktionen im Körper.

Viele unserer Gebräuche weisen noch auf diese zweite Bewußtseinsstufe hin: so etwa die St. Nikolausumzüge der Innerschweiz, die Vegetationsdämonen darstellen, die Bräuche des Maibaums oder des Korndämons[10]. Bei der sogenannten *Aufrichte* wird auf das neuerbaute Haus ein mit farbigen Bändern geschmückter Tannenbaum gestellt, um die neu einziehenden Hausgeister gut zu stimmen.

Ein besonderes Problem stellen die *lokalen Geister* dar. Schon auf der archaischen Stufe gibt es *gute und schlechte Plätze und Orte*, so bei den Ureinwohnern Australiens[11]. Viele christliche Kirchen oder Heiligtümer wurden an Orten gebaut, wo ein heidnischer Tempel gestanden hatte, der zerstört worden war. Gelegentlich wurden Kirchen aus den Quadersteinen des Tempels errichtet, denn diese galten als ohnehin geheiligt. Noch im Mittelalter bekreuzigte man sich an Kreuzwegen oder stellte eine Kapelle hin, wo früher Galgen gestanden hatten und die Erhängten hingeworfen worden waren. Denn dort war es nicht geheuer. Man mußte sich vorsehen, daß einem nicht ein Dämon aufsaß. Im Zusammenhang mit dem ortsgebundenen Spuk werden wir nochmals auf diese Fragen zurückkommen.

Moderne Exorzisten bannen noch heute ihre Dämonen an Orte, die nicht geheuer sind. Unsere Flurnamen erinnern nach wie vor an die alten Götter und Geister, die diese Orte einst belebten. (Zum Beispiel verbirgt sich hinter dem Vrenelisgärtli am Glärnisch der Garten der Göttin Venus). Überhaupt sind diese und die nächste Bewußtseinsstufe diejenigen, die in den *Sagen unserer Bergbevölkerung* zum Ausdruck kommen und deren Mentalität entsprechen. Mächte wie das »Es«[12] spielen die entscheidende Rolle, von denen sich der Mensch abhängig weiß und die es zu berücksichtigen gilt. Als *Daimonion* oder als *Schutzgeister* können die Geister den Einzelnen führen. Jeder kann seinen eigenen Schutzgeist haben, worauf wir später eingehen werden.

Das Ende dieser Mentalität markiert die von *Plutarch* berichtete Geschichte vom »Tod des großen Pan«[13], in der Schiffer bei der Vorbeifahrt an einer Insel die Botschaft hören und zu einer anderen Insel bringen müssen, auf der dann ein Wehklagen ertönt. Damit endet nicht nur die Naturbelebung durch Geister, sondern auch die Verehrung dieser »begeisterten« Natur, der Respekt vor deren Mysterium, vor ihrer übermenschlichen Macht, welche dem Menschen Eingriffe nur in bescheidenem Umfang erlaubte. Als man den amerikanischen Indianern den Pflug empfahl, damit sie ihren Mais rationeller anbauen konnten, wehrten sie mit der Begründung ab: Wie könnten wir unsere Mutter Erde verletzen!

Die dritte Stufe der Bewußtseinsentwicklung ist die *moralische Differenzierung in gute und feindliche Dämonen*. Bis dahin waren die Dämonen oder Geister einfach überlegene Mächte, zu denen man sich richtig einzustellen hatte, damit sie hilfreich waren, weil sie sonst schädlich sein konnten. Der alttestamentarische Gott Jahwe erweist sich gegenüber Jakob am Fluß Jabbok (Gn 32,24) als tödliche Gefahr, mit der er in Gestalt des Engels ringt, obwohl Jahwe nicht eigentlich böse ist. In der Geschichte von Hiob ist Satan noch einer der Söhne Gottes und dessen innerer Gegensatz. Der *Christliche Äon* ist, wie Jung[14] gezeigt hat, als Zeitalter der Fische mit dem *Problem der Gegensätze von Gut und Böse* ganz besonders konfrontiert, dargestellt durch die in gegensätzlicher Richtung schwimmenden Fische. In der gemeinsamen Kulturschicht des prähistorischen Iran und Indiens bedeutete der Ausdruck d(a)eva »himmlisch«, »Taghimmel« in neutralem Sinn; später erhielt er in Indien die Bedeutung »Hochgott«, im Iran dagegen jene von »Dämon« im negativen Sinn. *Eine neue Religion dämonisiert stets die früheren Götter.* Das geschah nach der Christianisierung in der ganzen römisch- griechischen Alten Welt. Der Name des germanischen Gottes Wotan durfte während des ganzen europäischen Mittelalters nicht genannt werden, weil er den Erzteufel bezeichnete. Psychologisch ist diese Tatsache wohlbegründet: Indem Götter einen Kult erhalten, bleiben sie relativ bewußtseinsnah. Sobald sich eine andere Religion überlagert, verfallen sie dem Unbewußten und machen sich von dort her unliebsam bemerkbar, insofern sie mit der neuen Weltanschauung kollidieren. Das Bewußtsein ist *ausschließlich*, weil es *Eindeutigkeit* anstrebt. Was dem vorherrschenden Bewußtsein zuwiderläuft, wird verdrängt. Insofern das Psychische auf Ganzheit zielt, wollen auch jene verdrängten Inhalte irgendwo am Leben teilhaben; da dies nur gegen den Widerstand des Bewußtseins geschehen kann, setzen auch sie dem Bewußtsein Widerstand entgegen, indem sie dämonische Wirkungen ausüben. Sobald das Bewußtsein moralisch urteilt und gewisse Inhalte ausschließt, unterliegt es demnach dämonischen Einflüssen. Die Differenzierung des moralischen Urteils gehört zur Evolution des Bewußtseins; daraus entstehen notwendigerweise Dämonen im negativen Sinn.

Diese Entwicklung läßt sich leicht im Griechischen erkennen: Noch bei *Homer* und *Hesiod* kann *daimon* auch »Gott« heißen. In der klassischen griechischen Philosophie, von *Platon* bis *Plutarch*, bezeichnet er eine Macht zwischen Göttern und Menschen, die meist wohltätig ist und der Gebete und Opfer gelten (Symposion 202 D). *Xenokrates* systematisiert Platons Lehre von den Dämonen, indem er sie den Seelen angleicht. Im mittleren und neuen Platonismus – *Apuleius, Porphyrius, Jamblichus* – setzt sich diese Tendenz fort. Die Dämonen senden nicht nur die Pest und Kriege, sie sind auch die Urheber von Orakeln, von Träumen und Inspirationen, kurz des Verborgenen[15]. Bald neigen sie mehr zu den Göttern, bald mehr zu den Menschen hin, an deren Leidenschaften sie teilhaben. Sie sind des Guten wie des Schlechten fähig. Die eindeutige Unterscheidung erfolgt im Henochbuch (c. 6-9), nach welchem die Engel gut geschaffen worden waren, sich aber Menschentöchter zu Frauen nahmen, aus deren Vereinigung das Geschlecht der Riesen entstand (Eine Inflation!). Die Dämonen sind die Seelen der Riesen. Sie sind es, die den Menschen zum Übel verführen und ihn veranlassen, sich von Gott abzuwenden. Im Neuen Testament wird dann der Götzenkult, also die Verehrung der alten Götter, dem Einfluß der Dämonen zugeschrieben (1 Cor 10,20; Apk 9,20). Dieser geistige Konflikt eines Oberhauptes der Dämonen, der

Gott die menschlichen Seelen streitig macht, beherrscht das Denken der Kirchenväter.

Im Anschluß an diese dritte Stufe kommt es zu einer *Enantiodromie*, einem Umschlag ins Gegenteil. Nachdem die Welt in gute und böse Dämonen gespalten war, wird dieser Gegensatz auf der vierten Stufe, in der *Phase der Aufklärung*, aufgehoben. Daß es Dämonen gibt, wird nun geleugnet und als »Einbildung« des Menschen abgetan. Die Psychologie verfällt in der Phase der Aufklärung dem *Subjektivismus*. Der Mensch, das Subjekt, ist die einzige psychische Realität. Diese Stufe stellt den Gegenpol zur ersten dar: Waren dort die ganze Welt und die ganze Psyche außen und miteinander identisch, so sind jetzt beide *innen identisch*. Das Ich erhält die zentrale Stellung in der Psychologie. Götter und Dämonen werden dem *Aberglauben* zugeordnet. Die Natur und die Welt sind vollständig entgöttert.

Diese Stufe der Bewußtseinsentwicklung, die heute vorherrscht, bringt zwei Gefahren mit sich: einen *einseitigen Rationalismus* – und *die Dämonisierung des Menschen*. Durch die Aufklärung sind die Dämonen nicht einfach wegbewiesen, nicht etwa unwirksam geworden. Sie sind zwar außen verschwunden. Doch da der Mensch die einzige psychische Realität ist, sind sie dorthin gewandert. *Der Mensch ist mit den Dämonen identisch geworden*, er unterscheidet sich nicht mehr von ihnen. Der Mensch ist zur *Quelle alles Guten und alles Übels geworden*. Meist ist er sich einigermaßen bewußt, inwiefern er Quelle alles Guten ist, denn das möchte er meist sein. Aber da er sich mit dem Guten identifiziert, ist ihm das *Übel, das er tut, unbewußt*. Unbewußt angerichtetes Übel ist um nichts weniger schlimm. Meist ist es noch hinter guter Absicht getarnt. Damit hat sich der Mensch eine viel zu schwierige Aufgabe aufgebürdet. Wir erleben heute, daß die ganze Welt von Versöhnung und Frieden und Abrüstung spricht und das Gegenteil geschieht. Trotz aller Beteuerungen der guten Absichten ereignen sich die fürchterlichsten Greueltaten. Wie ist das möglich? Die einen meinen, die anderen seien nicht ehrlich; sie würden schön reden und gegenteilig handeln. Das ist eine typische *Projektion*. Die wenigsten handeln absichtlich schlecht und beteuern ihre guten Absichten. Wenn es zu Projektionen kommt, ist das Unbewußte mit im Spiel. Solche Mißverständnisse zeugen davon, daß man etwas nicht sehen kann, was wirksam ist: nämlich die Dämonen. Man kann sie nicht sehen, solange man selber dämonisch ist. Der Mensch ist in einem solchen Maß *dämo-*

nisch geworden, daß er Gefahr läuft, sich und die Welt zu zerstören. Dabei ist der Mensch heutzutage nicht schlechter als früher. Doch weil ihm die Dämonen ins Unbewußte entflogen sind, kann er sich ihrer nicht mehr erwehren. Ein unsichtbarer Feind ist viel gefährlicher als ein sichtbarer. Mir scheint, heute sind alle wesentlichen Dinge gesagt, alle klugen Gedanken gedacht und alle wohlmeinenden Absichten beteuert, dessen braucht es nicht mehr. Was wir aber noch nicht wissen und kennen, sind die *Dämonen in uns.* Nur wenn wir ihnen auf die Spur kämen, bestünde Aussicht, die schwerwiegenden Probleme unserer Zeit zu lösen.

Dazu müßten wir unsere bloß aufgeklärte Haltung überwinden und die nächste, die fünfte Stufe der Bewußtseinsentwicklung erstreben, jene der *Objektivität der Psyche,* des *Unus mundus.* Diese Stufe bringt in gewissem Sinn eine Rückkehr zum Anfang, denn sie mißt der Psyche und ihren Dämonen wieder eine eigene Wirklichkeit bei. In ihr ist die Spaltung zwischen Psyche und Physis, die die vorangehende Stufe beherrscht hat, aufgehoben in der Einen Welt (*unus mundus*)[16]: Jenseits der bewußten Erfahrung beruhen Psyche und Physis auf einem gemeinsamen psyche-ähnlichen (psychoiden) Stratum. Deshalb zeigt sich im Synchronizitätsereignis eine sinngleiche Konvergenz von Psyche und Physis. *Die Psyche ist nicht weniger objektiv als die Physis.*

Auf dieser fünften Stufe der Bewußtseinsentwicklung schließt sich sozusagen der Kreis: Die Psyche ist nicht mit dem Bewußtsein identisch und begrenzt, sondern, ähnlich wie auf der ersten Stufe, grenzenlos oder kosmisch. Sie umfaßt Bewußtsein *und* Unbewußtes. Beide sind aufeinander bezogen, keine prinzipiell getrennten Realitäten. Obwohl das Unbewußte – wie der Name sagt – unbekannt ist, verrät es sich an Äußerungen und Hinweisen, die Aussagen darüber ermöglichen. Mythen sind Beispiele solcher Aussagen des Unbewußten über sich selber; sie bringen zum Ausdruck, wie ein Inhalt des Unbewußten verstanden sein will, von dem wir sonst nichts wüßten.

Paranormale Manifestationen gehören *zum Wesen des Unbewußten.* Sie bedürfen insofern keiner weiteren Erklärung, als wir auch keine Aussagen über die Natur des Unbewußten zu machen imstande sind. Diese Begrenzung unserer Erkenntnis rührt daher, daß das Unbewußte jenseits der Reichweite des Bewußtseins liegt, also (bewußtseins-)transzendent ist. Wenn ich hier vom Unbewußten rede, ist damit das Kollektive Unbewußte gemeint und nicht das persönliche; dieses steht dem Bewußtsein viel näher und könnte ebensogut bewußt sein. Auch haben das Bewußtsein oder der Wille keinen Einfluß auf das Unbewußte – es sei denn durch ganz bestimmte, dem Unbewußten angemessene Mittel.

Bewußtsein und Unbewußtes sind aufeinander bezogen, nämlich *komplementär*. Das Unbewußte ergänzt das Bewußtsein durch Inhalte, die diesem zur Ganzheit fehlen. Ob das Unbewußte sich nun antagonistisch oder kooperativ gegenüber dem Bewußtsein verhält, hängt von der Haltung des letzteren ab. Eine religiöse Haltung des Bewußtseins ermöglicht dem Unbewußten, eine *kooperative* Rolle zu spielen. Die guten Geister, wie etwa die Hilfsgeister der Schamanen, zeugen davon. Die bösen Dämonen dagegen, wie jene der Heiligen, zeigen die antagonistische oder *kompensatorische* Funktion des Unbewußten. Geister und Dämonen sind also nicht ausschließlich *autonome* Gebilde; sie hängen auf subtile Weise von der Einstellung des Bewußtseins ab. Man versteht daher, daß sich Götter von einst, als Dominanten des Kollektiven Unbewußten (Archetypen), in böse Dämonen verwandeln, wenn sie nicht länger verehrt und im Bewußtsein repräsentiert werden. Sie stehen für *vernachlässigte Bezirke der Psyche*, die ihre negative Wirkung entfalten, um sich bemerkbar zu machen. Ritus, Kultus und Mythus sind Möglichkeiten, archetypische Vorstellungen bis zu einem gewissen Grad bewußt zu halten, das heißt, ihnen eine Vertretung im Bewußtsein zu verschaffen. Damit können sie am Leben der Psyche teilnehmen und dieser ein gewisses *Gleichgewicht* verleihen. Wird ein wesentlicher Inhalt unbewußt – wie die entthronten Götter –, so entsteht ein Ungleichgewicht. Dieses bewirkt eine Gegenreaktion im Unbewußten, welche sich als Dämon manifestiert. Ist das Bewußtsein völlig davon abgeschnitten, kann diese Gegenreaktion sich, wie im Spuk, bis zu paranormaler Deutlichkeit steigern.

Alles, was ich in dieser Arbeit über Geister und Dämonen ausführe, bezieht sich auf diese fünfte Entwicklungsstufe des Bewußtseins. Mißverständnisse können dadurch entstehen, daß ein Kritiker von einer anderen Stufe her beurteilt.

10. Der Stein: Dämon der Zeugungskraft

Für den archaischen Menschen besaßen Steine ein *Numen* und konnten einem Gotte zugehören. Wörtlich steht »numen«[1] für eine leichte Bewegung mit dem Kopf, ein Nicken, wie im Verb »adnuo« = zunicken, einen Wink geben. Darüber hinaus bedeutet es aber eine göttliche oder übernatürliche Kraft oder einen Einfluß, einen Gott. Ein Objekt, das dem rationalen Verstand tot erscheint, erweist an dieser fast unmerklichen Bewegung[2], daß es belebt ist – und dies wird auf einen Geist oder Dämon im Objekt zurückgeführt. Das Gefühl, ein Geist oder Dämon wese in einem Objekt, entspringt subtilen Erfahrungen. Wer durch einen einsamen, stillen Wald geht, erfährt manchmal selber, was mit Numen gemeint ist. Man spürt um sich ständig eine lebendige Präsenz, obwohl keine Lebewesen zu sehen sind. Das sind die Waldgeister, die Geister der Bäume und Steine, die dort leben. In diesem Sinne sind der Zeus endendros auf Rhodos und Paros und Dionysos endendros in Böotien verehrt worden.

In Thespiai galt ein roher Stein als Symbol des fruchtbarkeitspendenden Gottes Eros. Ein Stein, *herma*, war wohl das altertümliche Bild des griechischen Gottes Hermes. Als solcher stand er als Wächter an Türen von Haus und Hof.[3] Zu seinen Ehren warf der Wanderer an einem Kreuzweg oder Übergang Steine auf einen Haufen, übrigens eine alte und weltweit verbreitete Sitte. Rohbehauene Steine mit bärtigem Kopf und einem steil aufgerichteten Glied (ithyphallisch), »Hermen« genannt, stellten den Gott dar; in Stadt und Land standen sie an vielen Orten. Über ihre Funktion als Hüter hinaus sollten sie *apotropäisch* wirken: Dämonen abwehren. In Kyllene bestand das Kultbild einfach in einem männlichen Glied. Ganze Prozessionen von Phallen zogen während der Dionysosfeiern durch die Straßen von Athen und Delos.[4] Priapos von Lampsakos[5], der Wächter der Gärten und des Hafens, wurde stets ithyphallisch dargestellt; ihm wurden Esel geopfert[6], die Gans war ebenfalls Opfertier. Überhaupt gab es in alter Zeit wohl zahlreiche lokale ithyphallische Götter; ihre Kultbilder standen in der Werkstatt von Handwerkern, in der Backstube und am Töpferofen.

Sie alle waren *Symbole des Schöpferischen*. Später flossen sie in eine der drei Gottheiten, Hermes, Dionysos oder Priapos, ein.

Hermes wurde verehrt als *Terminus* – die vergöttlichte Personifikation der Grenze –, als Bringer von Reichtum und Fruchtbarkeit sowie als Lehrmeister der Knabenliebe. Auch geleitete und beschützte er den Wanderer. *Hermes*, um zu ihm zurückzukehren, war der *Geleiter der Wanderer*, die er beschützte. Drei- oder vierköpfig, als *tricephalos* oder tetracephalos, stand er als Wegweiser an Straßenkreuzungen. Er war der Gott der Hirten und der Fahrenden (*demiourgoi*). Er schützt durch kluge List und Zauber, wofür er die Zauberrute trägt, mit der er die Menschen einschläfert. Sein plötzliches Erscheinen und Verschwinden ist unheimlich. Wenn die Unterhaltung einer größeren Gesellschaft stockt, sagt man, Hermes sei eingetreten. Seine Flügelschuhe, aus denen später Flügel am Hut wurden, erlauben ihm, sich in Windeseile fortzubewegen. Er wurde zum Vermittler zwischen Göttern und Menschen, womit er eine ähnliche Stellung einnahm, wie sie Platon im »Symposion« den Dämonen zuspricht.[7] Schließlich galt er als Wegbegleiter der Toten, als *Hermes Chthonios*. Hermen stehen auch auf Gräbern, möglicherweise als Symbol der fruchtbarkeitsfördernden Wirkung der Toten. Hermes wurde nicht wie die anderen Götter in einem Heiligtum und einem lokalen Kult verehrt. Seine Allgegenwart machte ihn eher zu einem Dämon oder Geist, worauf auch seine Flügel weisen. Später hieß er *logios*, Gott der Rede; im hellenistischen Synkretismus wurde er zu einem *Trismegistos* (dreimal Großen), einem Seelenführer (*psychopompos*). Neben seinem Bruder Apollo galt er als *Erfinder der Leier und der Musik*[8].

Das Wort *daimon* machte einen erheblichen Bedeutungswandel durch. Wenn *Homer daimon* noch in der Bedeutung von *theos* verwendet[9], so doch eher im Sinne der Erscheinung eines Numens[10]. Der Ausdruck *daimon* bezeichnet etwas noch unbekanntes Übermenschliches, während *theos* mehr die Persönlichkeit eines Gottes ausdrückt. Die Tragiker nennen *daimon* alles, was den Menschen »trifft«, ein Geschick, der Tod, alles Gute und Böse, allgemein das Schicksal, wie in dem Ausspruch »Glückseliger Atreussohn, der du als deinen Anteil bei der Geburt einen glücklichen Dämon erhalten hast«[11]. An zahlreichen Stellen im Epos ist der Daimon das, was *durch den Willen der Götter geschieht*[12]; damit rückt er in die Nähe der *Moira* (von *moros* = Anteil), den Schicksalsgöttinnen. Als Muttergottheiten stellen sie den Teil dar, den man vom Schicksal zugewiesen erhält.

Daimon leitet sich etymologisch von der indogermanischen Wurzel *da* »teilen, zerschneiden, zerreißen« ab[13]; in diesem Sinne, als aktiver Zuteiler, paßt er gut zu den Moiren. Bei den Tragikern ist er der *Geschlechterfluch eines Hauses*, in dem eine ursprüngliche Schuld weitere nach sich zieht. Der *daimon* ist jene göttliche Macht, die den Menschen zu seinem Handeln treibt und ihn dadurch in sein Geschick verstrickt. Hier berührt sich seine Bedeutung mit jener von *tyché*, Geschick und Glück – ein Ausdruck, der aus einem Volksglauben stammt, den die zeitgenössische Philosophie um der Freiheit sittlicher Entscheidung willen bekämpft[14]. Wenn Tyche auch als blind gescholten und als *Zufall* bezeichnet wird, steht dahinter doch das Walten der Götter. Ja, sie kann sogar als Moira gelten. Eine Stadt hat ihre Tyche. Diese wurde allmählich personifiziert und als Göttin verehrt, der man einen Tempel baute. Was uns heute ein Begriff ist, war in archaischer Zeit oft ein Numen, das später personifiziert und kultisch verehrt wurde, wie beispielsweise *Nike*, der Sieg. *Tyche* gehört, wie der *daimon*, dem einzelnen Menschen an und wird mit ihm geboren. Als *agathos daimon* ist sie vom *daimon* nicht mehr zu trennen[15].

Kein anderer griechischer Gott ist so von »Steinen« umgeben wie *Apollon*[16]. Apollon Agyieus war zunächst nichts anderes als eine Steinsäule. Ein pyramidenförmiger Stein im Gymnasium von Megara hieß Apollon Karinós. In Malea stand Apollon als Lithésios neben einem Stein. *Pausanias* (X,16,2) schreibt über das Orakel des Apollon in Delphi: »Was die Leute von Delphi *omphalos* nennen, ist aus weißem Stein gemacht und wird als im Zentrum der Erde befindlich angesehen«[17]. Eine solche »pierre centrale« ist in der keltischen Überlieferung erhalten, zum Beispiel als *Lia Fâil, der Stein, der zu singen beginnt, sobald sich der zukünftige König darauf niederläßt. Beim Ordal, dem Gottesurteil, wird der Angeklagte weiß, wenn er unschuldig auf den Stein steigt. Wenn eine Frau unfruchtbar bleibt, schwitzt der Stein Blut; wird sie gebären, scheidet er Milch aus. Es gibt auch phallische Varianten der kultischen omphaloi.* Mitte und Fruchtbarkeit gehören zusammen. Noch gibt es im Dorf d'Amancy (Canton de la Roche) die *Pierre du Milieu du Monde*[18].

Eine solche Mitte war auch der Stein, auf den Jakob sein Haupt bettete, worauf er in der Nacht von der Himmelsleiter träumte (1 Mos 28,11-22). Beth-el, das »Haus Gottes«, der Stein, den Jakob als Mal aufrichtete, ist der Ort, wo Himmel und Erde zusammenhängen – die »Mitte«, die der »Pforte des Himmels« entspricht. Ebenso ist der Berg Sinai oder der schwarze Stein, die Ka'aba von Mekka, die Weltmitte. Bei den Römern war der »Nabel der Erde« eine Vertiefung, die *mundus* hieß. An den Tagen, an denen er offenstand, war das Tor zur Unterwelt geöffnet; dann mischten sich die Toten unsichtbar unter die Lebenden, die daher besonders vorsichtig zu sein hatten[19].

Steine sind auch Aufenthaltsort der Ahnengeister. In Zentralaustralien gibt es einen *Erathipa* genannten Stein mit einer seitlichen Öffnung; darin lauern die Seelen auf eine vorbeikommende Frau, um durch sie als Kind wiedergeboren zu werden. Unfruchtbare Maidufrauen berühren einen Felsen, der in seiner Form einer schwangeren Frau ähnelt. Im Südosten Neuguineas, auf der Insel Kai, bestreicht die Frau, die Kinder haben möchte, einen Stein mit Fett. Im modernen Ägypten werden unfruchtbare Frauen dadurch zeugungsfähig, daß sie siebenmal über einen konischen Stein in der Nähe des Grabes von Scheich Sayyid steigen[20]. In weiten Teilen der Welt schreiten Jungvermählte über einen Stein, damit ihre Ehe fruchtbar wird[21]. Gewisse Steine werden nach indischem Glauben aus sich geboren und wiedergeboren (*svayambhu* = »Autogenese«); unfruchtbare Frauen verehren sie daher mit Gaben. Agdistis, die Mutter des phrygisch-kleinasiatischen Vegetationsgottes Attis, war ein Fels, der aus sich selber heraus den Sohn gebar. Mithras, der Gott der römischen Soldaten, gilt als der Felsgeborene. Die *petra genetrix* wurde in Tempeln verehrt (lat. *petra* = Stein, Fels; *genetrix* = Erzeugerin, Mutter). Um Kinder zu bekommen, lassen sich junge Frauen der Länge nach einen geweihten Stein heruntergleiten[22]. Weit verbreitet ist der rituelle Brauch von unfruchtbaren Frauen, sich an heiligen Steinen zu reiben. Jungvermählte kommen in den ersten Nächten nach der Hochzeit zu einem großen Felsen in Saint-Renan, der »La jument de Pierre« heißt, und reiben den Bauch gegen diesen Stein; eine Frau, die ein Kind haben möchte, schläft auf ihm drei Nächte lang. Im Mittelalter galten zahlreiche geistliche und königliche Verbote, die den Steinkult und die Ejakulation von Samen vor den Steinen betreffen. Es gibt die »pierre d'Amour« und die »pierre de mariage«, den Liebes- und Hochzeitsstein. Im Dorf Carnac setzten sich die Frauen mit aufgehobenen Kleidern auf den Dolmen Creuz-Moquem. Im Canton Amance knien die Frauen vor der »Pierre percée«, beten für die Gesundheit ihrer Kinder und werfen eine Münze durch das Loch. Hinter dem noch bis in unsere Tage reichenden Brauch, das Neugeborene durch das Loch eines Steines hindurchzureichen, steckt sowohl eine Art Steintaufe, die das Kind vor Übel bewahren und ihm Glück bringen soll, als auch ein Ritus der »Wiederge-burt«. In Indien sind diese Ringsteine als Sonnensymbole das Tor der Welt (*Loka-dvara*), durch das sich die Seele hinwegheben und dadurch retten kann. Das Loch des Steines heißt die »Pforte der Befreiung« (*mukti-dvara*), welche *Eliade*[23] als Befreiung vom Kosmos und vom Kreislauf des Karma auffaßt.

Der Stein steht für die Mitte: den Ort, wo Diesseits und Jenseits, Profa-nes und Sakrales, Bewußtsein und Unbewußtes zusammenkommen. Tod und Geburt, Ahnen und Neugeborene gehören ohnehin zusammen. Der phallusförmige Stein aus Antipolis gilt als *therapon aphrodites*, als Diener der Aphrodite[24]. Im sizilianischen Naxos wurden im Tempel der Aphro-dite männliche und weibliche Genitalien aufgestellt. In Samothrake waren die beiden Kabiren ithyphallisch. Der altitalienische Gott Mutunus Tutunus verlangt in Veliae von Neuvermählten das Opfer der Jungfräu-lichkeit[25]. In Lavinium bekränzte eine Matrone öffentlich den Phallos, auf daß die Saat gedeihe. Im Vestatempel wurde der *fascinus populi Romani*, ein Phallus, verehrt; als Amulett wurde er den Kindern umgehängt, denn als *medicus invidiae* verlieh er Schutz vor dem bösen Blick und gegen Neid.

Wie schon erwähnt, näherte sich *daimon* allmählich der Bedeutung von »Schicksal« an. Das verband ihn semantisch mit der Zeugung und dem Augenblick der Geburt. Auch wenn der römische *Genius* phallisch war[26], so leitet sich das Wort doch von *genere*, »erzeugen, erschaffen« ab, davon wiederum *ingenium*, »das Angeborene, die Naturanlage, die Gemütsart, angeborene Fähigkeit, der Verstand, geistreicher Mensch, Talent, Genie«. *Censorinus*[27] erläutert: »Der Genius ist ein Gott, unter dessen Schutz jeder Geborene lebt. Dieser sorgt entweder dafür, daß wir gezeugt werden, oder er wird mit uns zusammen gezeugt, oder er empfängt und schützt uns nach unserer Geburt. Sicher leitet er sich vom »Zeugen« ab«. Der Genius ist das Lebensprinzip des Mannes und hat eine deutliche Beziehung zur Stirne. Er kann auch das Lebensprinzip der Frau darstellen, deren weibli-che Identität *Juno* heißt. Jede Frau besitzt ihre Juno[28], die sich besonders in den Augenbrauen ausdrückt. Der Juno gehören die dunkle Neumond-zeit und die unterirdische Tiefe; Ziege und Schlange sind ihr heilig. Die Juno Lucina ist die Göttin der Geburten. Manchmal werden *animus* und *genius* gleichbedeutend behandelt[29]. Bei *Plautus* verkörpert er die Idee des Wohlseins und des Wohlbefindens, die zur vollen Entfaltung des

Lebens nötig sind. Insofern das Bett mit der Geburt von Kindern zu tun hat, die ihr Dasein dem Lebensprinzip der Eltern verdanken, wird es *genialis lectus* genannt. Während ursprünglich der Genius zur Person gehört, ist im Gegensatz dazu der *Lar* eine Erdgottheit, die nach *Plinius d.Ä.*[30] als männliches Glied auf dem Herd in der Geburtslegende des Servius Tullius erscheint. Der *Lar familialis* ist der Schützer des Hauses. Der Genius ist schon im Altertum mit dem Lar zusammengewachsen, besonders unter griechischem Einfluß:»Weiß der Genius nur, der den Einfluß lenkt des Geburtsterns, / Waltender Gott der Menschennatur, absterbend für jedes / Einzelne Haupt, an Gebärde veränderlich, freundlich und düster«[31]. Dabei verdoppelte er sich:»Wenn wir geboren werden, bekommen wir zwei Genien zugeteilt, der eine ermahnt uns zum Guten, der andere verführt uns zum Übel«[32]. Für *Apuleius* (Socr. 15) ist der Genius unsterblich, während er für *Horaz* sterblich ist:»Obwohl er unsterblich ist, wird er dennoch gewissermaßen mit dem Menschen geboren«[33]. Auf Grabmonumenten wird er manchmal den Manen zugerechnet. Es erstaunt denn auch nicht, daß der Genius häufig mit der Schlange verbunden ist, welche nicht nur Fruchtbarkeit symbolisiert, sondern auch die Erdtiefe. Diese ist der *genius loci*:»Andere meinen, der Genius sei der Gott eines jeden beliebigen Ortes«[34]. Der Kommentar des *Servius* bestätigt (Aen. 5.85):»Es gibt keinen Ort ohne Genius, der sich meist durch eine Schlange zu erkennen gibt«. Die Schlange ist der »agathos daimon, den die Lateiner Genius nennen«. Der Genius kann schließlich zum Schutzgeist und zum *genius fatalis* werden. Genius wird auch auf Körperschaften – auf Senat und Kollegien – übertragen. Das Christentum besaß im Schutzengel ein Gegenstück zum Genius. Was für Christen der *angelus bonus* ist, war den Alten der *mercurius psychopompos*; die Flügel der Engel stammen letztlich von den Flügeln des Hermes. Flügel weisen symbolisch auf die volatile, die geistige Natur hin.

So stellte die archaische Mentalität bildhaft die Idee eines schicksalhaften geistigen Prinzips im Menschen dar, seinen *Daimon*. Dieser wird mit ihm geboren, doch er ist unsterblich. Er verkörpert alle jene angeborenen Talente und Fähigkeiten, aber auch die Qualität seines Geburtsmomentes, von denen sein Schicksal abhängt. Im Leben macht er sich als eine Art Seele bemerkbar, die ihn zum Guten wie zum Schlechten führt. In ihm haben sich auch die Ahnenleben niedergeschlagen. Die Fruchtbarkeit ist nicht nur mit der Zeugung verknüpft, sondern Ausdruck der *Vitalität*.

Eine Sonderstellung nimmt das *daimonion* des Sokrates[35] ein. Sie gilt als Stimme, durch welche ihm die Gottheit ihren Willen kundtut und Verbote geltend macht. Nach zeitgenössischen Berichten[36] hörte Sokrates zwar »keine Stimme, sondern die Äußerungen eines Geistes, welche ohne Laute den wahrnehmenden Geist mit seinen Offenbarungen selber erreichte«. Im »Staat« (617 E. 620 D) läßt *Platon* erzählen, jede Seele wähle sich in dem Augenblick, in dem sie zu neuem irdischen Leben geboren werde, ihren *Daemon*, der dann während seines Lebens über den Menschen wacht und ihn in den Hades geleite. Im »Phaedon« (107 D.E., 108 B) heißt es allerdings, der Daemon erwähle sich den Menschen. In der pseudoplatonischen »Epinomis« stehen den sichtbaren Göttern, den Gestirnen, zunächst die Dämonen gegenüber. Sie offenbaren sich den Menschen in Träumen, Orakeln und Vorzeichen (984 D.E., 985 C). Nach *Poseidonios*, dem großen Philosophen und Mystiker, können sich die Dämonen ohne Worte verständlich machen; ihr Logos pflanzt sich durch die Luft fort. Wessen Seele still ist, in dem hallt sie wieder. Im Schlaf redet sie zu den Menschen und offenbart ihnen die Zukunft. Die neuere Stoa – Seneca, Epiktet, Marc Aurel – verlegt den Dämon *in* den Menschen, als dessen sittliche Anlage; damit wohnt ihm ein göttliches Wesen inne (Anthropos). Gelegentlich, wie bei Plutarch, geht diese Anschauung in die Vorstellung vom Schutzgeist über[37].

Der Kult des *Phallos* hätte nicht weltweite Verbreitung finden können, wenn er nicht einem überaus mächtigen Dämon oder Gott gelten würde. Mag für den archaischen Menschen noch die eigene Zeugungsfähigkeit wegen der hohen Kindersterblichkeit im Vordergrund gestanden haben, so war es bei Viehzüchtern und Ackerbauern schon eher die Fruchtbarkeit der Herden und der Saat. Zu den sichtbaren Zeichen der Fruchtbarkeit gesellten sich bald auch die unsichtbaren: Sie betrafen die Prosperität, das Wohlergehen und den Reichtum von Sippe, Familie und Gewerbe. Nicht die konkrete Sexualität ist einer der stärksten Dämonen des Menschen, wie *Freud* meinte, sondern sein Schaffensdrang. Auf biologischer Ebene äußert er sich im Wunder der Zeugung neuen Lebens und im Mysterium des Sexualaktes. Auf einer geistigen Stufe ist es der Trieb, Neues zu schaffen, Bestehendes umzugestalten, Erfindungen zu machen, neue Ideen hervorzubringen, kurzum neue Ordnung herzustellen. Auf Veränderung aus, hat dieser viel mit dem Spieltrieb gemeinsam.

Der Schaffensdrang oder *Schöpfertrieb* ist im kreativen Menschen sein schicksalhafter Daimon. Er kann das ganze Leben seines Trägers bestimmen – und zerstören. Viele schöpferische Menschen sterben früh, als ob sie der Daimon ausgeglüht hätte. (Denken wir nur an Mozart oder Schubert.) Manche, wie Hölderlin und Nietzsche, werden von ihm in Stücke gerissen, wenn sie ihm nicht zu folgen vermögen. Im vierten Kapitel sprach ich vom »schöpferischen Komplex«. Hier wird erst klar, was geschieht, wenn der Schöpfertrieb zum Schicksal wird. Nicht umsonst erhält der *lingam* des Schöpfergottes Schiwa überall Verehrung, nicht nur in Tempeln und Häusern, auch auf Feldern: Er ist der Trieb zur Bewußtwerdung, der die Welt in Erscheinung treten läßt[38]. Viele psychische und körperliche Krankheiten haben ihren Ursprung darin, daß die Bewußtwerdung behindert ist. In der Individuation verwirklichen sich die Anlagen eines Menschen; am Ende dieses Prozesses steht der wahre oder höhere Mensch (Anthropos) oder das Selbst. *Der Daimon der Zeugungskraft ist letztlich das principium individuationis*, die Triebkraft der Individuation. Auf biologischer Ebene reproduziert es das Individuum, schafft neues Leben; auf archaischer Stufe überwindet und erneuert es den Alten König (in Ägypten der Horus als Sohn von Ré und Osiris); auf moderner Stufe ist es das *Wandlungsmysterium*, die Erneuerung des Lebens im Individuum selbst.

Die vielfältigste und tiefgründigste Symbolik hat der Stein in der Alchemie als *lapis philosophorum*, als »Stein der Weisen« gefunden. Die Bedeutung des Steines in der Alchemie auch nur einigermaßen erschöpfend darzustellen, ist unmöglich. Denn er trägt tausend Namen, er ist ein *Arcanum* – eine Geheimsubstanz – über welches die widersprüchlichsten Aussagen kursieren. Das kennzeichnet ihn als ein *Ineffabile*, etwas Unaussprechliches, ein göttliches Geheimnis, dessen sich der Mensch nicht mit Worten bemächtigen kann. »Mit welchen Namen er auch benannt wird«, heißt es im »Rosarium Philosophorum«[39], »immer ist er einer und derselbe. Von ihm sagt Merculinus: Ein Stein ist verborgen, begraben am Grund der Quelle. / Billig und verworfen, von Mist und Kot bedeckt«. Neben der Ansicht, der Stein sei ein höchstes Geheimnis, wird betont, daß er billig, unansehnlich, überall zu haben, von den Menschen verachtet und in den Kot getreten sei. In einem Zwiegespräch zwischen einem Unwissenden (*Ignotus*) und einem Uralten (*Antiquissimus*)[40] wird der Stein *salutaris* heilsam genannt. In den »Dicta Belini«[41] sagt der Stein von sich, er sei »der Größte und heil von aller Krankheit und aller Befleckung«, und die Weisen würden seine Qualitäten und seine Hoheit schon kennen. In der »Philosophia Reformata« des *Johann Daniel Mylius* heißt es, »jener Stein heile die Natur«. Andererseits wird er auch als giftig bezeichnet: »Sie (die Philosophen) nennen den Stein auch ein Gift und vergleichen ihn mit dem Basilisken, dem Drachen, der Natter, dem Salamander, der Schlange, der Eidechse und anderen Reptilien und der Kröte«[42]. Der Stein enthält auch gefährliche, dunkle Seiten und führt eben darum zur Ganzheit und Vollständigkeit, die er selber darstellt. Diese Ganzheit schließt alle Aspekte des Lebens ein, auch die tierhaft-instinktiven. »Dieses göttliche Wasser (*hydor theon*) ist nämlich ein stärkestes Gift…, ohne welches kein Werk geschieht. Es heißt göttlich, weil ihm keine Befleckung beigemischt ist und es die Qualitäten des Steines selbst reinigt und von Befleckungen befreit (*abluit*)«[43].

Der Stein der Alchemie ist *belebt*. Die »Exercitationes« in »Turbam Philosophorum«[44] sprechen vom *lapis animalis*. *Gerardus Dorneus*[45], der Frankfurter Arzt, Paracelsist und Alchemist, dessen philosophische Traktate C.G. Jung sehr schätzte, erklärt: »Sie (die Philosophen) versicherten aufs stärkste mit Geist und Vernunft, ihr Stein sei belebt. Sie nannten ihn ihren Adam, der seine unsichtbare Eva verborgen in seinem Körper von jenem Zeitpunkt an trage, in welchem durch den Willen (*virtute*) des Schöpfers beide vereint wurden … Durch diese Stelle der besten Philosophen muß man unter der Materie des Steines die »Adamische«, den Limbus des Mikrokosmos und die homogene und einzige Materie der Philosophen verstehen«. *Limbus* ist ein typischer Begriff der Paracelsischen Philosophie; *Dorn*[46] umschreibt ihn als die »große und universale Welt, Samen und erster Stoff des Menschen«. Demnach ist der Stein einerseits eine Ursubstanz oder *Urmaterie des Schöpfers*, andererseits der *Urmensch*, der sich noch nicht in Mann und Frau auseinanderentwickelt hat. In psychologischer Sicht stellt er den *Anthropos* dar, Ausgangs- und Endprodukt des Individuationsprozesses. Nun wird verständlich, warum der Stein sowohl physisch wie geistig, belebt und unbelebt, himmlisch und irdisch ist, und was der Paradoxa mehr sind, stellt er doch die *Ganzheit des Menschen* dar. Insofern diese nicht ein statischer Zustand ist, sondern ein dauernder Wandlungsprozeß auf ein transzendentes Ziel hin, steht der Stein für das Schöpferische schlechthin. Das Schöpferische ist ein *Mysterium magnum*, ein geheimnisvoller Prozeß, der sich in jedem menschlichen Leben abspielt. Auch wenn nicht jeder ein Mozart oder Picasso ist, vollzieht sich in ihm das Wunder des schöpferischen Prozesses, sofern er sich ihm nicht durch eintönige Routine verschließt. Alles, was wir von andern kopieren und was wir automatisch tun, verhindert schöpferisches Leben. Dieses kann sich nur dort entfalten, wo wir die festgefahrenen Geleise verlassen. Die *Fantasie* gehört ganz wesentlich zum schöpferischen Leben und hat ihren Ursprung im Unbewußten – dem Stein am Grund der Quelle. Nicht nur die Vernunft, auch die Fantasie muß also Nahrung erhalten. Die erwähnte Folklore befriedigt die Fantasie. Ihr ist die Umwelt nicht tot. Sie wirkt deshalb auf die Seele belebend. Im schöpferischen Prozeß der Individuation werden die angeborenen Möglichkeiten verwirklicht. Immer da, wo etwas bloß Mögliches wirklich wird, hat sich ein schöpferischer Akt vollzogen. Diese Transformation aber reicht bis an die Wurzeln des Geheimnisses des Lebens. Nie werden wir dieses Geheimnis mit dem Mittel lüften können, das seinerseits Produkt des schöpferischen Prozesses ist: mit dem Bewußtsein selber.

11. Der Maler der Dämonie: Hieronymus Bosch

Eine Psychologie der Dämonen bliebe unvollständig ohne deren Ikonographie. Um einen psychischen Inhalt dem Verständnis näherzubringen, setzen wir in der Therapie die bildhafte Gestaltung ein. Die Dämonen sind Emotionen, zum Beispiel Angst. Um eine Emotion bewußt zu erfassen, soll der Patient versuchen, das Bild zu gestalten, welches mit dieser Emotion aufsteigt. Mit einer Emotion selber kann man sich nicht direkt auseinandersetzen, man kann sie entweder unterdrücken oder zulassen. Erfahrungsgemäß ist es besser, eine Emotion zuzulassen, als sie zu unterdrücken. Emotionen sind der dynamische Ausdruck der Komplexe, und da diese letztlich nicht unterzukriegen sind, lohnt es sich, sie anzunehmen. Dazu müssen sie in eine Form übergeführt werden, die das Bewußtsein versteht.

Jeder psychische Inhalt hat zwei Aspekte: einen irrational bildhaften und einen rational geistigen. Entsprechend bietet das I-Ging, ein jahrtausendealtes chinesisches Orakel, zu jedem Zeichen ein »Urteil« und ein »Bild«. Träume bestehen aus lauter Bildern, die eine Mitteilung darstellen. Sich mit der Gestaltung zu beschäftigen, ist schon ein erster Schritt auf dem Weg, den unbewußten Inhalt zu *integrieren*. Durch die Gestaltung wird die Emotion objektiviert, das heißt aus dem Innenraum der Psyche herausgeholt. (Das entlastet die Psyche.) Mit einem Gegenüber kann man sich auseinandersetzen, nicht dagegen mit etwas, mit dem man identisch ist. Die Ausgestaltung ermöglicht demnach, sich von der Emotion zu unterscheiden. Die Emotion obsediert einen so lange, als man noch nicht von ihr unterschieden ist.

Die Dämonen sichtbar zu machen, hat eine bannende Wirkung, wie sich schon im fünften Kapitel zeigte. Das ist der Grund, weshalb sie zu allen Zeiten und bei allen Völkern zur Darstellung kamen. Ich konzentriere mich hier auf einige allgemeine Gesichtspunkte und verweise auf umfänglichere Analysen an anderer Stelle[1].

Den Maler von Dämonen, den ich stellvertretend für andere herausgreifen möchte, ist bis in unsere Zeit immer wieder nachgeahmt worden: *Hieronymus Bosch* (um 1450- 1516).[2] Zu welchem Zweck Bosch seine Bilder schuf, ist nach wie vor umstritten. In eine Kirche passen sie nicht, obwohl sich viele religiöse Themen darunter befinden. Sie sind wohl auch nicht für die »gute Stube« eines reichen Auftraggebers bestimmt, dazu sind sie viel zu unangenehm. Anscheinend handelt es sich um *Bilder aus dem Unbewußten*, entstanden aus einem inneren emotionalen Druck, von dem sich der Maler befreite, indem er sie gestaltete.

Hieronymus Bosch schuf sein Werk eigentlich außerhalb und unabhängig von jeder Tradition. Selbstverständlich konnte auch er sich nicht völlig den Zeitströmungen entziehen, doch sind Parallelen zu »Vorläufern« nur andeutungsweise vorhanden[3]. Seine Bilder illustrieren keine bekannten Szenen, wie wir sie in den Bildenden Künsten meistens finden. Ihre Titel tragen oft wenig zu ihrem Verständnis bei. (Zudem wissen wir von keinem Titel, ob er ursprünglich vom Maler selber stammt.) Alle diese Hinweise lassen mich vermuten: Boschs Bilder sind *spontan* aus dem Unbewußten aufgestiegen.

Bilder interpretieren zu können, die vom Bewußtsein kaum mitgestaltet wurden, ist für einen Psychologen ein Glücksfall. Leider wissen wir sehr wenig über das Leben des Künstlers; andererseits läßt uns das die Freiheit, von persönlichen Bezügen abzusehen und den kollektiven Gehalt der Bilder zu interpretieren. Nicht von ungefähr entdeckten viele Interpreten in ihnen eine alchemistische Symbolik[4]. Zwar haben wir keine Hinweise darauf, daß Bosch der Alchemie nahestand, auch wenn sie zu seinen Lebzeiten in voller Blüte war. Doch sind die alchemistischen Symbole, unabhängig von der jeweiligen Tradition, in allen unbewußten Produkten nachweisbar. Wenn sie in Boschs Bildern vorkommen, so betrachte ich dies als ein weiteres Indiz dafür, daß sie dem Kollektiven Unbewußten entsprungen sind.

Hieronymus Boschs Malweise fand einen großen Nachhall[5]. Seine Bilder wurden kopiert, seine Themen frei abgewandelt, sein Stil bis in unsere Tage imitiert. Offenbar verstand es der Maler, eine neue Saite im Menschen zum Erklingen zu bringen. Im übrigen war die frühniederländische Malerei seiner Zeit in weit höherem Maße der Tradition verbunden und ließ der Fantasie des Künstlers nur begrenzten Spielraum[6].

Alle diese Fakten erlauben eine Deutung der Bilder, wie wir sie auch für die Gestaltungen unserer Analysanden heranziehen.

134

Schon bei oberflächlicher Betrachtung weisen Boschs Bilder, bis auf wenige Ausnahmen, eine verwirrende *Vielfalt von Figuren und Szenen* auf; keines läßt sich auf einen Blick erfassen. Man muß vor ihm verweilen und erst einmal die Vielfalt sichten, ehe man das Wesentliche erkennt: es gleichsam Zeile für Zeile »lesen«. Boschs Malweise ist als »Streumuster«[7] bezeichnet worden. Gewiß kommen in der frühniederländischen Malerei[8] Massenszenen vor, doch sind sie meist auf ein zentrales Geschehen hin ausgerichtet. Dieses fehlt bei Bosch fast immer; dadurch machen seine Bilder den Eindruck der *Dissoziation*[9]. Wie ich im dritten Kapitel ausgeführt habe, ist die Psyche nur eine relative Ganzheit. Sie besteht aus Teilpersönlichkeiten, unter welchen die Ichpersönlichkeit eine von vielen ist, wenn auch eine zentrale. Die anderen Teilpersönlichkeiten sind entweder *mit dem Ich inkompatibel* oder *noch nicht bewußtseinsfähig*. Zwischen diesen Teilpersönlichkeiten besteht ein gewisser Zusammenhalt, der eine einheitliche Aktivität der Person sicherstellt. Bedenken wir, daß zu jeder Position im Bewußtsein im Unbewußten – wie die Träume ausweisen – eine Gegenposition besteht, würde das Subjekt zwischen gegensätzlichen Strebungen blockiert, wenn alle Impulse die gleiche energetische Ladung aufweisen würden. Indem einzelne Impulse die Schwelle des Bewußtseins überschreiten, werden sie in diesem repräsentiert und können von diesem für eine gesammelte Handlung ausgelesen werden. Was nicht paßt, wird zugleich unterdrückt, das heißt, ins Unbewußte verdrängt. Dort bleibt es so lange, bis es durch neue gleichsinnige Verdrängung genügend mit Energie aufgeladen ist, um störend ins Bewußtsein einzudringen. Dämonen dieser Art sind als *Gegenreaktion des Unbewußten auf eine Einseitigkeit des Bewußtseins* zu verstehen. Aktive und desaktivierte Komplexe derart zu trennen, gelingt nicht immer. Besonders bei Ermüdung oder gar Erschöpfung kommt es zu einem *abaissement du niveau mental*, wodurch die Auswahlfunktion des Bewußtseins vermindert wird und ganz entgegengesetzte Impulse zugleich auftreten können. Dadurch tritt ein Zustand der Dissoziation ein.

Solche kurzzeitigen Zustände kennt jeder aus eigener Erfahrung. Wir haben keinen Grund zur Annahme, jene Bilder mit den Zeichen der Dissoziation seien in einem solchen Zustand gemalt worden. Während die geschilderten Zustände noch zum *normalen* Seelenleben gehören, so kommt es gelegentlich auch zu *chronischen Dissoziationen*. Davon betroffen sind einerseits Menschen mit übersteigerter Intuition, andererseits *Borderline-Fälle*.

»Hyperintuitive« leiden daran, daß sich dem Subjekt zu viele Vorstellungen zur gleichen Zeit aufdrängen, so daß es infolge eines *embarras de richesse* nicht auszuwählen vermag. Bei Borderline-Fällen dagegen mangelt es am »Kitt« zwischen den einzelnen Bausteinen der Persönlichkeit. Das Subjekt steht hier ständig mehr oder weniger in Gefahr, auseinanderzubrechen. Das braucht allerdings nach außen nicht in Erscheinung zu treten, es bedroht in erster Linie die Innenwelt. Solche Menschen fallen ihrer Umgebung gelegentlich durch Widersprüchlichkeit in Reden und im Handeln auf. Die innere Bedrohung kann durch Nervosität, Unrast, Unbezogenheit, Ruhelosigkeit, Unausgeglichenheit nach außen sichtbar werden. Die Gegenwart solcher Menschen wirkt ermüdend, aussaugend.

Da wir über Leben und Person des Malers wenig wissen, genügt die Feststellung eines Zustandes der Dissoziation keineswegs, ihn einzuordnen. Wir müssen genauer hinsehen.

Auf den Außenflügeln der nur in Grau gemalten »Erschaffung der Welt« des Triptychons »Garten der Lüste« im Prado zu Madrid wie auch im oberen Teil der mittleren Tafel tauchen, äußerst kunstvoll ausgestaltet, merkwürdig spitzige Formen auf. Aus dem Zusammenhang erschließt sich ihr Sinn nicht. Es handelt sich entweder um sinnlose Spielereien – oder um die unbewußte Darstellung eines Problems. Ich neige letzterem zu. Solche spitze Formen sind uns von Analysandenbildern geläufig, die ein *Aggressionsproblem* darstellen. Der »Garten der Lüste« ist nicht die einzige Darstellung mit spitzen Formen, man beobachtet sie als Dornen bei der »Dornenkrönung« (National Gallery, London) und beim Halsband des Mannes mit dem großen Hut wie bei den zahlreichen dürren Ästen (Versuchung des Heiligen Antonius, Prado, Madrid; der Heilige Christophorus, Museum Boymans-van Beuningen, Rotterdam). Dieses Motiv kehrt fast in jedem Bild wieder; anscheinend spiegelt es ein grundlegendes Problem des Malers wider.

Boschs Malweise ist äußerst typisch: Mit einem sehr feinen Pinsel gibt er kleinste Details naturgetreu wieder. Von seinen phantastischen Gestalten abgesehen, erweist sich der Maler als ein genauer Beobachter der Natur. Es gelingt ihm zum Beispiel, die typische Landschaft der Niederlande im Hintergrund nachzuzeichnen, oft von Hungersnot und Krieg mit Feuersbrünsten zerstört (Garten der Lüste, rechte Tafel). Selbst unwichtige Details hat der Maler mit Akribie ausgearbeitet, so etwa die Darstellungen auf der Kugel des Balthasar und dem Mantel des Melchior (Die Epiphanie, Prado, Madrid). Daraus ist abzulesen, daß die Hauptfunktion des Malers die *Empfindung*[10] ist. Seine minderwertige Funktion ist die schöpferische Funktion, welche die Bilder komponiert. Der Maler gehört zum irrationalen Funktionstypus. Während die extravertierte Einstellung durch Objektintensität bestimmt ist, richtet sich die *introvertierte,* der unser Maler angehört, nach der Intensität des *subjektiven* Empfindungsanteils, den der objektive Reiz auslöst. Zwischen Objekt und Empfindung besteht beim Introvertierten kein proportionaler, sondern ein willkürlicher Zusammenhang. Da es sich hier um den seltenen Fall eines produzierenden Künstlers handelt, der diesem Typ angehört, ist die Irrationalität dieses Typus auffallend. Das Objekt löst sofort eine subjektive Reaktion aus, die sich weiter nicht mehr auf die Wirklichkeit des Objektes bezieht. Das macht die Bilder unseres Malers so geheimnisvoll. Das Auge erkennt immer wieder naturalistisch dargestellte Objekte, die aber in einem unverständlichen Zusammenhang stehen. Der Reiz des Objektes wirkt bloß als äußerer Schein, als scheinbar Vertrautes, aber seine Umgebung verfremdet es. Diese Verfremdung rührt von den *unbewußten Inhalten* her, die sich vom Subjekt her aufdrängen. Letzten Endes stellt das Gemälde weder das Objekt, noch unbewußte Bilder dar; es vermischt beides, den subjektiven unbewußten Empfindungsanteil und die Objekteinwirkung. Daraus entsteht jene *illusionäre Wirklichkeit,* welche die Nachwelt so faszinierte und bis heute zur Nachahmung reizte[11].

In seiner Entwicklung entfernt sich dieser Typ immer mehr von der Wirklichkeit des Objekts; zunehmend ist er seinen subjektiven Wahrnehmungen ausgeliefert, die sein Bewußtsein im Sinne einer archaischen Wirklichkeit orientieren. »Tatsächlich bewegt er sich aber in einer mythologischen Welt, in der ihm Menschen, Tiere, Eisenbahnen, Häuser, Flüsse und Berge zum Teil als huldvolle Götter und zum Teil als übelwollende Dämonen erscheinen«, sagt Jung[12]. »Daß sie ihm so erscheinen, ist ihm unbewußt ... Neigt er mehr zur objektiven Vernunft, so wird er diesen Unterschied (zwischen Empfindung und Wirklichkeit) als krankhaft empfinden, ist er dagegen getreu seiner Irrationalität bereit, seiner Empfindung Realitätswert zuzusprechen, so wird ihm die objektive Welt zum Schein und zur Komödie«.

Die Malerei von Bosch zeigt deutlich, wofür er die Welt hält: ein sinnloses Karussell, wie im mittleren Teil der Mitteltafel des »Gartens der Lüste«, wo nackte Gestalten auf phantastischen Reittieren im Gegenuhrzeigersinn um einen Weiher reiten. Den nackten Gestalten, die in diesem Bild besonders zahlreich sind, fehlt jede erotische Ausstrahlung. Auch wenn es zu jener Zeit gewagt sein mochte, nackte Figuren zu malen – von Adam und Eva einmal abgesehen –, wirken sie nicht erregend; sie haben ein blasses Hautkolorit, wenig plastische Körperformen und kein individuelles Aussehen. Sie werfen keinen Schatten, wie übrigens die meisten anderen Objekte auch nicht. Das liegt nicht etwa am Unvermögen des Malers, sondern an seiner Absicht, das Objekt zu entwerten. Bosch stellt eine *innere Realität in der Gestalt äußerer Objekte* dar; sie gleicht daher nur scheinbar den äußeren Objekten.

Das *Unbewußte* des Malers ist gekennzeichnet durch den *extravertierten* und archaischen Charakter seiner *Intuition*. Mit ihr erfaßt er alle zweideutigen, düsteren, schmutzigen und gefährlichen Hintergründe der Wirklichkeit. Darin zeigt er etwas geradezu gefährlich Untergrabendes, wie es zu der wohlwollenden Harmlosigkeit des Bewußtseins oft in grellem Kontrast steht[13].

Was Jung über die *minderwertige Funktion* des introvertierten Empfindungstypus feststellt, trifft auf Bosch in besonderem Maße zu. Während die extravertierte Intuition als Hauptfunktion die »gute Nase« für alle Möglichkeiten der objektiven Wirklichkeit besitzt, ist sie als minderwertige Funktion viel archaischer. Und während die introvertierte Intuition als Hauptfunktion gerade beim Künstler häufig anzutreffen ist[14], macht ihn diese gerade fähig dazu, Wahrnehmungen auszugestalten, die von der handgreiflichen Wirklichkeit sehr weit entfernt sein können. Der Künstler, der seiner Umgebung zum völligen Rätsel werden kann, gewinnt so etwas Prophetisches. Seine Kunst verkündet »außerordentliche, weltentrückte Dinge, die in allen Farben schillern, bedeutend und banal, schön und grotesk, erhaben und schrullenhaft zugleich«. Es wäre nun die Aufgabe jedes schöpferischen Menschen, *seine schöpferische und seine Hauptfunktion zur Synthese zu bringen.* Mit der Kritik der schöpferischen, minderwertigen Funktion durch die Hauptfunktion würde diese viel von ihrem archaischen, negativen Charakter verlieren. Die Malerei von Bosch zeigt eindringlich, wie unbewußt der Künstler war. Er muß unter einem ungeheuren *inneren* Druck gestanden haben, der ihm gar nicht die Ruhe ließ, sich mit seinen Gestaltungen auseinanderzusetzen. Dabei hätte er dazu genügend Muße gehabt. Wie die Quellen zeigen, entstammte Bosch der Familie van Aken, die im 13. Jahrhundert von Aachen nach 's-Hertogenbosch eingewandert war, wo er 1478 eine wohlhabende Patriziertochter heiratete. Vermutlich war er daher nicht auf Einkommen aus seinem Malerhandwerk angewiesen[15]. So dürfte er die wenigsten seiner Bilder für einen Auftraggeber gemalt haben. Er hätte die fertigen Bilder also lange meditieren können, wie wir es unseren Analysanden raten, um ihren Inhalt dem Bewußtsein näherzubringen. Damit hätte er einen Reifungsprozeß durchgemacht.

Die Bosch-Forschung ist sich weitgehend einig darüber, welche Bilder der frühen, mittleren und späten Periode zuzurechnen sind, obwohl keines datiert ist. Die Unterschiede zwischen den Malweisen in diesen Perioden sind allerdings recht gering. Der Maler hat kaum größere Entwicklungsschübe durchgemacht; das zeigt, daß ihm seine Kunst kein Mittel zur Bewußtwerdung war. Ich neige eher der Auffassung zu, daß er von vielen Fantasien bedrängt wurde, die er spontan gestaltete.

Zu dieser Ansicht führte mich die Analyse des linken Flügels des »Gartens der Lüste«. Dort stellt Bosch das irdische Paradies mit der Erschaffung Evas dar. In der Mitte ragt ein überaus kunstvoller Brunnen empor, der aus zahlreichen spitzförmigen Röhren Wasser in einen Teich sprudelt. Vor dem Brunnen befindet sich ein Schlammhaufen, aus dem Vögel glänzende Gegenstände picken, die Glaskugeln oder Eier darstellen könnten. Gehen wir nach rechts, in der Richtung der *Bewußtwerdung*, so sehen wir eine bunte Schar lurchen- oder amphibienartiger Geschöpfe an Land kriechen, teilweise mißgestaltet, mit drei Köpfen oder fehlenden Hinterextremitäten. Der Schlammhaufen symbolisiert die *prima materia*, das Ausgangsmaterial, das die Keime zur Bewußtwerdung enthält. Schließlich kriechen sie als geformte Lebewesen ans Land des Bewußtseins. Sie möchten bewußt werden.

Unterhalb der Szene von Gott mit Adam und Eva findet sich ein ausgestanzter Teich, in dem sich merkwürdige Fische tummeln. Aus ihm möchten Frösche, die wegen ihrer menschenähnlichen Gestalt als *Vorformen des Menschlichen* aufgefaßt werden können, ans Land steigen, um bewußt zu werden. Doch am Rand des Teiches warten phantastische Vögel, einer mit drei Köpfen, um die armen Frösche sogleich zu verschlingen.

Was hat das zu bedeuten? Aus dem Unbewußten des Malers lösen sich Gestaltungen und nähern sich dem Bewußtsein, die noch eine sehr merkwürdige Form haben. Doch statt diese Geschöpfe allmählich zu einer Form heranreifen zu lassen, die das Bewußtsein integrieren kann, werden sie von Intuitionen – den Vögeln – vorzeitig aufgezehrt. Der Maler läßt sich nicht Zeit, die Einfälle so lange mit sich herumzutragen und zu bebrüten, bis sie in die bewußte Persönlichkeit einbezogen werden können. Seine Malerei ist sogenannte »Primamalerei«, das heißt, er malte die Gestaltungen in einem Arbeitsgang auf die Tafeln. Auch dieser Zug spricht meines Erachtens dafür, daß er unter großem inneren Druck stand und nicht warten konnte.

Zweifellos war Bosch ein begabter Maler, der sein Handwerk verstand. Doch zu dem, was er gestaltete, muß er eine zwiespältige Einstellung gehabt haben. Denn er nahm es nicht ganz ernst. Der Trickster kommt überall zum Vorschein. Man schaue sich einmal die Figuren im unteren Teil der Mitteltafel des »Gartens der Lüste« an: Da sind keine perversen Sexspiele dargestellt, wie auch schon vermutet wurde, sondern es wird einfach »geblödelt«. Viele seiner Werke machen denselben Eindruck: Hier sind mehr oder weniger lustige Einfälle ohne Ernst frisch hingepinselt worden. Alle Figuren haben etwas Leichtes, Spielerisches, Unverbindliches. Es scheint, als habe der Maler seine schöpferischen Fantasien lediglich als ein unverbindliches Spiel zur Unterhaltung angesehen. Das erklärt auch, weshalb er für sein bewußtes Leben davon nichts profitierte. Vielleicht lag in seiner materiellen Unabhängigkeit gerade die Gefahr, sich nicht tief genug mit seiner schöpferischen Aufgabe auseinanderzusetzen, sondern diese gleichsam als Zeitvertreib aufzufassen.

Ich habe wiederholt betont, wie wichtig der schöpferische Trieb im Menschen ist. Wenn ein Maler vom Format eines Hieronymus Bosch seine schöpferischen Impulse nicht ernster nimmt, kann das katastrophale Folgen haben. Der *schöpferische Komplex* ist ein unbewußter Inhalt, der vom Bewußtsein noch nicht integriert werden kann. Er verhält sich wie ein Dämon. Bemüht sich das Bewußtsein nicht, ihn zu integrieren, sondern verwirft es ihn, so wendet er sich ins Destruktive.

Das läßt sich in Boschs Bildern deutlich verfolgen. Am krassesten tritt es im »Engelsturz« zutage (auf der linken Tafel des Heuwagen-Triptychons, Prado, Madrid, und des Jüngsten Gerichtes, Galerie der Akademie der Bildenden Künste, Wien). Das späte Judentum und fast alle frühen Kirchenschriftsteller haben in den Gottessöhnen (Gn 6,2 und 4), die sich Menschentöchter nahmen, gefallene Engel gesehen. Nach verbreiteter Auffassung besteht jedoch die Sünde des Teufels und der mit ihm gefallenen

Engel im Hochmut. Ihm werden die Worte Jesaja 14,13 in den Mund gelegt:»12. Wie bist du vom Himmel gefallen, du strahlender Morgenstern! Wie bist du zu Boden geschmettert, du Besieger der Völker! 13. Du hattest bei dir gesprochen:»Zum Himmel empor will ich steigen, hoch über den Sternen Gottes aufrichten meinen Sitz, will thronen auf dem Götterberg im äußersten Norden! 14. Ich will über Wolkenhöhen emporsteigen, dem Höchsten mich gleichstellen!« In seinem Hochmut soll der Teufel andere Engel zur Sünde hingerissen haben.

Seit dem frühen Mittelalter liest man, den Zusammenhang außer acht lassend, aus Apc. 12,7 heraus, daß sich Satan mit einem Teil der Engel gegen Gott erhoben habe. Michael habe ihn mit seinen Engeln aus dem Himmel gestürzt:»7. Und es entstand Krieg im Himmel, so daß Michael und seine Engel Krieg führten mit dem Drachen. Und der Drache führte Krieg und seine Engel; 8. und sie vermochten nicht standzuhalten, und »eine Stätte für sie war im Himmel nicht mehr zu finden«.[16] Das könnte etwa der religiöse Hintergrund sein, vor dem Bosch den Engelsturz über die Paradiesszenen mit der Verführung zur Sünde malte. Der irdische Sündenfall ist sozusagen im Himmel durch den Engelsturz präfiguriert.

Betrachtet man den Engelsturz genauer, so fällt auf, daß sich die dunklen Engel während des Falles aus dem Himmel in geflügelte, insektenähnliche Dämonen verwandeln. Sie werden zu jenen garstigen Dämonen, die auf vielen Tafeln die Menschen quälen: so im »Jüngsten Gericht«, Mitteltafel, Galerie der Akademie der Bildenden Künste, Wien, und auf der rechten Tafel des »Gartens der Lüste«. Psychologisch betrachtet, beschwor hier die Überheblichkeit des Malers seinen Einfällen gegenüber destruktive Dämonen herauf. Dieser hochsensible Künstler muß von fürchterlichen Alpträumen heimgesucht worden sein, weil er nicht die Demut besaß, seine phantasievollen Einfälle ernst zu nehmen. Das ist der Grund, weshalb man in seinen Bildern auch so viel Unsinn findet. Er konnte nicht mit der Hauptfunktion und seinem moralischen Urteil Sinn vom Unsinn unbewußter Gestaltungen unterscheiden. Der innere Druck ließ ihm keine Ruhe dafür. Anders ausgedrückt: Neben seinen inneren Gestalten vermochte sich der Maler nicht zu behaupten. Der Strom seiner Bilder riß ihn fort. Darum fand er keine Zeit, seine Bilder – wie damals üblich – über vielen Grundierungen aufzubauen.

Ich bin davon überzeugt, daß Hieronymus Bosch im Grunde hinter seiner Begabung zurückblieb. Hätte er sich mit seiner Ausdruckskraft, wie später ein Rembrandt oder Rubens, eingehend auseinandergesetzt, wäre er wohl noch ganz anderer Werke fähig gewesen. So müssen wir uns mit dem begnügen, was wir von ihm kennen, und können höchstens ahnen, wozu er noch fähig gewesen wäre.

Im endlosen Kampf der Menschen gegen die Dämonen, in der qualvollen Pein, die sie ihnen zufügen, bildet Bosch den innerlich zerrissenen Menschen ab. Möglicherweise drückte er als Kind seiner Zeit auch überpersönliche Zeitproblematik aus. Darin könnte er als Seher einer Epoche gelten, doch weist er keine Auswege. Der Maler ist seinen eigenen Problemen so wenig gewachsen gewesen, daß sein Blick in die Zeit auch nicht optimistischer ausfallen konnte. Doch insofern eine solche Problematik verbreitet ist, drückte er mit seinen Bildern Allgemeingültiges aus. Daran liegt es, daß er bis in unsere Zeit so viele Nachahmer gefunden hat.

Betrachten wir jetzt die peinigenden Dämonen näher. Manche von ihnen gleichen Insekten (Mitteltafel Jüngstes Gericht, Galerie der Bildenden Künste, Wien), die auf Menschen reiten – ein Ausdruck von Besessenheit –, sie zerstückeln und zwicken. Besonders zahlreich treten amphibien- und lurchenähnliche Monstren auf, oft mit nur zwei Beinen und spitzen Schnäbeln. Drachen- und fischähnliche Ungeheuer bedrohen Menschen, die in Töpfen gebraten werden oder sieden: ein Inferno scheußlichster Pein. Versuchen wir in diesen Ort der Strafe, ein wahrliches Fegefeuer, etwas Ordnung zu bringen, so stellen wir fest, daß es sich bei diesen untermenschlichen Wesen meist um *Wandlungsformen* handelt. Allesamt sind sie auf einer Vorstufe unausgereift stehengebliebene Tiere, die sich in hinterhältige Bastarde verwandeln.

Amphibien und Lurche sind Übergangsformen vom Wasser- zum Landwesen. Sie schaffen den Sprung von der Kiemen- zur Lungenatmung, wodurch sie die trockene Erdkruste besiedeln können. Die Zweibeinigkeit – für einen so guten Beobachter wie unseren Maler etwas Ungeheuerliches – weist schon voraus auf den aufrechten Gang des Menschen. Ungeheuer mit Fischköpfen und Fische als Reittiere in der Luft sind im gleichen Sinne zu verstehen: als eine Tendenz zur Bewußtwerdung. Daneben treten etliche nagerähnliche Biester auf, mit spitzen Zähnen im Maul und breiten Schnauzhaaren. In Träumen weisen sie auf nagende unbewußte Impulse hin. Messer, Symbole des unterscheidenden Bewußtseins, sind nicht dessen Instrumente, sondern in der Gewalt der Dämonen.

Viele dieser Dämonen ähneln jenen Tieren, die auf der Paradiesestafel des

»Gartens der Lüste« an Land zu kriechen versuchen. Wie wir dort erkannten, stellen sie ungeformte unbewußte Inhalte (Einfälle) dar. Da ihnen vom Bewußtsein kein Verständis entgegen gebracht wurde, verwandelten sie sich in Ausgeburten der Hölle. Die insektenähnlichen[17] Wesen entstanden aus dem Engelssturz. Sie stehen dem Bewußtsein besonders fern und stellen unbewußte Regungen dar, die sich als Innervationen des vegetativen Nervensystems äußern können. Um sie zu differenzieren, bedürfte es ganz besonders der einfühlenden Aufmerksamkeit des bewußten Subjekts. Doch dieses war darauf nicht nur unvorbereitet, sondern verbannte sie aus moralischen Gründen aus der Ganzheit der Psyche. Die unheilvollen Folgen lassen sich in jeder Tafel der mittleren Periode ablesen.

Dämonen – psychologisch gesprochen, Komplexe – gehören zum natürlichen Bestand der Psyche. Ihrer Tendenz, die Persönlichkeit zu dissoziieren und im Haushalt der Psyche ein Eigenleben zu führen, steht das *Mysterium coniunctionis* entgegen, das Geheimnis der Vereinigung der Gegensätze. Vom Selbst ausgehend zielt dieser Eros darauf, die disparaten Teile der Psyche zu einem geordneten Ganzen zusammenzuhalten. Diese Ganzheit ist eigentlich logisch unmöglich und insofern ein Geheimnis der Seele. In ihr stehen alle Gegensätze in einem Bezug zueinander, der sie einer höheren Einheit unterordnet. Diese Ganzheit ist das Ziel des Individuationsprozesses.

In den Tafeln Boschs kann ich diese Tendenz zur Einheit beim besten Willen nicht finden. Vereinzelt kommen Symbole des Selbst vor, ohne daß sie die aufdringliche Gegensätzlichkeit im Bild zu sammeln vermögen. Daraus schließe ich, daß der Maler eine sehr zerrissene, unausgeglichene, unharmonische, unruhige Persönlichkeit gewesen sein muß. Die Dämonen sind ja viel farbiger, anschaulicher, lebendiger beschrieben als die blassen, faden Menschen, die gequält werden. Der menschliche Standpunkt dürfte sehr schwach ausgeprägt gewesen sein, der doch das kultivierte, differenzierte Element der Psyche des Malers war. Die archaischen Elemente überwogen. Man könnte gewisse Motive in den Bildern als pervers bezeichnen, doch scheinen sie mir eher Ausdruck von etwas sehr *Archaischem*, dem kein genügendes Verständnis zur Differenzierung verholfen hat.

Mir fehlt in den Bildern der Bezug der einzelnen Motive untereinander und der Aufbau zu einem Sinnganzen. Damit taten sich schon frühere Interpreten schwer[18]. Die Tafeln der mittleren Periode konnten sie nur als verstreute Andeutungen und Symbole deuten, niemals als ein Ganzes. Ich glaube nicht, daß diese Bilder wirklich ein geschlossenes Ganzes bilden. Wir wissen in keinem Fall, ob der Titel der Tafel vom Maler stammt. Wir tappen im Dunkeln darüber, wie der schöpferische Vorgang im Maler selber ablief. Für seine mittlere Periode nehme ich an, daß es sich um ein freies unbeabsichtigtes Spiel der Fantasie handelte. Davon ausgenommen sind die linken Tafeln mit der Erschaffung der Eva und dem Sündenfall in einigen Triptychen. Man kann sich mit dem Heiligen Antonius auf der rechten Tafel des Triptychon über den um ihn herum geschehenden Spuk der Gespenster nur wundern. Die Bezüge zum legendären Heiligenleben sind denn auch äußerst spärlich. Daß der Maler in der späten Periode von dieser Art der Darstellung wieder abkam, könnte seinen Grund darin haben, daß ihn solcher Schabernack selber nicht mehr befriedigte.

In der späten Schaffensperiode, in welcher die Persönlichkeit des Malers möglicherweise gereift ist, sind die *Dämonen introjiziert*. In der »Kreuztragung« (Musée des Beaux-Arts in Gent) – seinem vielleicht letzten Bild, das fast nur aus Porträts besteht –, tauchen, von Christus und der Heiligen Veronika abgesehen, bloß Teufelsfratzen auf. Es sind dämonische Gesichter von Besessenen: sei es der schlechte Schächer rechts unten, der seiner abgründigen Schlechtigkeit wegen bewundert wird, sei es der fanatische Mönch rechts oben, der dem guten Schächer ins Gewissen redet. Ähnliche sprechende Physiognomien gab es schon in der frühen Periode, etwa in der »Verspottung Christi« des Städelschen Kunstinstitutes in Frankfurt. Die Gesichter drücken hier aber noch die gewöhnliche Variationsbreite menschlicher Charaktere aus, während sie dort Verrückten gehören.

Hieronymus Bosch war ein Psychologe unter den Malern. Schonungslos riß er die Masken herunter. Doch er entlarvte nur – synthetisch wirkte er nicht. Er sah die schauerlichen Abgründe im Menschen. Vielleicht war er auch ein Kritiker seiner Zeit. Doch ein Arzt war er nicht, selbst für sich kannte er kein Heilmittel. Er litt wohl an der Zerrissenheit und Verlogenheit seiner Zeit, weil er an sich litt. Aber in seinen Bildern fehlt jede Zuversicht, jeder Trost. Man versteht, daß er zu allen Zeiten bewundert wurde, weil er unbarmherzig herunterriß, was hohler Glanz war. Er selbst muß ein sehr negativistisches, zynisches Weltverständnis gehabt haben – vielleicht von der Realität enttäuscht und voller Sehnsucht nach einer heilen Welt.

Hätte ihm das Christentum »eine feste Burg« gegen den Ansturm der

Dämonen sein können? Betrachten wir die Christus- oder Gottesdarstellungen auf seinen Tafeln als Ausdruck seines christlichen Weltbildes. Die Tischplatte mit den sieben Todsünden im Museo del Prado in Madrid zeigt in der Mitte den Auferstandenen mit seinen Wunden in der Pupille des riesigen Auges Gottes und der Schrift: *Cave, cave, Deus videt!* (Hüte dich, Gott sieht es!). Es ist eine abgemagerte bleiche Christusgestalt mit kindlichen Zügen. Hier scheint sie auf einen kindlichen Glauben hinzuweisen, der brav die Gesetze befolgt. Den Quellen zufolge gehörte der Maler der Bruderschaft »Unserer lieben Frau« an, was aber nicht unbedingt bedeuten muß, er sei besonders fromm gewesen. Solche Bruderschaften hatten eine soziale Funktion, ihre Mitglieder halfen einander in Not. Oder man betrachte diese frierende, verzagte, geschundene Christusgestalt, die Pilatus einer bunten Schar von Leuten vorführt, im Städelschen Kunstinstitut in Frankfurt. Das soll jener Erlöser sein, dem der Schrei des Volkes gilt: *Salva nos Christus redemptor!* (Rette uns Christus Erlöser!)? Ja, gerade das Niedrige, Verworfene, Schwache könnte zum Erlöser werden – denken wir an den leidenden Gottesknecht bei Jesaja 53 –, wenn ihm die ganze Anteilnahme des Bewußtseins zukäme. »52,14: Wie sich viele über ihn entsetzten – so entstellt, nicht mehr menschlich war sein Aussehen und seine Gestalt nicht wie die der Menschenkinder – ... 53,2: Er hatte weder Gestalt noch Schönheit, daß wir nach ihm geschaut, kein Ansehen, daß er uns gefallen hätte. 3: Verachtet war er und verlassen von Menschen, ein Mann der Schmerzen und vertraut mit Krankheit, wie einer, vor dem man das Antlitz verhüllt; so verachtet, daß er uns nichts galt«.

Wir finden in der Bibel Ansätze dafür, das Problem des Hieronymus Bosch zu lösen, und, insofern es nicht nur sein Problem ist, dasjenige unserer Zeit. Gerade das, was dem Bewußtsein verächtlich, schwach, niedrig und bedeutungslos scheint, wird zum Erlöser von den Dämonen. Die Alchemisten haben solche Aussagen über ihren Stein gemacht, der ihnen der Erlöser war, und ihn in gefährliche Nähe zu Christus gerückt[19]. Ihnen war wohlbekannt, daß der Stein der Weisen ursprünglich unansehnlich, verachtet und in den Dreck getreten ist. Das entspricht Boschs amphibischen Monstren, die an Land zu kriechen versuchen. Hätte er verstanden, was er darstellte und welche Chance sich ihm darbot, so hätte das, was sich in die Dämonen verkehrte, zum Rettenden werden können. Dazu hätte er seine Bilder ernst nehmen und meditieren müssen, um sich ihren positiven Gehalt zu erschließen. Stattdessen hing er anscheinend einem naiven

Kinderglauben an, der den Abgrund zwischen seiner Dämonenwelt und seinem Bewußtsein nur noch vergrößerte.

Dieser kindlich-unschuldige Glaube kommt auch auf der Rückseite der Kreuztragung im Kunsthistorischen Museum in Wien zur Darstellung. Da schiebt das Jesuskind mit der linken Hand ein Laufställchen, in der rechten hält es ein Windrad. Sind es die ersten unschuldigen Schritte ins Leben? Ist es die Sehnsucht nach Unschuld? Konnte der Maler die tausend Teufel in seinem Inneren nicht ertragen: als das *ihm* auferlegte Kreuz?

Erwähnung verdient zumindest noch der Christus in den Wolken über dem Heuwagen des gleichnamigen Triptychon aus dem Prado in Madrid. Zu diesem Bild regte Bosch möglicherweise das flämische Sprichwort an: »Die Welt ist ein Heuhaufen, und jeder nimmt davon, so viel er fassen kann«. Rund um den Heuwagen herrscht ein buntes Treiben: Selbst Papst und König laufen ihm mit ihrem Gefolge nach; einige Leute versuchen, vom begehrten Heu mit Leitern oder Haken etwas zu ergattern. Dabei geraten einige unter die Räder, eine Frau geht mit dem Messer auf ihren Mann los. Der Wagen wird von den Dämonen in Bewegung gesetzt, denn sie sind die *treibenden Kräfte* hinter allem. Ein hilfloser Christus schaut diesem wüsten Treiben mit ausgebreiteten Armen zu, so als wollte er bedauernd ausrufen:»Und dafür bin ich am Kreuz gestorben!«

Boschs pessimistische Weltsicht verrät sich hier nur allzu deutlich. Die Welt ist voll von Hader, Machtgerangel und listigem Betrug. Doch der Maler kann sich von diesem eitlen Streben nicht ausnehmen. Er müßte in seiner Seele erkennen, wie trügerisch die kollektiven Werte sind; daß sie die wahrhaftigen Ansätze zur Individuation unterdrücken und zu Dämonen entarten lassen.

Der Maler machte sich über die Welt und das vergebliche Streben der Menschen lustig – und merkte nicht, daß er seine eigene seelische Verfassung abbildete. Statt sich über die Verderbtheit der Welt zu mokieren, hätte er sich ernsthaft fragen sollen, woher seine derart zynische Weltsicht rühren konnte. Lag sie nicht in seiner eigenen Haltung begründet? Statt seinen Mitmenschen Dämonie vorzuhalten, hätte er in seiner Introspektion die eigenen Unwesen entdecken müssen. Er war wohl ein Kind seiner Zeit, und diese unterschied sich vielleicht gar nicht so sehr von der unsrigen. Wir leben ebenfalls so extravertiert, daß wir glauben, anderen Lichter aufstecken zu müssen, statt in unsere eigenen Abgründe zu leuchten. Wer es nicht wagt, seinen eigenen Dämonen zu begegnen, hat kein

Recht, sie anderen vorzuhalten. Es stimmt: Die chimärischen Dämonen halten die Welt im Gang, wie Bosch das darstellt. Doch ob sie uns in den Abgrund reißen oder zur Ganzheit führen, hängt von unserer Einstellung ihnen gegenüber und unserem Verständnis ab. Der Fall Bosch könnte uns dafür ein warnendes Beispiel sein.

12. Der Geist in der Materie

»Geh' zu den Strömungen des Nil; dort wirst du einen Stein finden, der einen Geist hat. Nimm ihn, schneide ihn entzwei, strecke deine Hand hinein und ziehe sein Herz heraus, denn seine Seele ist im Herzen«[1]. Mit diesem Ausspruch zitiert ein griechischer alchemistischer Text des *Zosimos* den legendären *Ostanes*, angeblich einen persischen Alchemisten.

Daß sein geheimnisumwitterter »Stein der Weisen« ein belebtes Wesen ist, erschien dem Alchemisten natürlich – uns befremdet es. Doch ist ein solches Zitat keineswegs eine Ausnahme. Das viel spätere »Rosarium Philosophorum« (Rosengarten der Weisen) schreibt dem Philosophen »Rosinus« – einem arg zurechtgestutzten Zosimos – den Satz zu: »Dieser Stein nämlich sei der Schlüssel (zum Werk): ohne ihn geschehe nichts. Unser Stein ist von stärkstem Geist, bitter und eisern, dem sich die Körper nicht vermischen, bevor er nicht aufgelöst worden ist«[2]. Hier scheint der Stein wieder eher ein unbelebter Stoff, obwohl er von stärkstem Geist ist. Er nimmt im Werk die zentrale Stelle ein. Dennoch ist er anfänglich unbezwingbar, bevor er nicht in Lösung geht. Eine spätere Stelle derselben Schrift erwähnt einen Philosophen »Tudianus«, der gesagt haben soll: »Wisse, daß unser Stein luftig und flüchtig ist…«[3]. Dies scheint wiederum im Gegensatz zu jenem Stein zu stehen, der sich lösen läßt. Allerdings stimmt er mit dem vorangehenden Zitat insofern überein, als der Geist luftiger und flüchtiger Natur ist. Die Alchemie faßte Dämpfe stets als eine Manifestation des Geistes auf. Bekanntlich wurde dem Geist einst die Natur des Windes zugeschrieben; eine solche Eigenschaft in etwas Materielles wie einen Stein hineinzudeuten, mutet uns allerdings befremdlich an.

Schon diese wenigen widersprüchlichen und verwirrenden Zitate vermitteln uns einen Eindruck von der paradoxen Natur des *Arcanums*, das sich durch die Chiffre »lapis« ausdrückt. »Deshalb heißt der Stein auch Rebis, das ist, eine Sache, die aus zweien entsteht, nämlich aus Körper und Geist oder aus Sonne und Mond oder aus gereinigtem und fermentiertem

Körper«[4]. Die Gegensätze sind im *Rebis*, ihrer Vereinigung, aufgehoben. Nun kann nur etwas, das äußerst paradoxe Eigenschaften aufweist, das gesuchte Eine sein, in welchem alle möglichen Gegensätze vorhanden sind. Für den Alchemisten ist der *Lapis* – der Stein der Weisen – dieses Wunderding: Geist und Körper in einem. Vor diesem Hintergrund wird das Ostanes-Zitat schon verständlicher. In einem ihm zugeschriebenen arabischen Text sagt Ostanes: »Das ist ein Stein gebunden in einem Stein, ein Stein eingefügt in einen Stein, ein Stein verschmolzen in einen Stein, ein Stein eingesetzt in einen Stein«[5]. Hier spricht Ostanes die »Zwei-Dinge« (Rebis) an. Nur ihre Gegensätzlichkeit *und* Gleichheit geben dem Zitat einen Sinn. Es handelt sich um das Eine, das verschiedene Qualitäten und Aspekte hat und sich dennoch gleich bleibt. Die zitierte Passage fährt fort: »Die Philosophen haben Tränen über dem Stein vergossen, und wie er davon benetzt wurde, verschwand seine Schwärze, seine dunkle Farbe hellte sich auf, er erschien wie eine seltene Perle«. Wie dieses Doppelwesen mit hundert Namen auch immer beschaffen sei, lebendig oder Substanz, wesentlich ist die *emotionale* Beteiligung der Laboranten an ihrem Werk. Dadurch verändert es seine Farbe und Qualität und verwandelt sich in eine Entität von höchstem Wert. Das Ausgangsprodukt ist schwarz: Das entspricht seiner unbewußten, zweifelhaften Natur und der depressiven Verfassung des Adepten. Die richtige Einstellung ist die Trauer über diesen unerlösten Zustand. Ob die Schwärze des Steines den Alchemisten zur Trauer bewegt oder ob sie seine eigene Erlösungsbedürftigkeit zum Ausdruck bringt, ist dabei schwer zu entscheiden.

In seinem Brief an *Euthiciam* (Theosebeia), der in Dialogform gehalten ist, erwidert Rosinus (Zosimos): »Darum, weil die Seele des Feuers in seiner (des Steines) Seele verborgen ist. Und sie (fragt): Ist dieser Stein denn geistig? Er antwortet: Hast du das nicht gewußt, daß das Geistige das Geistige stärkt, da es dessen Schlacken und Überflüssigkeiten verzehrt und von ihm trennt?«[6]. Der Stein besitzt nicht nur inwendig einen Geist in seiner Materie – er ist überhaupt geistig. Wie wir im vierten Kapitel gesehen haben, hat das Geistige etwas mit der emotionalen Qualität zu tun, die hier durch das Feuer symbolisiert wird. Dieser Feuergeist ist das »Befeuernde« des Steines; dieses macht seine Lebendigkeit, die seit alters mit dem Begriff der Seele assoziiert wird. Der Geist des Steines stärkt den Geist des Alchemisten und beseitigt darin alle Nichtigkeiten. Psychologisch ausgedrückt, stehen die Schlacken und Überflüssigkeiten wohl für egoistische Tendenzen und Schattenaspekte, die im Geiste des Steines völlig nebensächlich werden. Zweckgemeinschaften gehen über kurz oder lang an Schattenintrigen zugrunde, während die wahren Gemeinschaften, die sich um ein Selbst-Symbol herum bilden, solche Schattentendenzen weitgehend unterdrücken. Das Selbst ist stärker als der Schatten. Der Geist des Selbst bannt den Lügengeist, zugleich stärkt er den Geist der Schwachen und Unentschiedenen in seinem Sinn. Deshalb besitzt er eine mächtige Ausstrahlung.

Wer mit der Jungschen Psychologie und ihrem Interesse an Alchemie auch nur ein wenig vertraut ist, der weiß, daß die Alchemisten mit ihrem *Lapis*, dem Stein der Weisen, das zu symbolisieren suchten, was wir heute das *Selbst* nennen, die unbeschreibliche Ganzheit des Menschen.[7] Das Feuer, das der Stein als Seele in sich birgt, ist das *principium individuationis*, das den scheinbar toten Stein belebt. Dies ist die treibende Kraft, die vom Stein ausgeht.

Ausführlich befaßt sich der Traktat »Rosinus (Zosimos) ad Sarratantam Episcopum« mit dem Stein: »Dieses ist ein Stein und doch kein Stein, denn er hat Seele, Blut und Vernunft beiden ähnlich. So sagt Mohammed: Der Stein in diesem Werk gehört notwendigerweise zu den beseelten Dingen. Diesen findest du überall auf der Ebene, auf den Bergen und in allen Wassern. Und es haben ihn sowohl die Reichen wie die Armen. Er ist gleichzeitig das geringste wie das teuerste. Er wächst aus Fleisch und Blut… Aus ihm kommen die Heere zusammen, um Könige zu töten… In diesem Stein gibt es Unreinheit, weswegen ihn die Menschen gering achten, und sie glauben, daß man sie von ihm nicht abtrennen könne… Dieser Stein, der kein Stein ist, wird in die Dinge projiziert und auf die Berge erhöht, er wohnt in der Luft, und im Fluß wird er ernährt vom Quecksilber… und auf der Spitze der Berge ruht er: seine Mutter ist Jungfrau und hat mit seinem Vater nicht zusammengelegen. Weiter wird der Stein mit den Füßen in den Dreck getreten. Oft haben die Dummen gegraben, um ihn herauszuziehen, aber sie konnten ihn nicht finden… Er wird »die kleine Welt« genannt, nicht weil er ein Mikrokosmos ist, sondern weil die Welt durch ihn regiert wird«[8] Dieses lange Zitat vermittelt nun schon einen deutlicheren Eindruck davon, was die Alchemisten unter ihrem »Stein, der kein Stein ist« verstanden. Wenn er Seele und Blut und Vernunft besitzt, muß er ein beseeltes Lebewesen sein. Man findet ihn in der ganzen Welt und bei allen Menschen, ob reich oder arm. Er ist ein menschenähnliches Wesen aus Fleisch und Blut, so mächtig, daß er Heere zu versammeln und Könige zu stürzen vermag. Er ist zugleich das Geringste und das Kostbarste. Denn die Dummen treten ihn in den Dreck, und doch regiert er die Welt als eine kleine Welt. Die Unreinheit, die ihm innewohnt, gehört untrennbar zu ihm; deshalb schätzen ihn viele gering.

Ehe wir über solchen Widersprüchen und Dunkelheiten verzweifeln oder verärgert sind, sollten wir eines bedenken. Der Alchemist tastet sich damit in ein Gebiet, das ihm eigentlich unbekannt ist und in welchem sich sein Gegenstand der sprachlichen Erfassung entzieht.

Einer noch schwerer verständlichen Stelle zufolge wird »der Stein in die Dinge projiziert«. Der alchemistische Begriff der *proiectio*[9] unterscheidet sich von der *Projektion*, wie sie Psychologen verstehen, der Verlegung eines subjektiven Vorganges nach außen, in ein Objekt[10]. In der Alchemie gehört die *proiectio* zum Ende des Werkes. In seinen Fragmenten sagt *Isaak Hollandus*: »Der Stein ist inwendig gleich wie außen und im Mittleren. Worauf immer er projiziert wird, darin übt er sein vollkommenes Werk aus, sein Inneres verwandelt sich ins Äußere und umgekehrt«[11].

Was die Alchemisten unter *proiectio* verstanden, war dem Osten längst bekannt: *Das Bewußtsein löst sich von der Unterscheidung zwischen Außen und Innen, zwischen Objekt und Subjekt.* »Das Bewußtsein löst sich in Schauen auf«, heißt es im »Hui Ming Ging«[12]. In der Jungschen Psychologie kommt ihr die *Aktive Imagination*[13] am nächsten, eine Technik, bei welcher das Bewußtsein im Wachzustand unbewußte Inhalte einbrechen läßt und sie als *die* Realität behandelt. Dadurch wird »das Innere zum Äußeren und umgekehrt«. Sie besteht nämlich in einer Art »mystischer Wanderung«, bei welcher die inneren Bilder gleich wie die äußere Wirklichkeit genommen werden und oft magische oder hellseherische Effekte zustande kommen. Indem das Unbewußte zugelassen wird, entsteht ein Standpunkt außerhalb des Ich, von welchem aus dieses objektiv gesehen werden kann. Ein Traum, den Jung nach einer schweren Krankheit hatte, zeigt das Phänomen am deutlichsten[14] »... Da kam ich an eine kleine Wegkapelle..., und ich ging hinein... Dann aber sah ich, daß vor dem Altar, auf dem Boden, mir zugewandt, ein Yogin saß – im Lotus-Sitz und in tiefer Versenkung. Als ich ihn näher anschaute, erkannte ich, daß er mein Gesicht hatte. Ich erschrak zutiefst und erwachte an dem Gedanken: Ach so, das ist der, der mich meditiert. Er hat einen Traum, und das bin ich. Ich wußte, daß, wenn er erwacht, ich nicht mehr sein werde«.

Diesen Traum kommentiert Jung selber: »Er stellt ein Gleichnis dar: ein Selbst begibt sich in die Versenkung, sozusagen wie ein Yogin, und meditiert meine irdische Gestalt. Man könnte auch sagen: es nimmt menschliche Gestalt an, um in die dreidimensionale Existenz zu kommen... In der irdischen Gestalt kann es die Erfahrung der dreidimensionalen Welt machen und sich durch größere Bewußtheit um ein weiteres Stück verwirklichen. Die Gestalt des Yogin würde gewissermaßen meine unbewußte pränatale Ganzheit darstellen... Wie die Laterna magica (eines späteren Traumes), »projiziert« auch die Meditation des Yogin meine empirische Wirklichkeit. In der Regel werden wir aber dieses Kausalzusammenhanges in umgekehrter Richtung gewahr: wir entdecken in den Produkten des Unbewußten Mandalasymbole, d.h. Kreis- und Quaternitätsfiguren, welche Ganzheit ausdrücken... Unsere Basis ist das Ichbewußtsein, ein im Ichpunkt zentriertes Lichtfeld, das unsere Welt darstellt. Von hier aus schauen wir eine rätselhafte Dunkelwelt an und wissen nicht, wie weit ihre schattenhaften Spuren von unserem Bewußtsein verursacht werden, oder wie weit sie eigene Realität besitzen... Genauere Beobachtung aber zeigt, daß in der Regel die Bilder des Unbewußten nicht vom Bewußtsein gemacht werden, sondern ihre eigene Realität und Spontaneität besitzen... Die Umkehrung (des Verhältnisses von Ichbewußtsein und Unbewußtem) weist darauf hin, daß nach der Ansicht der »anderen Seite« unsere unbewußte Existenz die wirkliche ist und unsere Bewußtseinswelt eine Art Illusion oder eine scheinbare, zu einem bestimmten Zweck hergestellte Wirklichkeit darstellt, etwa wie ein Traum, der auch solange Wirklichkeit zu sein scheint, als man sich darin befindet. Es ist klar, daß dieser Sachverhalt sehr viel Ähnlichkeit mit der östlichen Weltanschauung hat, insofern diese an Maja glaubt. Die unbewußte Ganzheit erscheint mir daher als der eigentliche spiritus rector alles biologischen und psychischen Geschehens. Sie strebt nach totaler Verwirklichung, also totaler Bewußtwerdung im Fall des Menschen. Bewußtwerdung ist Kultur im weitesten Sinne und Selbsterkenntnis daher Essenz und Herz dieses Vorgangs. Der Osten mißt dem Selbst unzweifelhaft »göttliche« Bedeutung bei, und nach alter christlicher Anschauung ist Selbsterkenntnis der Weg zur cognitio Dei«.
Diese radikale Umkehr des Standpunktes und der Ansicht von dem, was wir Wirklichkeit nennen, scheint mir mit der alchemistischen *proiectio* ausgedrückt. Die *proiectio* des Steines auf alle Dinge bedeutet dann: Erst

dadurch erhalten sie ihre »wahre« Existenz, nämlich befreit von unbewußten Beimischungen infolge der *participation mystique*. Der Stein wird dadurch zum eigentlichen Schöpfer und Regenten der Welt. Aber es ist die *cognitio matutina*, die Morgenerkenntnis, und nicht die *cognitio hominis*, die Menschenerkenntnis, also die Welt im Lichte Gottes und nicht des Menschen, wie *Augustinus* dies ausdrückte[15]. Die *cognitio matutina* aber ist Selbsterkenntnis, *cognitio sui ipsius*, welche Augustinus gleichsetzt mit *scientia creatoris*, dem Wissen des Schöpfers[16], der Erkenntnis des Selbst, nämlich der objektiven Erscheinung.

Der »Rosinus«-Text fährt fort: Der Stein sei auf dem Berg erhöht, wohne in der Luft, nähre sich im Fluß und ruhe auf der Spitze der Berge. Ein Alchemist verstand diese rätselhaften Anspielungen sofort. Einerseits beziehen sie sich auf die Erzautorität der sogenannten »Tabula Smaragdina«[17], in der es heißt: »(4) Sein Vater ist die Sonne, seine Mutter der Mond, der Wind trug ihn in seinem Bauch, seine Amme ist die Erde«. Seine Eltern sind kosmische Größen: die Sonne als Archetypus des Bewußtseins und der Mond als Archetypus des Unbewußten, der Anima, sind sozusagen Urgegensätze, zwischen denen der Stein entsteht. In unserem Text wird diese Sentenz in christliche Metaphern abgewandelt: Seine Mutter ist Jungfrau, und der Vater hat mit ihr nicht verkehrt. Dadurch wird der alchemistische Stein Christus angenähert, der auf dem Berge verklärt wurde (Mt 17, 1- 13), »sein Angesicht leuchtete wie die Sonne, seine Kleider wurden weiß wie das Licht« (1), und »eine Stimme aus der Wolke sprach: »Dies ist mein geliebter Sohn...(5)«. Der Stein ist ja der »Sohn der Philosophen«, *filius Philosophorum*; was geradezu nach einer Gotteslästerung klingen mag, haben die Alchemisten keineswegs so gemeint. Im Gegenteil war es ihnen wohl eine Genugtuung, auf diese Parallelen hinzuweisen. Wie weit sie sich damit vom orthodoxen Christentum entfernten, dürfte ihnen nicht bewußt gewesen sein. Die Spitze der Berge ist seit alters der Sitz des göttlichen Numens.

Aus all diesen Andeutungen geht hervor, daß der *Lapis ein Gott* ist, der gewisse Ähnlichkeiten mit Christus hat[18], zugleich aber viel archaischer ist als dieser. Denn er ist, wie die Alchemisten sagen, ein *Deus terrenus*, ein irdischer Gott. So sagt Benedictus Figulus im »Rosarium novum olypicum«[19]: »Es ist ein einigs ding / das hatt in sich ein Corpus, der mit dem Geist und der Seelen zugleich tingiert/... under welcher figur der Prophet Ezechiel ein radt im andern radt gesehen hatt / und ein Geist des Lebens, welcher mitten in den Rädern war. Und von des wegen wird er von etlichen der irdische Gott genennet.« Im Gegensatz zu Christus ist der Stein ganz irdisch, materiell. Insofern ist er der *in der Materie verborgene Gott*. Im »Oxyrhynchos- Papyrus« I, der deutliche Parallelen zum Thomas-Evangelium aufweist, heißt es:»Richt auf den Stein, und dort wirst du mich finden; spalte das Holz, und ich bin dort«[20]. Das Thomas-Evangelium drückt es so aus:»Aber das Königreich ist in eurem Innern, und es ist außerhalb von euch. Wenn ihr euch erkennen werdet, dann werdet ihr erkannt, und ihr werdet wissen, daß ihr die Söhne des lebendigen Vaters seid. Aber wenn ihr euch nicht erkennt, dann werdet ihr in der Armut sein, und ihr seid die Armut«[21]. Offensichtlich gab es Ansätze zu einer Auffassung, die weder das Objekt überschätzt noch das Subjekt unterdrückt. Doch verstanden wohl zu wenige solche Subtilitäten, als daß sie in den Kanon aufgenommen worden wären. Stattdessen obsiegte in den ersten Jahrhunderten nach Christus die extravertierte Einstellung, die sich auf die sinnfälligen Tatsachen berief und die Institution der päpstlichen Kirche stärkte. Dadurch kam es zu einem grundsätzlichen Bruch zwischen Außen und Innen, zwischen Objekt und Subjekt.

Für uns ist die Materie tot. Wir glauben daher, daß wir mit ihr alles tun dürfen, was uns gefällt und nützt. Wir beuten die Materie zu unseren Zwecken und nach unserem Belieben aus. Totes Material spürt nichts und kann sich nicht wehren. Das scheint uns derart selbstverständlich, daß wir nicht wüßten, was es darüber noch zu reden gäbe.

Vom Standpunkt des Psychologen aus, der dem menschlichen Erkenntnisvermögen gegenüber eine kritischere Haltung einnimmt, ist die Sachlage allerdings nicht so einfach. Da sind einerseits die oben dargelegten Anschauungen der Alchemisten, die nicht bloß Scharlatane waren, andererseits die im neunten Kapitel beschriebenen Beziehungen zwischen Objekt und Subjekt. Etwas, das dem Bewußtsein als tot erscheint, ist ein Objekt, zu dem sich das Bewußtsein nicht in Beziehung setzt. Zu allen Objekten, zu welchen das Subjekt noch in einer *archaischen Identität* steht, ist keine Beziehung möglich, denn Objekt und Subjekt sind noch nicht unterschieden. Erkenntnis oder Bewußtwerdung kann aber – um es nochmals zu betonen – erst dann eintreten, wenn sich das Subjekt vom Objekt trennt. Wir meinen, wir würden die Materie selbstverständlich von uns unterscheiden und deshalb als etwas erkennen, das uns fremd ist. Das geschieht nur ganz vordergründig, nämlich so, wie die Indianer Südame-

rikas sich als Menschen wahrnehmen und doch Rote Papageien sind[22], weil sie zum Clan der Roten Papageien gehören.
Weil wir noch in einer archaischen Identität mit der Materie befangen sind, können wir ihrer nicht gewahr werden. Bewußtwerden konnte sie uns allerdings, wenn wir darauf achten, wie wir mit der Materie umgehen und wie sie sich zu uns verhält. Solange wir ihre Unbelebtheit voraussetzen, fällt uns gar nichts auf. Warum wundern wir uns nicht, was uns alles mit der Materie passiert? Chemiekatastrophen und Atomunfälle einfach kausal als ein Versagen von Sicherheitseinrichtungen oder von Menschen einzustufen, wäre zu billig. Es genügt auch nicht, Schuldige ausfindig zu machen. Wir sollten viel aufmerksamer die *Frage nach dem Sinn* stellen.

Sobald wir dem Verhalten der Materie einen Sinn statt blinden Zufall zutrauen, lösen wir uns schon etwas aus der *participation mystique*; wir respektieren sie als gleichwertig. So begegnete ihr der Mensch seit eh und je. Erst unser industrielles, technisches Zeitalter hat sich von dieser Haltung abgewandt; mit ihr wäre die technische Revolution wohl auch kaum möglich gewesen. Der moderne Mensch mußte sich von seinen ängstlichen Rücksichten auf die Materie lösen. Heutzutage jedoch bekommen wir zu spüren, wie die Materie zurückschlägt. Fast täglich erreichen uns Nachrichten von einer kleineren oder größeren technischen Katastrophe. Sicher hat hier bald dieses, dort jenes versagt, wenn wir die Dinge kausal betrachten. Doch eine solche Betrachtung bleibt ebenso an der Oberfläche wie die Feststellung, der Kölner Dom sei aus Stein und gehöre deshalb in den Fachbereich Mineralogie. Eine tiefgründigere Analyse, der es nicht nur um Ursachen, sondern um Zusammenhänge geht, wird auf die grundlegende Einstellung des Menschen zum Geist in der Materie stoßen.

In unserem Alltag macht sich dieser Geist als vielbeschworene »Tücke des Objekts« bemerkbar. Objekte verhalten sich dabei wie belebte Dinge. Unwillkürlich behandeln wir sie auch als solche, wie wenn sie eine mit Bewußtsein ausgestattete, geradezu schelmische Persönlichkeit besäßen. Wir schimpfen über eine Ecke, an welcher wir uns gestoßen haben, als ob jene daran schuld wäre, daß wir uns weh taten. Wir schmettern den Gegenstand in eine Ecke, über den wir gestolpert sind, so als hätte er sich uns absichtlich in den Weg gelegt. Sicher ist diese Reaktionsweise primitiv; doch haben wir sie nicht überwunden, indem wir sie unterdrücken.

Was veranlaßt uns denn, so zu handeln? Eben das »belebte Objekt«. Ob primitiv oder nicht: Der Mensch hat das Objekt stets als belebt empfunden. Wir mögen von Projektion sprechen, doch das erklärt noch nicht, wieso sich die Materie dem Menschen gegenüber seltsam verhält. Immer seltener werden jene Handwerker, die mit ihrem Material noch respektvoll umgehen, weil dieses es ihnen lohnt. Dabei fällt mir die Geschichte von jenem Steinhauer ein, der aus großen Flußsteinen ein Mäuerchen bauen wollte. Er schlug mit dem Hammer auf den runden Stein, legte ihn zur Seite, damit er sich besinnen könne, in welcher Richtung er sich wolle spalten lassen, bevor er ihn mit einem zweiten Schlag dann wirklich spaltete[23].

Daß wir manchmal gar nicht so weit von der richtigen Einstellung entfernt sind, wurde mir ausgerechnet beim Skifahren aufs neue bewußt. Man hatte eine neue Talstation gebaut, der Skilift war schon einige Zeit in Betrieb. Während wir uns mit vielen anderen Leuten auf der Piste und am Lift vergnügten, zog ein Priester, Weihwasser verspritzend, mit seinen kleinen Ministranten seine magischen Kreise um die Talstation. Es schien so, als begegneten einander da für einen Augenblick zwei verschiedene Jahrhunderte. Zweifellos war der Skilift vor der Inbetriebnahme vom Eidgenössischen Amt auf seine Zuverlässigkeit geprüft worden. Trotzdem ereignen sich manchmal gräßliche Unfälle mit Liften und Seilbahnen. Ist es da nicht sicherer, auch dem Unvorhersehbaren durch die Segnung Sorge zu tragen?

Vom »Restrisiko«, das uns trotz technischer Sicherungen bleibe, ist in letzter Zeit viel die Rede. So bezeichnet der moderne, aufgeklärte Mensch den Geist in der Materie oder das Verhalten des belebten Objekts. Das Restrisiko ist jener unvorhersehbare und unberechenbare Teil unserer Technik, den wir nicht unter Kontrolle bringen. Er wird sich auch nie unter Kontrolle bringen lassen. Doch wie groß er ist, hängt von der Einstellung des Menschen ihm gegenüber ab. Begegnen wir dem Material, dessen sich unsere Technik bedient, mit dem nötigen Respekt, einer religiösen Einstellung, und dem Bewußtsein, daß zeitweise unser Leben davon abhängt, so können wir hoffen, daß es minimal ist.

Wir sprechen von *menschlichem Versagen*, wenn ein Zugunglück passiert, weil der Lokomotivführer das Haltesignal überfahren hat. Wir brauchen dem Lokomotivführer nicht zu erklären, was er beim Signal zu tun hat, das auf Halt zeigt, noch braucht man sich nur auf ihn zu verlassen, sind doch noch technische Sicherungen eingebaut. Warum kam es trotzdem zum Unglück?

Wir alle versagen gelegentlich, weil wir keine perfekten Automaten sind. Wir dürften uns keinem Piloten und keinem Chirurgen je anvertrauen, wenn wir bedenken, daß wir alle nie vor dem Versagen gerade in kritischen Situationen gefeit sind. Wir nehmen selbstverständlich an, daß jedermann auf verantwortungsvollem Posten sein Bestes leisten wird. Soviel in seiner Macht steht, wird er verhindern. Dennoch stellt der menschliche Faktor ein Risiko unbekannter Größe dar. Es gibt keine Technik ohne den Menschen. Selbst in Atomanlagen, wo alles vielfach automatisch gesichert ist, setzt der Mensch die Maschinerie in Betrieb und damit auch das Risiko. Trotz höchstem technischen Entwicklungsstand kommt es stets zu einer Wechselbeziehung zwischen dem Menschen und der Technik. Technik ist ja nie Selbstzweck. Sie soll dem Menschen dienen, ihm das Leben erleichtern. Doch sie trägt einen Dämon in sich, etwas, das sich menschlichem Zugriff entzieht. Dessen sollten wir uns bewußt werden, um verantwortlich mit ihr umgehen zu können. Denn wir laufen heute Gefahr, weiterhin einem Optimismus bezüglich zunehmender Vervollkommnung der Technik zu huldigen oder pessimistisch alle Technik als Teufelszeug zu verdammen. Zur fragwürdigen Idylle des Steinzeitmenschen können wir nicht mehr zurück. Wir müssen vorwärts in ein Leben, bei welchem der Mensch *mit* seiner Technik bestehen kann. Das eine darf das andere nicht verdrängen oder vermindern. Eine solche harmonische Beziehung zwischen beiden beginnt in unserem Alltag, nicht erst in der großen Politik. Die dämonischen Kräfte in der Materie können sich, wie ein Heilmittel, je nach ihrer Verwendung als segensreich oder als tödlich erweisen.

Die Alchemisten waren dem Geheimnis auf der Spur. Deshalb können wir von ihnen lernen. Sie setzten beim *Geheimnis der Materie* an. Was sie darüber in Erfahrung zu bringen vermochten, müssen wir heute erst wieder neu entdecken. Nach ihrer Überzeugung ging die Erlösung im Christentum nicht weit genug, denn sie bezog die sublunare materielle Dunkelwelt nicht mit ein[24]. Diese ist infolge der archaischen Identität auch das Kollektive Unbewußte. In seinem Laboratorium offenbarte sich dem Alchemisten – ohne daß er dessen gewahr wurde – das Kollektive Unbewußte unbeeinflußt von seinem Bewußtsein. Dem modernen Tiefenpsychologen bietet sich darum in der Alchemie ein einmaliges Beobachtungsmaterial. Nun verstehen wir erst, was der Alchemist meint, wenn er davon spricht, sein Stein werde am Ende auf alle Dinge projiziert: Wenn er aufmerksam das Verhalten der äußeren materiellen Dinge verfolgt, werden sie für ihn zum Spiegel dessen, was sich in seinem Innern ereignet. Das sollte auch der heutige Mensch tun, wenn er einen Sinn hinter unerklärlichen Unfällen finden will. Sobald er aufhört, nur kausal zu fragen, sondern die Sinnfrage stellt, beginnen die scheinbar leblosen Dinge, zu ihm zu sprechen. Die »Große Welt« steht plötzlich in einer merkwürdigen Korrespondenz zur »Kleinen Welt« im Menschen[25]. Alles, was sich außen ereignet, hat einen geheimnisvollen Bezug zur psychologischen eigenen Situation. Solche sinnvollen Zufälle oder *Synchronizitäten* können einem hilfreich entgegenkommen. Sie ereignen sich viel häufiger, als man glaubt. Dem Individuum geben sie das Gefühl, wieder in einem großen All- Zusammenhang zu stehen.

Der Angehörige eines Naturvolkes sah die ganze Welt von Geistern belebt, denn die Welt war seine Seele. Im Laufe der Bewußtseinsentwicklung verlagerte sich die Seele ins Innere des Menschen. Parallel dazu wurde seine Umwelt entdämonisiert – aber auch entseelt. Die moderne Auffassung, die in Alchemisten wie Gerard Dorn[26] Vorläufer hat, kehrt gewissermaßen zum Ausgangspunkt zurück, indem sie die Frage stellt: Was mochte den Menschen wohl veranlaßt haben, die Materie als beseelt zu erleben? Dabei macht sie die unerwartete Entdeckung eines Parallelismus von Psyche und Physis. In jedem sinnvollen Zufall entsprechen einander psychische und physikalische Ereignisse – nicht wie Ursache und Wirkung, sondern *sinn*haft. Beim individuierten Menschen entwickeln sich die beiden Bereiche zunehmend parallel und gehen schließlich ineinander auf. Aus dem Erlebnis der Einheit von Außen und Innen entsteht ein neues Weltgefühl, jenes des *Unus mundus*. Als theoretisches Konzept steht es hinter jedem Fall von Synchronizität; ihm zufolge gehören Physis und Psyche in einem Jenseits des Bewußtseins ein und derselben Wirklichkeit an. In dem Maße in dem der individuierte Mensch aus dieser Ganzheit lebt, hat er am *Unus mundus* teil. Das ist letztlich der Grund für die *moderne* Auffassung vom »Stein, der einen Geist hat«, oder von der Lebendigkeit des Objektes[27].

In unheimlicher Weise macht sich die Belebtheit des Objektes paranormal bemerkbar: im sogenannten Spuk.

13. Tote im Kopf: Zur Parapsychologie der Erscheinungen

Trotz unseres Rationalismus fasziniert uns eine Gespenstergeschichte auch heute noch. Vielleicht liegt es gerade an der aufgeklärten Haltung unseres Bewußtseins, daß wir das verdrängte Irrationale in Form von Geistergeschichten, Science fiction oder Fantasy stories suchen. Denn das Irrationale, das Geheimnisvolle, das Unerklärliche und Unberechenbare gehört zum Leben. Wo es systematisch am Mitleben gehindert wird, da kleidet es sich in eine dem Bewußtsein annehmbare Form, um am Leben teilzuhaben. *Ein Leben ohne Geheimnis ist geistig verarmt.*

Die Mysterien der Kirche gehen mehr und mehr verloren. Man weiß nicht mehr, was man mit ihnen anfangen soll. Sie weisen nicht mehr auf etwas Lebendiges und Numinoses hin. Die Wunder der Bibel, einst Beweis für die Wahrheit der Botschaft Jesu, werden als abergläubische Überreste belächelt. Andere wollen sie durch Anleihen bei der Parapsychologie als authentisch retten. *Der moderne Mensch steckt im Konflikt zwischen einer rationalen Bewußtseinshaltung und einem instinktiven Bedürfnis nach dem Wunderbaren.* Das wertet all jene semireligiösen Bewegungen ungeheuer auf, die mit ihrer Geheimnistuerei ein solches Bedürfnis zu erfüllen versprechen. C.G. Jung[1] hat auf den subjektiven Gewinn hingewiesen, auf die Erhöhung der eigenen Persönlichkeit, die ein Mensch erlebt, der in seiner Freizeit Großmeister einer Loge ist: Dies erhebt ihn über die Gewöhnlichkeit seines Alltags. Hier wittert er Bedeutendes. Auch redet er nicht in der Alltagssprache; er bedient sich einer gehobenen Sprache und meint, er hätte das verlorengegangene Geheimnis wieder eingefangen.

Wer allerdings bloß in seiner rationalistischen Haltung lebt, ist keineswegs gegen solche Pseudogeistigkeiten gefeit; ganz im Gegenteil, er verfällt jedem irrationalen Ungeist. Bewußt kämpft er dafür, das Unvernünftige zu beseitigen – und verfällt eben deswegen dem Lügengeist. Denn dieser tarnt sich mit der scheinbaren Rationalität irgendeines -ismus. Ideologien entspringen keinem echten Geist, sondern ein unbewußter Impuls hat sie rational erklügelt. Diese Formen der Irrationalität sind nicht nur lächerlich, sondern gefährlich. Denn Ideologien »legitimieren« die größten Gemeinheiten. Der Zweck heiligt die Mittel, damit man nicht zu ängstlich ist, sie einzusetzen. Unser Jahrhundert könnte als das *Jahrhundert des Terrorismus* in die Geschichte eingehen. Es ist wohl unserer Zeit vorbehalten geblieben, die Gemeinheit zu erfinden, mit der wenige eine Mehrzahl in Angst und Panik versetzen können. Indem diese Mehrzahl erpreßbar wird, gewinnen die wenigen den Machtkampf. Sie können nun der Mehrzahl ihre Bedingungen aufzwingen.

Von außen nach innen, in die Psyche verlagert, ist Terrorismus eben jenes Mittel, dessen sich die Dämonen bedienen. Eine wildgewordene Teilpersönlichkeit erhebt den Anspruch auf die ganze Macht über die Psyche und bringt diese unter ihre Gewalt. In einem früheren Kapitel haben wir dieses Geschehen als *Besessenheit* kennengelernt. Zu Besessenheiten kommt es immer dort, wo ein wichtiger Teil der Psyche nicht am Leben, am bewußten Leben, teilhaben kann. Terrorismus ist sozusagen eine »Besessenheit von außen«. Auch hier sind Partialinteressen durch die erdrückende Macht der Mehrheit unberücksichtigt geblieben und machen sich in Terrorakten Luft.

Das Problem mit den Dämonen ist stets das Problem der Minderheit, des Nebensächlichen, des Unscheinbaren und Vernachlässigbaren. Doch das scheint nur so. Die Wirklichkeit trifft eher Goethes »Faust«: »Klein von Gestalt, Groß von Gewalt« (Kabirenszene). Mir scheint der Terrorismus nur das Gegenstück der Dämonen in der Außenwelt. Das Irrationale bringt die meisten Dämonen deswegen hervor, weil wir zu rational sind. Die echte Berücksichtigung (= *religio*) des Irrationalen, zu dem auch das Numinose gehört, ist eine Forderung unserer Zeit.

Das heißt eben nicht, auf jeden Hokuspokus hereinzufallen. Vor dem echten Irrationalen entsteht eine *numinose Scheu*. Man kann es nicht zum Gesellschaftsspiel machen, wie es in manchen okkultistischen Zirkeln geschieht. Auch kann man sich seiner nicht bemächtigen, indem man ihm Schlagwortetiketten für das Unerklärliche anhängt. Mir scheint, die Parapsychologie tut sich besonders schwer mit der Gratwanderung zwischen Leichtgläubigkeit und aufklärerischem Machtgetue. Einerseits sitzt sie Phänomenen auf, die leicht als unecht zu durchschauen sind. Andererseits wundert sie sich zu wenig, hält sie die Spannung des Unerklärlichen nicht aus, sondern zwängt es ins Korsett von Begriffen, will mit Tests und Experimenten an ihm herummanipulieren. Das ist die alte *magische Haltung*, die das Wunderbare nicht geschehen lassen kann, sondern »in den Griff« bekommen will.

Warum diese lange Einleitung zu unserem Thema? Hier, wie in der ganzen Analytischen Psychologie, kommt es wesentlich auf die *richtige Einstellung* an. Gehen wir mit einer falschen Einstellung an die Phänomene heran, so verfälschen wir sie. Die Erscheinungen, um die es hier geht, sind selten und treten spontan auf. Wem sie zustoßen, dem erscheinen sie überaus bedeutsam, außergewöhnlich und schicksalshaft. Dem Forscher, der solche Erlebnisberichte sammelt, fällt die Gleichförmigkeit der Ereignisse bei aller Verschiedenheit auf[2]. Der Forscher wird sich dem Phänomen kühl und sachlich nähern wollen, weil die Wissenschaftlichkeit das so verlangt. Damit nimmt er diesen Phänomenen aber eine wesentliche Eigenschaft: Sie hören auf, emotional zu ergreifen.

Immer wieder überrascht, wie viele Menschen entsprechende Erfahrungen gemacht haben. Kaum je sprechen sie öffentlich darüber; sie wissen, warum. So werden Berichte darüber erst bekannt, wenn der Betreffende merkt, daß sein Gegenüber dem Erlebten die richtige Einstellung entgegenbringt. Oft steht die Erfahrung im ganzen Leben einzigartig da. Sie wird ein Leben lang erinnert, frisch wie am ersten Tag, weil sie mit einer heftigen Emotion verbunden war. Eine solche Erfahrung gräbt sich tief in die Seele ein; der Betroffene fühlt sich ihrer absolut gewiß. Dieses Gefühl, so intensiv es sein mag, sagt nichts über die Natur und Ursache des Erlebnisses aus; es versichert nur, daß es wahr ist, und widersetzt sich jeglicher reduktiven Deutung. Jeder Erklärungsversuch muß auf dieses Gefühl Rücksicht nehmen. Es ist dieselbe Rücksicht, die jedes numinose Erlebnis verdient.

Zu den bekanntesten Erscheinungen zählen jene, bei welchen Sterbende verstorbene Angehörige sehen, die kommen, um sie abzuholen. Oft zeigen sie an, daß der Tod unmittelbar bevorsteht. Noch im Todeskampf mit einer Diphtherie blieb Hattie Pratt vollkommen ruhig und anscheinend ohne jegliches Leiden; ihr Geist schien klarer und vernünftiger als je zuvor. Sie wußte, daß sie sterben müsse, und übergab ihrer Mutter ihre letzten Anordnungen über die Verteilung gewisser Besitztümer an ihre Freundinnen. Plötzlich richtete sie ihre Augen auf die entlegenste Ecke des Zimmers, als höre sie dort jemand sprechen, und sagte schließlich: »Ja, Großmutter, ich komme, ich komme, warte nur, bitte, einen Augenblick«. Sie äußerte ihr Erstaunen darüber, daß die anderen nichts sehen konnten, und beendete das Diktat ihrer Anordnungen. Dann horchte sie wieder nach ihrer Großmutter und nahm von allen Abschied. »Jetzt bin ich bereit, Großmutter«, sagte sie und verschied ohne Kampf und Leiden[3]. Statt über solche Ereignisse zu rätseln und abenteuerliche Hypothesen aufzustellen, sollten wir solche Berichte zuerst einmal auf uns wirken lassen.

Dieser stammt von einer Sterbenden, die ihrer Sinne völlig mächtig war; ihr Erlebnis als pathologische Erscheinung in der Agonie abzutun, erklärt zu wenig.

Jean Vitalis litt an entzündlichem Gelenkrheumatismus mit heftigem Fieber. Als ihn der Arzt am 16. Krankheitstag in Kleidern, lächelnd, Füße und Hände völlig frei, und ohne das mindeste Fieber antraf, erklärte der Kranke diesem, sein Vater habe ihn in der Nacht zuvor besucht – nicht im Traum, sondern bei »völligem Wachsein«. Der Vater habe sein Zimmer durch das Gartenfenster betreten, sich ihm genähert, ihn überall leicht berührt, um ihm die Schmerzen und das Fieber zu nehmen, und ihm dann angekündigt, daß er heute Abend punkt neun Uhr sterben werde. Er hoffe, daß er sich als guter Katholik auf diesen Tod vorbereiten werde. Vitalis rief einen Beichtvater und ließ sich die Sterbesakramente spenden. Wie der Arzt feststellte, war der Puls des Patienten in jenem Augenblick voll, ruhig und regelmäßig, die Temperatur normal. Heiter und gelassen nahm Vitalis in Gegenwart des Arztes von den Seinen Abschied, legte sich eine Minute vor neun Uhr aufs Bett und rührte sich nicht mehr. Der Arzt konnte nur noch den eingetretenen Tod feststellen[4].

Um einen solchen Bericht zu »erklären«, sollte man sich die Wirklichkeit des Vater-Archetypus vergegenwärtigen; außerdem löst man sich besser davon, derartige Fälle nur kausal untersuchen zu wollen. Der *Archetypus* ist eine übermächtige psychische Wirklichkeit, die sich auf verschiedene Weisen manifestieren kann. Er gehört zum *Kollektiven Unbewußten* und wird daher als *ichfremd* erlebt. Insofern manifestiert sich in ihm die *objektive Psyche*. Eine »Erklärung« darf daher nicht vom subjektiven Pol der Psyche ausgehen. Daran scheitern eben die meisten psychologischen Erklärungsversuche. Sie nehmen die Erscheinung des persönlichen Vaters als ein subjektives Geschehen. Daß der Perzipient den Vater als das Erscheinen eines Geistes auffaßt, zeigt gerade, wie *objektiv* er ist. *Objektiv heißt: unabhängig vom Willen der bewußten Persönlichkeit.* Meist ist die Person, der so etwas zustößt, gar nicht darauf vorbereitet. »Es stößt ihr zu«: Das allein drückt schon aus, daß das Ereignis objektiv war. Ganz besonders sprechen dafür solche Fälle, in denen der Sterbende nicht wissen konnte, daß der Erscheinende bereits tot war.

Im Juni 1889 waren zwei Mädchen an Diphterie erkrankt, eines von ihnen war der Krankheit bereits erlegen. Als auch das zweite im Sterben lag, verheimlichte man ihr aus ärztlicher Vorsicht, daß Jenny bereits vor drei Tagen gestorben war. Sie schickte ihr noch am Sterbetag Abschiedsgrüße und suchte für sie zwei Bilder aus. Die kleine Kranke schien keine Furcht vor dem Tode zu haben und sprach vom Sterben. Sie schien einige Freundinnen zu sehen, von denen sie wußte, daß sie tot waren. Plötzlich rief sie ihrem Vater im Tone höchster Überraschung zu:»Aber Papa, ich werde Jenny mit mir nehmen. Warum hast du mir nicht gesagt, daß Jenny hier ist?« Mit ausgestreckten Armen rief sie:»O Jenny, ich bin so froh, daß du da bist«[5].

Eine *finale* Betrachtung ist diesem Erlebnis angemessener als eine kausale. Jene fragt nicht nach dem Warum, sondern nach dem Ziel, nach dem Wohin oder Wozu eines solchen Erlebnisses. Indem Verstorbene dem Sterbenden erscheinen, erleichtern sie ihm den Übergang vom Leben zum Tod, indem sie ihm Angst nehmen und Vertrauen geben. Tröstet sich der Sterbende selber mit solchen Bildern – oder stellen sie sich unwillkürlich bei ihm ein? Jenes wäre ein subjektiver Trost, dieses ein objektiver. Gehört der Tod natürlicherweise zum Leben, so ist anzunehmen, daß die Natur Anstalten dafür getroffen hat, daß wir den Übergang ohne Panik meistern. Dazu gehört möglicherweise das Erscheinen Verstorbener am Sterbebett.

Es gibt jedoch auch Phänomene, die nach einer anderen als der finalen Auffassung verlangen. Die 72jährige gelähmte Frau Rogers lag bewußtlos im Sterben. In der Nacht vor ihrem Tode gewahrte ihre Krankenschwester zwischen zwei und drei Uhr morgens unter der ins Nebenzimmer führenden Türe eine unbekannte Männergestalt mittlerer Größe, breitschultrig, mit blühender Gesichtsfarbe, rötlich-braunem Haar, einem Bart und weitem aufgeknöpftem Überrock. Sein Gesichtsausdruck war ernst. Er verharrte völlig regungslos. Die Pflegerin hielt ihn für einen wirklichen Mann und überlegte, wie er ins Haus gelangen konnte, obgleich es verriegelt war. Nachdem sie sich abgewandt hatte, war die Erscheinung verschwunden. Als am Morgen eine Nichte der Sterbenden zu Besuch kam, fragte die Pflegerin sie, ob die Erscheinung dem verstorbenen Herrn Rogers entspreche. Diese verneinte; doch traf die Beschreibung auf Frau

Rogers' verstorbenen ersten Gatten, Mr. Tisdale, zu, den außer der Nichte niemand in der Gegend gekannt hatte[6].

C.G. Jung hat in einem Brief an den Parapsychologen *Hans Bender*[7] alle Unterscheidung und Zuordnung parapsychologischer Phänomene für künstlich erklärt. Bei allen handle es sich letztlich um *Synchronizitätsphänomene*. (Unter »Synchronizität« verstand Jung die relative Gleichzeitigkeit eines psychischen Ereignisses in der Außenwelt und eines innerpsychischen Ereignisses, welche kausal unabhängig voneinander auftreten und doch sinnhaft aufeinander bezogen sind.[8]) Parapsychologische Erscheinungen gehören zur Natur des *Kollektiven Unbewußten*. Ihr Auftritt »beweist« gar nichts, auch nicht das persönliche Überleben des Todes. In *Lebenskrisen* (Tod, Unfälle) sind Erscheinungen häufig. In dem bereits erwähnten Buch von *Gurney, Myers und Podmore* sind zahlreiche Fälle gesammelt, in denen Menschen in unerwarteten lebensbedrohenden Situationen anderen erscheinen. Dabei spielt es eine untergeordnete Rolle, ob die bedrohte Person im *Traum* oder als *Erscheinung* in der Außenwelt auftritt. Das scheint mir ein wichtiger Hinweis, daß es sich beide Male um das gleiche psychische Ereignis handelt. Möglicherweise hängt es von der Offenheit des Bewußtseins ab, ob es sich im Traum manifestieren kann oder ob es die äußere Erscheinung braucht, um sich dem Bewußtsein aufzudrängen. Es gibt keinen prinzipiellen Unterschied zwischen Träumen und parapsychologischen Ereignissen.

Um Erscheinungen zu verstehen, müssen wir von offenen oder versteckten kausalen Erklärungen wegkommen, auf welche die meisten Parapsychologen aus sind. Das Psychische ist eine Wirklichkeit, welche in der Außen- wie in der Innenwelt die verschiedensten Wirkungen entfalten kann; beide sind durch das Prinzip der Synchronizität miteinander verbunden, welche letztlich auf dem *Unus mundus*, der Einen Welt beruht. Der Streit zwischen Animisten und Spiritisten darüber, ob die Erscheinung psychische Ursachen habe oder durch einen realen Geist entstehe, ist müßig. Wir können Erscheinungen immer nur psychisch wahrnehmen. Sie erscheinen gleich real, gleichgültig ob sie in der Innen- oder der Außenwelt auftreten. Darum handelt es sich nicht eigentlich um außersinnliche Wahrnehmungen (ASW), sondern um psychische Erlebnisse, die durch die Sinne bewußt werden[9]. Sie sind nur insofern außerordentlich, als sie nicht vom Bewußtsein willentlich erzeugt werden können, sondern spontan auftreten.

Spuk oder *Geistererscheinungen* können sich ähnlich äußern wie die besprechenen Phänomene, doch hängen sie mit der lebensbedrohlichen Situation loser zusammen. Der Gärtner Alfred Bard ging auf dem Heimweg von seiner Arbeit wie üblich über den Friedhof von Hinxton. Da sah er geradeaus beim viereckigen Steingewölbe, worin der verstorbene Herr de Fréville bestattet war, dessen Frau, die früher des Gärtners Arbeitgeberin gewesen war. Sie lehnte sich auf das Geländer und trug die Kleidung, in der er sie meistens gesehen hatte. Sie blickte ihn direkt an. Ihr Antlitz war ungewöhnlich blaß. Er nahm an, sie sei zur Gruft gekommen, um sie öffnen zu lassen. Er umschritt das Grab in fünf bis sechs Metern Entfernung, ohne sie aus den Augen zu lassen. Auch ihr Gesicht folgte ihm. Als er über ein Grasbüschel stolperte und einen Augenblick auf seine Füße schaute, war die Erscheinung verschwunden. Erst am folgenden Tag erfuhr Alfred Bard, daß Frau de Fréville rund sieben Stunden vor der Erscheinung gestorben war[10].

Ein verbürgter Spukfall handelt von Frau O'Donnell[11], die mit ihrer Tochter im Seebad Brighton ein Zimmer gemietet hatte. Schon in der ersten Nacht wurde sie durch ein starkes Geräusch von Schritten im oberen Stockwerk gestört. Ihr Zimmer schien ihr voll von Leuten zu sein. Am anderen Morgen erfuhr sie, daß der obere Stock zur Zeit unbewohnt sei. In der nächsten Nacht waren die Schritte so laut, daß sie nicht schlafen konnte. In der dritten Nacht erschien an der Wand gegenüber dem Kamin eine schreckliche Gestalt, die mit einem Arm in das leerstehende Nebenzimmer und mit dem anderen auf sie zeigte. Sie zog die Bettlaken über sich und hoffte, die Erscheinung sei nachher verschwunden. Doch als sie nach einiger Zeit in jene Richtung schaute, war sie noch da. Ein Schrei entfuhr ihr. Unwillkürlich streckte sie ihre linke Hand nach der Erscheinung aus, gleichsam um zu fühlen, ob sie real sei. Zu ihrem Entsetzen packte sie eine eisige Totenhand. Von da an fehlt ihr jede Erinnerung. Die folgende Nacht verbrachte sie im Zimmer ihrer Tochter. Mitten in der Nacht öffnete sich die Tür; der untersetzte junge braunhaarige Herr trat wieder ein und sagte: »Oh, Sie bewohnen also das Zimmer des Schotten!« Dann schritt er freundlich lächelnd hinaus. Später stellte sich heraus, daß ein 24jähriger Mann mit dem Aussehen der nächtlichen Erscheinung vor einigen Wochen Selbstmord verübt hatte, indem er sich aus dem Fenster des Nebenzimmers gestürzt hatte. Im Schlafzimmer der Tochter hatte der Freund des Selbstmörders, ein junger Schotte, gewohnt.

Beispiele dieser Art sind zahlreich. Man hat angenommen, daß Spuk überall dort auftreten würde, wo jemand eines gewaltsamen Todes gestorben sei. Fast scheint es so, als würde etwas von der nicht zu Ende gelebten, unverbrauchten Lebensenergie am Ort haften. Das entspricht der Vorstellung der *Biothanati*, den gewaltsam ums Leben Gekommenen, die ihre Lebenszeit nicht erfüllt haben[12]. Darum sind auch die Richtstätten Orte, an denen es nicht geheuer ist. Es gibt gute und schlechte Orte, ohne daß man in jedem Fall bestätigen könnte, daß an diesem eine Gewalttat verübt worden wäre. Merkwürdigerweise gibt es unabhängig davon Orte, die zu Gewalttaten einladen. Der *ortsgebundene Spuk* gehört mit zum Unerklärlichsten, das wir kennen. Früher hat man sorgfältig darauf geachtet, ob ein Ort ein guter sei, das heißt, ob von ihm gute Einflüsse ausgingen. Um das zu erfahren, hat man auf der bloßen Erde geschlafen und die dabei auftretenden Träume registriert. Natürlich fehlt es nicht an Erklärungsversuchen, die aber samt und sonders wenig befriedigen. Bei Spukhäusern hat man immer wieder irgendwelche früheren besonderen Vorkommnisse nachzuweisen versucht. Aber gibt es denn einen Flecken Erde, der nicht irgendwann einmal mit Blut besudelt worden wäre? Solche Spukphänomene müßten, wenn diese Hypothese stimmen würde, viel häufiger auftreten. *Jung* selber wurde Zeuge eines sehr eindrücklichen Spuks, der ihn ziemlich sprachlos ließ[13]. Er vermutet, daß dabei *subliminale* Wahrnehmungen eine Rolle spielen. Den Spuk versteht er als Exteriorisierung unbewußter Vorgänge[14]: Weil sie keine Aufnahme durch eine entsprechende Einstellung des Bewußtseins finden, treten sie in der Außenwelt auf. Dem entspricht die *Psychokinese*, die »Fernbewegung« von Körpern, in ganz besonderem Maße: Hier manifestiert sich ein unbewußter Vorgang physikalisch handfest.

Geistererscheinungen können alle Sinne betreffen; ja, sie sind häufiger zu hören als zu sehen. Typisch ist der kalte Geisterhauch oder, wie in unserem Beispiel, die kalte Geisterhand bei Berührung. Jung nahm in seinem Fall einen undefinierbar unangenehmen Geruch im Zimmer wahr[15], der verschwand, sobald er erwachte. Er vermutet, die Geruchshalluzination habe möglicherweise mehr mit der intuitiv erfaßten psychischen Situation des Ortes zu tun als mit wirklichen Gerüchen. Dabei weist er darauf hin, daß primitive Medizinmänner nicht nur einen Dieb, sondern auch »Geister« riechen können. In Fällen von Besessenheit und Exorzismus ist immer wieder der höllische Gestank betont worden, der auftritt, wenn ein Teufel den Besessenen verläßt. Dagegen soll der Heilige Geist mit Wohlgeruch verbunden sein. Nicht umsonst sagen wir, einer stehe »im Geruche von …«, und drücken damit einen psychischen Tatbestand aus. Die Vorstellung eines *genius loci* beim ortsgebundenen Spuk gehört eigentlich in dieselbe Kategorie. Oft taucht dabei das Symbol der *Schlange* auf – das Tier des Rückenmarks (*Kundalini*), des peripheren, körperlichen Unbewußten. Sie mag daher wohl auf subliminale Wahrnehmungen an einem bestimmten Ort hinweisen. Ausdrücke wie »Erdstrahlen«, »Wellen«, »Strahlung« usw. sind nichts als weitere pseudowissenschaftliche Erklärungen. Wenn christliche Kirchen an dem Ort gebaut wurden, wo früher heidnische Tempel standen, so aus demselben Grund: Der Ort schien »gut«. Wahrscheinlich spielen parapsychologische ortsgebundene Qualitäten eine viel größere Rolle, als wir glauben. Manche Autostraßen sind berüchtigte Todesstrecken, auf welchen sich aus unerklärlichen Gründen Unfälle mit tödlichem Ausgang häufen. Parapsychologische Qualitäten spielen wohl auch mit, wenn ein Verunglückter am Unfallort als Anhalter in einen Wagen steigt, von seinem Unfall erzählt und plötzlich verschwunden ist.

Wir werden auf diesem rätselhaften Gebiet so lange nicht weiterkommen, wie wir die *Psyche des Perzipienten* nicht näher unter die Lupe nehmen. Die *äußeren Umstände* einer Erscheinung haben wir recht genau untersucht, die *inneren Konstellationen* dagegen sehr mangelhaft. So untersuchte etwa Emmons[16] kürzlich Erscheinungen von Geistern bei Chinesen in Hong-Kong – und interessierte sich bloß für ihren kulturellen Hintergrund, während er die psychologischen Umstände, unter denen sie auftraten, unberücksichtigt ließ.

Diese psychologischen Umstände sind wichtig, weil sie »*normale*« von »*krankhaften*« *Erscheinungen* unterscheiden helfen. Anders als »krankhafte« Erscheinungen überraschen »normale« Erscheinungen zwar, beeinträchtigen aber die Wahrnehmung der äußeren Realität nur vorübergehend. In jedem Fall handelt es sich um einen konstellierten Archetyp, der sich bis zur sinnlichen Wahrnehmung verdeutlicht. »Normal« oder »krankhaft« ist die *Reaktion der Persönlichkeit*. Sie hängt stark vom kulturellen Zusammenhang und von der Entwicklung des Bewußtseins ab. Bei Naturvölkern schieben sich beständig innere Bilder mit gleicher Deutlichkeit vor äußere, so daß es ihnen schwerfällt, zwischen innen und außen zu unterscheiden.

Manche Menschen sind für die Wahrnehmung parapsychologischer Vorgänge besonders empfindlich. Man sagt, sie seien *medial veranlagt* oder hätten das *zweite Gesicht*. Dabei unterscheiden sie sich von uns »Normalen« nur graduell. Medien besitzen keinen »sechsten Sinn«; ihr Bewußtsein ist meist rudimentär, so daß sie tiefer in unbewußten Vorgängen wurzeln. Ihre eigenartige Persönlichkeit kann leicht *Borderline-* Charakter haben, weil sie sozusagen dauernd unter »Hochspannung« stehen, in Kontakt mit den Archetypen. Bei Borderline-Patienten und Psychotikern treten oft mediale Fähigkeiten auf. Dies weist wieder auf den Umstand hin, daß Synchronizitäten bei konstellierten Archetypen auftreten.

»*Übernatürliche Erscheinungen*« sind insofern außerordentlich, als sie nicht willentlich hervorgebracht werden und nicht regelmäßig vorkommen können. Insofern das Unbewußte gerade der rein naturhafte Teil des Menschen ist, gehören sie zu den *natürlichen Erscheinungen*. Das gilt auch dann, wenn Leistungen vollbracht werden, die dem bewußten Menschen unmöglich sind.

Infolge der Relativität der Zeit weiß das Unbewußte um Dinge, die für das Bewußtsein in der Zukunft liegen (*Präkognition*). Infolge der Relativität des Raumes weiß das Unbewußte um Dinge, die sich für das Bewußtsein an einem entfernten Ort abspielen (*Telepathie und Hellsehen*). Der unbewußten Wahrnehmung sind weder zeitliche noch örtliche Grenzen gesetzt. Diese Wahrnehmungen werden dem Bewußtsein durch die üblichen Sinne vermittelt, obwohl – wie bei den Träumen – keine äußeren Sinnesreize einwirken. Am Realitätswert des Traumes kann man ermessen, welchen Realitätswert ein durch die Psyche vermitteltes Bild hat. Die psychischen Strukturen für die Vermittlung eines Sinnesreizes und eines inneren Bildes sind letztlich dieselben. Der Sinnenreiz ist nicht eine photographische Abbildung der Umwelt. Wir sehen zum Beispiel nicht Lichtwellen unterschiedlicher Länge, sondern farbiges Licht. Wahrnehmen schließt in erheblichem Maße *Erkennen* ein, das Vergleichen mit früheren Sinneseindrücken. Dabei spielt das *Gedächtnis* eine große Rolle. Beim Gedächtnis müssen wir unterscheiden, was *willentlich abrufbar* ist (z.B. das Wissen in einer Prüfung), was *vorhanden, aber im Augenblick nicht abrufbar ist* (z.B. Vergessenes) und das *absolute Wissen*, das dem Bewußtsein *nicht*, wohl aber dem *Unbewußten* zur Verfügung steht (z.B. im Traum). Das absolute Wissen umfaßt sowohl ein *absolutes Gedächtnis*, in welchem alles, was je gewußt worden ist, gespeichert bleibt, und ein *Wissen, das nie zuvor gewußt war.* Dieses Wissen umfaßt zum Beispiel auch die *Vorgänge im Körperinnern;* so kann das Unbewußte um eine Körperkrankheit wissen, die noch gar nicht manifest geworden ist, oder um eine Schwangerschaft, die noch nicht nachgewiesen werden konnte.

Nur in seinem persönlichen Anteil ähnelt das *Unbewußte* dem Bewußtsein: Es umfaßt alles, was einmal bewußt war und später vergessen oder verdrängt wurde. Im kollektiven Anteil ist es ein vollkommen anderes, inkommensurables Medium. Das spürt man, wenn man einen Traum in die Sprache des Bewußtseins übersetzen muß, um ihn aufzuschreiben. Das Unbewußte hat ganz andere Eigenschaften als das Bewußtsein. Zu oft wird das Unbewußte bloß als ein reduziertes, abgeblendetes, dämmriges Bewußtsein mißverstanden. Nicht das Unbewußte, sondern das Bewußtsein ist das abgeleitete, sekundäre Phänomen. Das Unbewußte ist der Mutterboden des Bewußtseins[17]. Das Unbewußte ist aber nicht, wie es scheinen könnte, ein Nichts, eine Leere. Es ist ein lebendiges, wirkendes Etwas, das nicht gewußt ist, das keiner bewußten Persönlichkeit zugehört. Deshalb kann es nicht lokalisiert werden; es ist ebensogut innen wie außen, den ganzen Kosmos erfüllend.

Manche parapsychologischen Erklärungsversuche berücksichtigen die Tatsache des Kollektiven Unbewußten, doch man spürt, daß dahinter keine entsprechende Erfahrung steht. Es werden dann solche Fragen gestellt wie die, ob »eine unbewußte Projektion« eine Erscheinung verursache? Erstens ist das wiederum kausal statt synchronistisch gedacht, und zweitens wird die Natur der Projektion nicht verstanden. Denn alles, was unbewußt ist, ist auch projiziert[18]. Eine solche »Erklärung« ist keine. Es gehört zum Wesen des Kollektiven Unbewußten, daß es sich irgendwo manifestieren kann.

Fruchtbarer wäre die Frage nach dem *Sinn* einer Erscheinung. Bekannt sind Erscheinungen, die weitreichende Folgen hatten, weil sie von denen, die sie erfahren haben, als außerordentlich bedeutsam, ja als Wink Gottes verstanden wurden. Dazu gehörten die Erscheinungen der *Jeanne d'Arc.* In der Nähe ihres Heimatortes Domrémy war ein berühmter Wald, bekannt als *Bois Chenu* (»Altersgrauer Wald«), von dem allerhand Wunderliches erzählt wurde. Eine Prophezeiung soll in Umlauf gewesen sein, wonach aus dem Umkreis eines Wäldchens eine Jungfrau kommen sollte, die Wunderbares zu verrichten hätte. Dort gab es einen *Arbre des Dames*, der auch

»Baum der Feen« genannt wurde, eine große Buche in der Nähe eines Quells. Der Lebensbaum am Lebensquell ist eine archetypische Vorstellung[19]. In jenem Quell sollen Kranke Heilung finden. Im Schatten des Baumes, so hieß es bei den alten Leuten des Dorfes, würden sich Feen herumtreiben.

Die Mädchen des Ortes hängen Blumengebinde in die Zweige und tanzen um den Baum. Im Prozeß zu diesen heidnischen Gebräuchen befragt, maß ihnen Jeanne d'Arc keine besondere Bedeutung bei, kannte sie allerdings. Sie verweisen auf die Numinosität des Ortes. Aus den Akten ist nicht genau zu rekonstruieren, wo ihr was zustieß. Als sie kaum dreizehn Jahre alt war, erschien vor ihren Augen eine leuchtende Wolke (*nubes praelucida*), aus welcher eine Stimme zu ihr sprach:»Johanna, du bist ausersehen, ein anderes Leben zu führen und Wunderbares zu vollbringen; denn du bist die vom Himmelskönig dazu Auserwählte, das Königreich Frankreich wiederherzustellen und König Karl zu helfen und ihn, der aus seinen Ländern vertrieben worden ist, zu beschützen. Du sollst Männerkleider anlegen; du sollst Waffen tragen und Führerin des Heeres werden«[20]. Bei der Gerichtsverhandlung sagte sie lapidar, um die Mittagsstunde zur Sommerszeit sei sie von einer Stimme aus der Richtung der Kirche gerufen worden, die von einem hellen Leuchten begleitet gewesen sei. Zuerst sei sie verwirrt gewesen und habe an diesem Wunder gezweifelt. Schon im alten Testament offenbart sich Gott dem Moses in einer *Wolke* (Exodus 14,19;20,21). Die Erscheinung der Stimme aus einer Wolke oder von einem *Leuchten* begleitet ist wiederum eine genuine archetypische Vorstellung, die spontan auftritt. Später hat *Jeanne d'Arc* die Stimme dem Erzengel Michael zugeschrieben, was bereits eine Interpretation ist. Dieses Phänomen ist typisch: *Kryptische Erscheinungen werden mit Hilfe des Bewußtseins in den kulturellen Zusammenhang eingeordnet.* Damit wird die ursprüngliche Erfahrung keineswegs verfälscht, sondern eine Assimilation eines unbewußten Inhaltes versucht.

Der Erzengel belehrte Jeanne d'Arc, daß die Heilige Katharina und die Heilige Margarete auf göttliches Geheiß ihr von nun an Weisungen geben würden, die sie zu befolgen habe. Sie sah ihre drei Vertrauten oft mit irdischen Augen. Sie kamen immer von der Wolke himmlischen Lichtes begleitet. Sie konnte sie berühren und umarmen. Die Geister sprachen sie als *Johanne la Pucelle, fille de dieu* an. Wohlgeruch umgab die Erscheinungen, auf den Häuptern trugen sie herrliche Strahlenkronen. Sie erschienen ihr mehrmals am Tag, besonders im Wald, und brachten Führung und Trost[21].

Es wäre völlig verfehlt, solche seelischen Erlebnisse personalistisch erklären zu wollen. Das einfache Bauernmädchen wurde vom Geist des Jahrhunderts umgetrieben. Selbst aus den Schützengräben der Weltkriege berichteten die jungen Soldaten von Erscheinungen der *Jeanne d'Arc*. Sie hat sich tief in die französische Seele eingeprägt. Durch ihre Führung hat sie nicht ein individuelles, sondern ein archetypisches Schicksal gehabt. Der Fall Jeanne d'Arc steckt voller Aufschlüsse über den kollektiven Hintergrund von Erscheinungen. Die Visionen der Heiligen Perpetua[22] verweisen auf die Bedeutung und den Sinn solcher Erscheinungen, der mir eher in ihrem *Gehalt* als im parapsychologischen Vorgang zu liegen scheint. Dabei sind drei Arten von Erscheinungen zu unterscheiden:

– die »halluzinatorischen Erscheinungen« (Visionen, Auditionen, haptische etc.)
– die Erscheinungen im Zusammenhang mit Krisensituationen
– die ortsgebundene Erscheinung.

Im ersten Fall drückt das Kollektive Unbewußte eher sich selber aus, während es in den anderen Fällen Information über äußere Ereignisse vermittelt. *M.-L. von Franz* hat in ihrem Buch »Traum und Tod«[23] darauf hingewiesen, daß in einer Serie von Träumen über einen Verstorbenen solche vorkommen, in denen der Verstorbene als inneres Bild der Träumerin (subjektstufig) vorkommt, und andere, in denen er als Geist (objektstufig) erscheint. Die Frage der Parapsychologen, ob eine Erscheinung animistisch oder spiritistisch zu verstehen sei, ist falsch gestellt. Sie verkennt die Objektivität der Psyche. Wenn der Archetypus, wie C.G. Jung betont[24], psychoider Natur ist, hat er die Möglichkeit, sich im Bewußtsein sowohl psychisch wie materiell zu manifestieren. Entscheidend ist die Wirklichkeit der Erscheinung und nicht das Medium, in welchem sie erscheint. Hinter dem alten Streit steckt die Idee, in der spiritistischen Anschauung wäre die Erscheinung objektiver, in der animistischen wäre sie bloß »Einbildung«.

Oft wird der Verstorbene auch *gefürchtet*, denn als »Wiedergänger« (*revenant*) kann er zurückkommen und den Hinterbliebenen schaden. Weit verbreitet ist die Sitte, den Verstorbenen zu belehren, daß er nun tot sei und ins Jenseits zu wandern habe. Damit er dazu eher bereit ist, hat man ihm seit ältesten Zeiten Wegzehrung, ja sogar sein ganzes Gesinde, seine

Haustiere und seine Frauen mit ins Grab gegeben. Psychologisch ist es verständlich, daß die Hinterbliebenen sich im Ablösungsprozeß vom Verstorbenen trennen müssen. Dieser Prozeß dauert umso länger, je enger die psychische Verbindung und je unerwarteter der Todesfall war. Ich erinnere mich eines Mannes mittleren Alters, der mich mit seiner Braut aufsuchte, weil er das Bild seiner verstorbenen Frau nicht los wurde. Er hatte mit ihr ein Jahrzehnt lang in einer zerstrittenen Ehe gelebt und war gerade auf dem Weg der Versöhnung, als sie an einem Hirntumor erkrankte und kurz darauf starb. Nach der üblichen Trauerzeit lernte er eine nette Frau kennen, die er heiraten wollte. Er konnte aber sein Gefühl nicht vollständig auf die neue Frau richten, denn es kam ihm wie Untreue seiner verstorbenen Frau gegenüber vor. Das belastete die neue Beziehung derart, daß sich die beiden fragten, ob sie sich wieder trennen müßten. Die verstorbene Frau war für ihn zu einem eifersüchtigen Wiedergänger geworden, der ihm sein Lebensglück mißgönnte. Ich riet ihm, der verstorbenen Frau eine Ecke im Schlafzimmer einzurichten, wo er ihre Erinnerung lebendig bewahren konnte. Er hatte nämlich hartnäckig versucht, sie aus seinem Gedächtnis zu verdrängen, weshalb sie sich dafür rächte.

Die Totenverehrung und die Messen zum Gedächtnis der Verstorbenen sind sinnvolle Rituale, die den Hinterbliebenen ermöglichen, den Todesfall zu verarbeiten. Die reformierte Kirche insbesondere läßt den Menschen, der einen nahen Angehörigen verloren hat, völlig allein. Beileidsbesuche des zuständigen Pfarrers sind menschlich wertvolle, aber psychologisch unzureichende Gefühlsäußerungen. Die Trauerarbeit sollte bewußt durchgemacht werden, damit der Verstorbene nicht zu einem schädlichen Komplex wird. Bei einer Analysandin konnte ich diese ungünstige Entwicklung beobachten. Ihr Vater, mit dem sie sich sehr verbunden gefühlt hatte, war nach einer Krankheit gestorben. Nach der Beerdigung hatte sie Träume, in denen ihr der Vater wieder begegnete. Sie wußte im Traum, daß er tot war, und vermied jeden Körperkontakt, wie etwa Händeschütteln. In der Folge trat er immer häufiger in den Träumen auf. Die Analysandin konnte sich emotional von ihm nicht lösen; bald genoß sie geradezu sein Wiedererscheinen. Im Verlaufe der Traumserie wurde der Vater immer negativer, bis schließlich Totenschädel vor ihr tanzten. Da wurde es mir zu bunt, und ich erlebte vor ihr einen heftigen Zornesausbruch. Nachher träumte sie nie mehr vom Vater. Die gefühlshafte Bindung, die ihn zu einem destruktiven Vampir werden ließ, wurde durch meine emotionale Reaktion zerrissen.

Diese Beispiele zeigen, daß man die Erinnerung an einen Verstorbenen nicht verdrängen darf, wohl aber in bewußter Trauerarbeit die sentimentalen Bindungen lösen muß, die auf Projektionen beruhen. Solche Bindungen enthalten psychische Energie (Libido), die dem Leben vorenthalten wird und mit dem Verstorbenen ins Jenseits abwandert. Sie belebt alle jenen Bilder, die dann als Erscheinungen dem Hinterbliebenen die Seelenruhe rauben.

Eine unaufgelöste *participation mystique* ist oft der Grund, weshalb bei älteren Ehepaaren dem Tode des einen bald der andere Partner folgt. Die Libido wandert mit dem Verstorbenen ins Jenseits und steht dem Leben nicht mehr zur Verfügung. Diese Energiearmut kann sich nicht nur als Depression äußern, sondern auch als körperliche Resistenzverminderung und erhöhte Krankheitsanfälligkeit. Wiedergänger können krank machen und den Lebenden nach dem Leben trachten. Es gibt daher zahllose Abwehrmechanismen, um den schädigenden Einfluß der Untoten abzuwehren. Die Toten sind deswegen gefährlich für die Lebenden, weil sie sie zum Unbewußtwerden zu verführen drohen. Das Bewußtsein des Menschen ist ständig bedroht, wieder im Unbewußten zu versinken. Von den Toten geht eine starke regressive Wirkung aus, denn sie stellen die Vergangenheit dar. Dieser Sog von Drüben wurde seit je als gefährlich, weil lebensfeindlich empfunden. Durch ihn wird der Tote zum Nachzehrer.

Das Sterben ist eine archetypische Situation, weshalb in diesem Zeitraum synchronistische Ereignisse häufig vorkommen.

Geisterauftritte, wie sie besonders zahlreich im Zusammenhang mit dem Tod oder mit Verstorbenen auftreten, machen vollends deutlich, daß Komplexe oder Dämonen Wirklichkeiten geheimnisvollen Ursprungs sind. Sie stellen die Wirklichkeit des Psychischen selber dar, die auf nichts anderes reduziert werden kann. Wir müssen erkennen, daß die Psyche *die* Wirklichkeit per se ist. Psychische Wirklichkeit besteht aus Bildern. Diese Bilder sind wirksam und daher wirklich, egal ob sie Abbilder einer sogenannten äußeren oder einer inneren Wirklichkeit sind. Genausowenig wie wir subjektiv Schmerzen, die eine organische Ursache haben, von solchen zu unterscheiden vermögen, die psychischen Ursprungs sind, können wir Erscheinungen spiritistischen oder animistischen Ursprungs auseinanderhalten. Unsere Vorstellungen sind Realitäten, wie wir in jedem Traum aufs

Neue erleben, und wir reagieren darauf. Hier sind unserer Erkenntnis Grenzen gesetzt; jenseits derselben tut sich das grenzenlose Feld des Geheimnisses auf, welches letztlich in das des Lebens überhaupt mündet. Bei allem Erkenntnisdrang sollte der Wissenschaftler noch vor der Undurchdringlichkeit des Geheimnisses erschaudern können.

14. Das Böse

Wie ein roter Faden zog sich durch unsere Untersuchung die Frage nach *dem Bösen.* Sie stand als Grundmotiv hinter allen Aspekten und Wirkungen der Dämonen oder des Verhaltens des Menschen ihnen gegenüber. Sind die Dämonen das Böse? Nein, weder in psychologischer noch in theologischer Hinsicht sind sie das. Manche Theologen behaupten, der Teufel und die Schar der Dämonen würden auf Erden das Böse verrichten. Das ist schon eher annehmbar, auch vom psychologischen Standpunkt her.

Sind die Komplexe das Böse, sofern Dämonen, wie wir gezeigt haben, solche sind? Nein. Alle Faktoren der Psyche sind zu beiderlei fähig, zum Guten wie zum Bösen. Hell und Dunkel, Licht und Schatten gehören zum Leben, zur Natur und zum Menschen. Wo das eine ist, muß auch das andere sein. Die Natur, das Leben steht jenseits dieses Gegensatzes, *ist* einfach, weder gut noch böse. Schöpfung und Zerstörung gehören notwendig zum ewigen Wandel des Lebensprozesses. Eines ist so notwendig wie das andere, sonst würde der Prozeß stillstehen.

Relativieren wir damit nicht das Böse in gefährlicher Weise? Tatsächlich haben wir keinen objektiven Standpunkt außerhalb der Welt, von welchem aus wir Gut und Böse beurteilen können. Unser Urteil unterliegt den subjektiven Voraussetzungen unserer Persönlichkeitsentwicklung.

Toleranz ist eine moderne Forderung. Heißt sie etwa, daß ich auf jede moralische Beurteilung der Tat eines anderen Menschen verzichten muß? Meine Position ist nicht weit davon entfernt, insofern es nicht die Tat allein zu beurteilen gilt, sondern auch den Menschen, die Umstände, seine Motive und Absichten. Die moderne Rechtssprechung berücksichtigt das, was ich als großen Fortschritt erachte, obwohl es im Volk noch weithin nicht verstanden wird. Konsequent zu Ende gedacht, würde sich die Rechtssprechung damit selber aufheben. Denn es gäbe nicht mehr die vom Strafgesetzbuch zu ahndenden Taten, sondern nur noch die Psychologie des Täters, aus welcher seine Tat verständlich und vielleicht unumgänglich wird.

Aber müssen wir denn überhaupt die Qualitäten Gut und Böse aufgeben, weil sie vom Menschen geschaffen und relativ sind? Würden wir noch leben wie die Tiere, so hätten wir keine moralische Funktion in unserer Psyche. Ein Löwe, der einen Missionar frißt, ist kein böser Löwe, sondern lediglich ein Fleischfresser. Das heißt, soweit wir bloße Natur sind (wie der Löwe), haben wir noch kein moralisches Empfinden. Erst mit dem Bewußtsein kommt der Psyche ein solches zu. Ist dieses denn eine Erfindung des Bewußtseins? Setzt der Mensch fest, was gut und was böse ist? Ist es eine menschliche, willkürliche Konvention, das eine gut, das andere böse zu nennen? Mit anderen Worten, sind Gut und Böse kulturell bedingt? Das ist ganz sicher zum Teil so: Beispielsweise gelten gewisse sexuelle Praktiken wie die heilige Hochzeit in manchen Kulturen als äußerst anstößig, in anderen als sakrosankt. Ein großer Teil unseres Sittenkodex ist *kulturell bedingt* und eine allgemeine Übereinkunft, die sich im Lauf der Zeit wandelt. Sie wird dem jungen Menschen mit der Erziehung eingepflanzt. Dazu gehören alle jene kollektiven Sittenvorstellungen darüber, was »man« zu tun oder zu unterlassen hat.

Die wirkliche moralische Frage fängt weder hier noch beim Strafgesetzbuch an; beide haben genügend große Maschen, um den gerissenen Gauner durchschlüpfen zu lassen. Das Strafgesetzbuch ist eine *soziale Einrichtung* mit der Funktion, das Zusammenleben zu regeln. Die eigentliche Ethik beginnt jenseits dieser kollektiven und zeitbedingten Satzungen der Menschen. Sie ist der Teil des Gewissens, den Jung[1] die »Stimme Gottes« (*vox dei*) nennt. Sie ist die *moralische Funktion des Selbst*. Diese kommt allerdings erst dort zum Tragen, wo die herkömmliche Moral bis zu einem gewissen Grad überwunden und eine Beziehung zum Selbst zustande gekommen ist. Solange die kollektiven Normen noch als unumstößlicher Maßstab gelten, kann die *vox dei* als leise Stimme im Hintergrund nicht wahrgenommen werden. Erst wenn eine Lebenskrise entsteht, in welcher die herkömmlichen Normen nicht mehr ausreichen, beginnt sich der Mensch an der *vox dei* zu orientieren. Diese ist denn auch insoweit eine *objektive Instanz*, als ihr Urteil nicht von den Wünschen und Begehren des Ichs abhängt, ja oft diesen zuwiderläuft. Sie ist jener Richter, der Tag und Nacht über unsere Taten zu Gericht sitzt[2]. Erst hier befinden wir uns auf jenem sicheren Grund der Beurteilung von Gut und Böse, der nicht mehr den Beschränkungen unseres Menschseins unterliegt. Gerade hier entsteht aber die eigentliche Problematik des Bösen der Dämonen. Als

Komplexe entsprechen Dämonen einer *unbewußten Seite* der Psyche. Alles, was unbewußt ist, ist auch projiziert. Es war daher schon ein Fortschritt in der Bewußtwerdung, als sich die frühchristlichen Hermiten in die Wüste zurückzogen, um sich mit ihren eigenen Dämonen herumzuschlagen. Meistens schlagen wir uns nämlich mit den vermeintlichen Dämonen unserer Mitmenschen herum und erkennen in ihnen nicht unsere eigenen Dämonen. Ein großer Teil des Unglücks in unserer Welt entsteht durch diese *Projektionen. Wir können Projektionen nicht verhindern.* Solange ein unbewußter Inhalt nicht an die Persönlichkeit angeschlossen ist, kann diese ihn auch nicht lokalisieren. Er kann dann ebensogut an der Umgebung wahrgenommen werden. Der Grund dafür, daß ein solcher Inhalt noch unbewußt ist, liegt darin, daß er mit der bewußten Einstellung unverträglich ist. Tritt er daher in der Umgebung auf, so hat das den Vorteil, daß der moralische Konflikt, der dem Subjekt schlaflose Nächte bereiten könnte, nach außen verlegt ist. Allerdings ist mit dem augenblicklichen Vorteil des wiedergefundenen Seelenfriedens ein umso größerer Nachteil verbunden: Der Konflikt wird unlösbar. Jeder echte Konflikt wird erst dadurch lösbar, daß das Subjekt seinen eigenen Anteil daran erkennt. Das kann es nur, wenn es versucht, seiner Komplexe bewußt zu werden. Ihre Unbewußtheit führt nämlich dazu, daß ich in bester Absicht das Böse tue.

Selten beabsichtigt jemand Böses. Wir wollen alle das Gute. Unsere christliche Kultur ist so durchtränkt von der Forderung nach dem Guten, das wir tun *sollen*, daß wir das Böse, das wir *tun, nicht erkennen dürfen.* Wir würden in einen Katarakt der Verzweiflung und des Zweifels am Guten im Menschen gestürzt, wenn wir wirklich und nüchtern erkennen müßten, wieviel Übel wir anrichten. Wir ziehen es deshalb vor, unsere *gute Absicht* zu betonen, in der wir das Böse tun. Diese Absicht *scheint* uns bereits für alles Schlechte zu entschuldigen, was noch getan wird. Wir sind voller guter Absichten, wir haben zu viele gute Absichten, als daß wir uns auf die Finger schauen könnten, was wir denn wirklich tun. Was nützt uns die beste Absicht, wenn wir gar nicht fähig sind, so viel Gutes zu tun, wie wir beabsichtigen? Es wird von uns allerdings auch zu viel Gutes abverlangt. Das christliche Ziel der Vollkommenheit, auch wenn es nur annäherungsweise erreicht werden soll, verdrängt alles, was ihm entgegensteht. Wir überfordern uns schlicht. Und all das Schlechte, zu dem wir fähig sind, hat keinen Ort. Es sollte nicht sein, es darf nicht sein. Aber wenn es trotzdem ist? Die Lehre von der *Privatio boni* – das Böse existiert, wenn überhaupt, nur *negativ*, als Abwesenheit oder Minderung des Guten – stammt wohl daher, daß das Böse in unserer Auffassung gar keinen Ort besitzt. Da dadurch ein unheilvoller Konflikt entsteht, wird er kurzerhand als nichtexistent umgangen.

Wo sitzt das Böse dann? Weil es, als etwas Unbewußtes unabhängig und oft den bewußten Intentionen zuwider auftritt, wird es als etwas empfunden, das außer mir geschieht. Das sind die Dämonen. Sie veranlassen mich, wie Paulus sagt, das Gute, das ich will, nicht zu tun und das Böse, das ich nicht will, auszuführen (Rm 7,19). Sie werden, da sie oft meinen Willen durchkreuzen, als *etwas Ichfremdes* empfunden. Daher liegt es nahe, sie außerhalb von mir, anzusiedeln. Das birgt allerdings die Gefahr, daß sie meiner Auseinandersetzung mit ihnen entzogen sind. Sie verwandeln sich dann leicht in meinen Nächsten.

Sie sind aber auch nicht das Böse, unsere Dämonen. Sie sind ein kostbares Gut, ein Ansatz zur Ganzwerdung, der irgendwo und irgendwie steckengeblieben ist – durch ein ungünstiges Schicksal oder durch ein Trauma. Dämonen sind *unsere vernachlässigte und uneingestandene Seite*. Doch auch diese will teilhaben am Leben der Person. Da das Bewußtsein ihr dies nicht gestattet, erzwingt sie sich ihren Anteil. Damit aber kehrt sie ihre *negative Seite* hervor, da sie sich nun zum Gutsein der bewußten Persönlichkeit entgegenstellt. Da sich das Bewußtsein mit dem Guten identifiziert, erhält alles, was diesem entgegensteht, ein negatives Vorzeichen. Unsere naturhafte, nicht akzeptierte Seite wird damit recht eigentlich »*verteufelt*«.

Die Kirche meinte dasselbe, wenn sie in den Dämonen Engel sah, die von Gott abgefallen sind. Setzen wir in psychologischer Sprache für Gott das Selbst, die unanschauliche Ganzheit des Menschen, so werden die Dämonen in der Tat negativ, insofern sie zu dieser Ganzheit in Opposition stehen. *Das Böse* wäre demnach alles, was sich der Verwirklichung der Ganzheit, der Individuation entgegenstellt. Freilich läßt sich etwas kaum »definieren«, das unser Bewußtsein übersteigt. Das Böse ist insofern bewußtseinstranszendent, als weder der Antrieb dazu vom Bewußtsein kommt, noch der für die Beurteilung nötige Impuls von der *vox dei*. Das Böse läßt sich als etwas Transzendentes gar nicht vom Bewußtsein definieren. Es ist ein Lebendiges, das jeweilen als solches von der *vox dei* bezeichnet wird. Würde die bewußte Persönlichkeit sich ihrer Komplexe in christlicher Barmherzigkeit annehmen, so würden diese nicht allzuviel Unheil anrichten. Doch in einer extravertierten Kultur wie der westlichen verwendet man seine christlichen Tugenden lieber in der Außenwelt, wo sie vom Publikum auch gebührend zur Kenntnis genommen werden. Unsere *inneren* »armen Teufel« kommen dabei zu kurz.

Dieser *extravertierten christlichen Haltung,* dieser *chronischen Unterbewertung und Vernachlässigung unserer Seele* verdanken wir die täglichen Untaten der Dämonen in unserem Alltag und in der Welt. Dort liegt der *praktische Ursprung des Bösen.* Dämonen sind nicht von Natur aus böse – unsere Vernachlässigung und Verleugnung ihres Anspruchs hat sie böse gemacht. Leider ist aber ihre dergestaltige Bosheit keineswegs harmloser. Sie macht die Dämonen zu willigen Werkzeugen des Teufels.

Ist der Teufel längst abgeschafft? Das gilt für den Teufel als äußere Realität, aber nicht für seine Wirksamkeit *im* Menschen. Je aufgeklärter wir tun, je hartnäckiger wir das Böse oder den Teufel als Aberglauben abtun wollen, umso hartnäckiger greift er uns an. Es besteht nämlich die *Gefahr, mit dem Teufel identisch zu werden.* Wenn es dazu kommt, besteht er nicht mehr als Gegenüber; er ist verschwunden. Das ist die Gefahr der Aufklärung, in welcher alle Dämonen als nichtexistent, als Aberglauben verworfen werden. Dann bemächtigen sie sich des menschlichen Bewußtseins. Dieses wird dämonisiert. Es identifiziert sich nicht mehr mit dem Guten. In seiner Gottähnlichkeit steht es über dem Gegensatz von Gut und Böse. In dieser Hybris hat es seine moralische Funktion verloren. Es ist zum *amoralischen Verbrecher* geworden. Heutzutage wird oft alles Reden von einem dem Bewußtsein entgegenstehenden Unbewußten als unbeweisbare Hypothese abgetan. Die Folge ist, daß das Ich sich mit der Ganzheit der Psyche identifiziert. Daraus resultiert ein aufgeblasenes Ich – und ein verblasenes Selbst[3].

Die Dämonen oder Komplexe als eine Realität anzuerkennen, die nicht von meinem Gutdünken abhängig ist, ist ein erster Schritt zur Bewußtwerdung und ein erster Schritt auf dem Weg, das Böse in die Schranken zu weisen. Entweicht das Böse unserem Gesichtsfeld und unserer Einsicht, so wird es destruktiv. *Integriertes Böses ist vielleicht nicht weniger böse, aber weniger destruktiv.* Die Integration des Bösen ist zu einer unabweisbaren Aufgabe geworden. Allerdings setzt sie voraus, die Objektivität des Bösen anzuerkennen. Der Weg zur Integration erfordert ein gefestigtes Ich, das nicht in Panik gerät, wenn es an die Dunkelheiten seiner eigenen

Persönlichkeit rührt. Können wir uns mit etwas weniger hohen Idealen unseres Menschseins begnügen, so erschrecken wir weniger über dessen dunkle Seiten. Dann halten wir womöglich auch der Wirklichkeit unseres Seins stand, das sich ziemlich zu gleichen Teilen aus Licht und Dunkelheit zusammensetzt.

Verbessere ich die Welt, indem ich meine armen Teufel integriere? Ja, denn ich entlaste sie von dem Bösen, das ich stets auf die Welt projiziert habe. Ich nehme jenen Anteil des Bösen, einen vielleicht infinitesimalen Teil des ganzen Bösen der Welt auf mich, der zu mir gehört. Dieses Böse richtet nicht mehr unbemerkt irgendwo Schaden an wie ein frei herumschweifender Dämon, denn es ist in meine Psyche gebannt.

Was bedeutet das aber schon angesichts des unsäglich vielen Bösen in der ganzen Welt? Wer das Böse integriert hat, wird zu einem Kristallisationspunkt, indem in seiner Umgebung das Böse nicht ankommt; er hat es entlarvt und neutralisiert. Das hat Auswirkungen weit über die jeweilige Persönlichkeit hinaus. Darum kann Jung behaupten, eine Menschheitskatastrophe könne nur dadurch vermieden werden, daß sich *genügend Menschen ihrer eigenen Dunkelheit bewußt würden. Die eigene Dunkelheit zu integrieren ist ein lebenslanges Werk*, das unsere Zukunft zu gestalten und mit Sinn zu erfüllen vermag. Die Dämonen sind geheime Lenker der Geschichte. Vielleicht lernt einer aus der Psychologie der Dämonen für sich und die Welt.

Anmerkungen

Vorwort

1) »Face-to-Face«-Interview von John Freeman und C.G. Jung, in: C.G. Jung im Gespräch, S. 277.

1. Die Dämonen der Heiligen

1) Alle Bibelzitate aus der Zürcher Bibel, 1982.
2) Bardenhewer, O.: Geschichte der altkirchlichen Literatur, Bd.*3*, S. 44 ff., ib. 67.
3) Reitzenstein, R.: Des Athanasius Werk über das Leben des Antonius, S. 32.
4) Le Fort, L.Th.: Oeuvres de S. Pachôme et ses Disciples CSCO 150/160.
5) Butler, C.: The Lausiac History of Palladius, 2 Bde. Palladius: Historia Lausiaca. J. Laager ed. 1987.
6) Festugière, A.-J.: Les Moines d'Orient. IV/1. Enquète sur les Moines d'Egypte (Historia Monachorum in Aegypto). Traduit par A.-J.F.
7) Cassien, J.: Conférences. 3 Bde.
8) Vgl. Das Leben der Heiligen Melania von Gerontius Krottenthaler, St. übers. BKV 1912.
9) Guillaumont, A. et Claire: Evagre le Pontique: Traité pratique ou Le Moine.
10) s.v. Démon. Guillaumont, A. et Claire, Dictionnaire de la Spiritualité ascétique et mystique, t.*3*, Sp. 191. Moser, J.-J.: Aspects psychologiques de la ruse. Thèse Institut C.G. Jung, 1976.
11) Draguet, R.: Athanasius: La vie primitive de S. Antoine conserveé en syriaque, *2*, 18.
12) a.a.O., S. 9-10.
13) Pichery, E. Jean Cassien: Conférences II, V, Sources Chrétiennes *42*, 116-117.
14) Jung, C.G. und Radin, P.: Der Göttliche Schelm. Trickster ist unübersetzbar; Schelm ist zu harmlos.
15) Pichéry, E.: Sources Chrétiennes *42*, 273.
16) ebd. *42*, 258.
17) Draguet, R.t.*2*, 10.
18) Mc 9,43-44: »Es ist besser, daß du verstümmelt in das Leben eingehst, als daß du beide Hände hast und in die Hölle kommst, in das unauslöschliche Feuer, wo ihr Wurm nicht stirbt und das Feuer nicht verlischt.«

19) Den letzten Teil des Satzes habe ich sehr frei übersetzt; die wörtliche französische Übersetzung des Syrischen lautet:»… fut cherchée cette pensée adverse et elle ne fut pas trouvée.«
20) Festugière, A.-J.: Historia Monachorum in Aegypto, S. 18.
21) Krottenthaler, St.: Des Palladius von Helenopolis Leben der Heiligen Väter, S. 58.
Laager, J.: Palladius: Historia Lausiaca, S. 136.
22) Allgemeines zur Komplextheorie. Gesammelte Werke (im folgenden: GW) *8*, 201-204.
23) Symbole der Mutter und der Wiedergeburt. GW *5*, 388.
24) Dasselbe geschah, als nach dem Minnesang die Kirche als Gegenreaktion die Marienverehrung vorantrieb. Vgl. C.G. Jung: Das Typenproblem in der Dichtkunst. GW *6*, 447.
25) Jung, C.G.: Symbole der Mutter und der Wiedergeburt. GW *5*, §337 ff.
26) Jung, C.G.: Der andere Gesichtspunkt: Der Wille zur Macht. GW *7*, §35.
27) Sittengeschichte Roms.
28) Guillaumont, A. et Claire: Evagre le Pontique, S. 100/39.
29) Krottenthaler, St.: Des Palladius von Helenopolis Leben der Heiligen Väter, S. 99 (Paphnutius Kephala).
Historia Lausiaca, ed. J. Laager, S. 234.
30) Guillaumont, A. et Claire: Dictionnaire de la Spiritualité ascétique et mystique *3*, 206.
31) loc. cit. 193.
32) Festugière, A.-J.: Historia Monachorum in Aegypto, S. 26.
33) Draguet, R.: La vie primitive de S. Antoine conservée en syriaque, t. *2*, S. 41. (ch.40).
34) Krottenthaler, St.: Des Palladius von Helenopolis Leben der Heiligen Väter, S. 60-61.
Laager, J.: Palladius: Historia Lausiaca, S. 141-143.
35)»Face-to-Face«-Interview in: C.G. Jung im Gespräch, S. 277.
36) Vgl. zu diesem Problem auch C.G. Jung: Der Schöpferhymnus, GW *5*, §112.

2. Die Dämonen im frühen Christentum

1) Thompson, R.C.: The Devils and Evil Spirits of Babylonia.
2) Jung, C.G.: Antwort auf Hiob. GW *11*, §607.
3) Zur psychologischen Interpretation vgl. Hannah, Barbara: The religious function of the Animus in the book of Tobit.
4) Böcher, Otto: Christus Exorcista.
5) a.a.O., S. 171.
6) Harnack, Adolf von: Die Mission und Ausbreitung des Christentums in den ersten drei Jahrhunderten.
Latourette, K.S.: A History of the Expansion of Christianity. Vol.I: The first five centuries.

7) v. Harnack, A. a.a.O., I, S. 154.
8) a.a.O., I, S. 157
9) Justin: Dialog mit Tryphon 2,1-2.
   Hyldahl, Niels: Philosophie und Christentum, S. 112.
10) Huius [=philosophiae] opus unum est de divinis humanisque verum
   invenire. Ep. 90,3. Zit. Hyldahl, S. 135.
11) Hyldahl, S. 136.
12) v. Harnack II, 559.
13) Jung, C.G.: Über die Beziehung der Psychotherapie zur Seelsorge.
   GW *11*, S. 488 ff.
14) Jung, C.G.: Erinnerungen, S. 334.

3. Die Spaltbarkeit der Persönlichkeit

1) Theoretische Überlegungen zum Wesen des Psychischen. GW *8*,
   §370.
2) Ellenberger, H.F.: Die Entdeckung des Unbewußten, S. 186.
3) a.a.O., S. 190
4) Zur Psychologie und Pathologie sogenannter occulter Phänomene.
   GW *1*, §§1-98.
5) Heute ist ihre Identität bekannt durch die Publikation: Stefanie Zumstein-Preiswerk: C.G. Jungs Medium. Die Geschichte der Helly Preiswerk.
6) Zur Psychologie und Pathologie..., §59.
7) Der Menschenseele Not, Erkrankung und Gesundung, S. 288-310.
8) Ellenberger, H.F.: Die Entdeckung des Unbewußten S. 439-
   442/1042-1044 und Witzig, J.: Théodore Flournoy: A friend indeed.
   Journal of Analytical Psychology *27*, 131-148 (1982).
9) Ellenberger, H.F., S. 193-209.
10) Zur Psychologie und Pathologie..., §116.
11) a.a.O., S. 81.
12) GW *2*.
13) GW *1*, §168, Anm. 3.
14) Allgemeines zur Komplextheorie. Antrittsvorlesung, gehalten an der
   Eidgenössischen Technischen Hochschule am 5. Mai 1934. GW *8*, S.
   107 ff., spez. §201.
15) The Dissociation of Personality.
16) GW *8*, §202.
17) Vgl. Beispiele in S. Freud: Zur Psychopathologie des Alltagslebens.
18) GW *8*, §202.
19) GW *8*, §204.
20) C.G. Jung: Theoretische Überlegungen zum Wesen des Psychischen.
   GW *8*, §397.
21) a.a.O., §385.
22) a.a.O., §388.

4. Die Welt der Geister

1) Zur Phänomenologie des Geistes im Märchen. GW *9/I*, §385.
2) Johann Valentin Andreae, S. 45 ff.
3) Silberer, H.: Probleme der Mystik, S. 7.
4) Walker, Sheila S.: Ceremonial Spirit Possession in Africa and Afro-America, p. 74.
5) Briefe II, 396 und 455.
6) Beattie, J. and J. Middleton: Spirit Mediumship and Society in Africa.
7) a.a.O., S. 71.
8) a.a.O., S. 134f.
9) Passian, R.: Sind brasilianische Trance-Chirurgen Instrumente verstorbener Ärzte?
10) Lambek, M.: Human spirits: A cultural account of trance in Mayotte.
11) Ninck, M.: Wotan und Germanischer Schicksalsglaube, S. 34.
12) Marshall, Lorna: The !Kung of Nyae Nyae, p. 179.
    Lee, R.B. and De Vore, I.: Kalahari Hunter-Gatherers, p. 284-301.
13) GW *8*, 627.
14) l.c. 628.
15) Über die Archetypen des Kollektiven Unbewußten. GW *9* / I, S. 13-51, und Der Begriff des Kollektiven Unbewußten. GW *9* / I, S. 55-66.

5. Die Welt der Schamanen und Medizinmänner

1) Rasmussens Thulefahrt, S. 230-231.
2) Über den Rand des tiefen Canyon, S. 42 ff.
3) Rasmussens Thulefahrt, S. 237.
4) Rasmussen, S. 239.
5) Speck, F.G.: Naskapi, S. 72 ff.
6) Rasmussens Thulefahrt, S. 242.
7) a.a.O., S. 245.
8) a.a.O., S. 247.
9) a.a.O., S. 72-73.
10) a.a.O., S. 253.
11) a.a.O., S. 73.
12) Eliade, M.: Schamanismus und archaische Ekstasetechnik, S. 33-42.
13) Indian Healing, S. 132.
14) Eliade, M.: Schamanismus und archaische Ekstasetechnik, S. 93 u. 95.
15) Halifax, Joan: Shamanic Voices, S. 63-126.
16) a.a.O., S. 74-75.
17) Eliade, a.a.O., S. 97.

6. Von Zauberpfeilen und Hexenschüssen –Primitive Krankheitsauffassungen

1) Vgl. Lk 4,31-41; 5,12-26; 6,6-11,17-19; 7,1-17; 8,26-56 und viele andere Bibelstellen.
2) Siegrist, H.: A history of Medicine II, 57-58.
3) Jung, C.G.: Mysterium coniunctionis II. GW *14*/II §§328 u. 413.
4) Synchronizität als Prinzip akausaler Zusammenhänge. GW *8*, §§956-958.
5) Die praktische Verwendbarkeit der Traumanalyse. GW *16*, §§343-350.
6) Zit. bei Sh. Freeman: Etiology of Illness in Aboriginal Australia, S. 31-32.
7) Clements, F.E.: Primitive Concepts of Disease.
8) Wright, H.B.: Zauberer und Medizinmänner, S. 49.
9) Honko, L.: Krankheitsprojektile.
10) Freeman, Sh., a.a.O., S. 71.
11) Zit. bei Freeman, Sh., S. 71.
12) von Franz, M.-L.: Spiegelungen der Seele, S. 28.
13) Freeman, Sh., a.a.O., S. 71.
14) Ältere Literatur bei Frazer, J.G.: The Golden Bough. Part II. Taboo and the Perils of the Soul, S. 20 ff., und Lévy-Bruhl: Die Seele der Primitiven, S. 134 ff.
15) Jung, C.G.: Mysterium coniunctionis. GW *14*/II, §365.
16) Eliade, M.: Schamanismus und archaische Ekstasetechnik, S. 177-207.
17) Hultkrantz, A.: Conceptions of the Soul…, S. 459.
18) ebd. S. 454.
19) Etiology of Illness in Aboriginal Australia, S. 130 ff.
20) Cawte, J.: Medicine is the Law.
21) Rodewyk, A.: Die Dämonische Besessenheit in der Sicht des Rituale Romanum.
22) Die Besessenheit. Langensalza, 1921.
23) Beattie, J. and J. Middleton (Hrsg.): Spirit Mediumship and Society in Africa.
24) a.a.O., S. 82.
25) Maderegger, S.: Dämonen.

7. Die Dämonen Animus und Anima

1) Jung, Emma: Animus und Anima. Zürich 1967.
Jung, C.G.: Anima und Animus. GW 7, S. 207 ff.
von Franz, M.-L.: Die Erlösung des Weiblichen im Manne.
Körner, Waltraut: Die Rolle des Animus bei der Befreiung der Frau. Thesis C.G. Jung-Inst. 1981.
2) Über die Archetypen des Kollektiven Unbewußten. GW *9*/I, §61.
3) Jung, C.G.: Aion. GW *9*/I, §§20-42.

4) Die Psychologie der Übertragung, GW *16*, §278.
5) a.a.O., 423.
6) Mode, H.: Fabeltiere und Dämonen in der Kunst.

8. Die Geister der Ahnen

1) Anima und Animus. GW *7*, §296.
2) Die Beziehung zwischen dem Ich und dem Unbewußten. GW *7*, 295.
3) ebd., S. 294.
4) C.G. Jung: Die Psychotherapie in der Gegenwart. GW *16*, S. 103, Anm. 2.
5) C.G. Jung: Der Schöpferhymnus. GW *5*, §65, Anm. 5.
6) S. 237.
7) Zum Begriff des Karma siehe: Gonda, J.: Die Religionen Indiens I, S. 206-207, sowie C.G. Jung: Persönliches und überpersönliches Unbewußtes. GW *7*, §83, Anm. 15.
8) Erinnerungen, S. 239.
9) Jung, C.G.: Symbole der Mutter und der Wiedergeburt. GW *5*, S. 265-266.
10) Mit erstaunlich unwissenschaftlicher Naivität deutet *Thorwald Dethlefsen* seine Rückführungen in Hypnose »als Wiedererinnerung früherer Inkarnationen« (Das Erlebnis der Wiedergeburt. Heilung durch Reinkarnation). Das Verdienst seiner Methode dürfte allein darin liegen, daß sie unterdrückte Affekte wiederzubeleben vermag. Allerdings ist der Konflikt in der Seele in typisch westlicher Art auf die Außenwelt projiziert.
11) Jung, C.G.: Zum psychologischen Aspekt der Korefigur. GW *9*/I, §316.
12) Jung, C.G.: Vorwort zu Frances Wickes: Analyse der Kindesseele. GW *17*, §96.
13) Jung, C.G.: Vorwort... GW *17*, §93.
14) Van der Leeuw, G.: Phänomenologie der Religion, S. 134.
15) GW *9*/I, §224.
16) wörtl. die Ewigen, nie Erschaffenen; Totem-Götter der Alcheringa-Zeit, mythische Ahnen der Aranda in Australien.
17) S. 40.
18) Jung, C.G.: Erinnerungen, S. 87.
19) S. 195.
20) C.G. Jung: Komplikationen der amerikanischen Psychologie. GW *10*, §977.
21) Ich rufe mein Volk.
22) Müller, W.: Die Religionen der Waldland-Indianer Nordamerikas.
23) Thiel, J.F.: Ahnen-Geister –Höchste Wesen, S. 26.
24) v. Beit, H. (und von Franz, M.-L.): Symbolik des Märchens I, 114.
25) a.a.O., S. 138.
26) Stauffer, E.: Geschichte Jesu, in: Historia Mundi Bd. IV, 129.

27) Bonnet, H.: Reallexikon der Ägyptischen Religionsgeschichte, S. 322.
28) Jung, C.G.: Synchronizität als Prinzip akausaler Zusammenhänge. GW 8, §921.
29) Über Wiedergeburt, GW 9/I, S. 125 ff.
30) S. 240-241.

9. Die Beziehung zwischen Subjekt und Objekt

1) Vergleiche auch meinen Artikel in der »Encyclopedia of Religion« von M. Eliade: Demons: Psychological Perspectives, Vol. 4, S. 288-292.
2) Ribi, A.: Anthropos, in Vorbereitung im Kösel-Verlag.
3) Jung, C.G.: Briefe II, 180 (an Marie Ramondt).
4) Ribi, A.: Anthropos, Kap.: Der Kosmische Mensch, in Vorbereitung im Kösel-Verlag.
5) Gusinde, M.: Nordwind-Südwind, S. 38.
6) Völker, K.: Von Werwölfen und anderen Tiermenschen.
7) Marshall, Lorna: The Medicine Dance of the !Kung Bushmen. Africa 39, 347-381 (1969).
8) Leff, J.: Psychiatry around the Globe, S. 42 ff.
9) Barguet, P.: Le livre des Morts des Anciens Egyptiens, S. 59 u. 123.
10) Vgl. Mannhardt, W.: Wald- und Feldkulte, wo Beispiele aus ganz Europa gesammelt sind.
11) Elkin, A.P.: The Australian Aborigines.
12) Renner, E.: Goldener Ring über Uri.
13) def. orac. 17.
14) Aion. GW 9/II.
15) von Franz, M.-L.: Spiegelungen der Seele, S. 141 ff.
16) Jung, C.G.: Mysterium Coniunctionis. GW 14/II, §413.

10. Der Stein: Dämon der Zeugungskraft

1) Glare, P.G.W. (Hrsg.): Oxford Latin Dictionary, s.v.
2) Jung, C.G.: Psychologische Deutung des Trinitätsdogmas. GW 11, §222.
3) Wilamowitz-Moellendorff, U.v.: Der Glaube der Hellenen I, 155 ff. Vgl. zur Steinsymbolik: C.G. Jung: Die Visionen des Zosimos. GW 13, 126 ff.
4) Vgl. Aristophanes, Acharner 242.
5) ders. II, 320 ff.
6) Colonna, F.: Hypnerotomachia Poliphili m iiii ff. (Priapusfest).
7) Platon: Symposion 202.
8) Vgl. von Franz, M.-L.: Spiegelungen der Seele, S. 141.
9) Kittel, G.: Theolog. Wörterbuch zum NT, S.V.
10) Tavard, G. in Theol. Realenzyklopädie VIII, 270.
11) Wilamowitz-Moellendorf, U.v.: Der Glaube der Hellenen, I, 356.

12) ders. I, 357.
13) Pokorny, J.: Indogermanisches Etymologisches Wörterbuch, S. 175 f.
14) Wilamowitz, Glaube II, 295 ff.
15) Vgl. von Franz, M.-L.: Spiegelungen der Seele, S. 103 ff.
16) Eliade, M.: Die Religionen und das Heilige, S. 270.
17) a.a.O., S. 266.
18) a.a.O., S. 267/8.
19) ebd., S. 266 Vgl. auch Rykwert, J.: The Idea of a Town, S. 59.
20) Kriss, R. u. H.: Volksglaube im Bereich des Islams, II, 209.
21) Eliade, M.: Die Religionen..., S. 253.
22) a.a.O., S. 254.
23) a.a.O., S. 259.
24) Reallexikon für Antike und Christentum (kurz: RAC) X, 13.
25) a.a.O. X, 15.
26) a.a.O. X, 15.
27) a.a.O. X, 53. Genius est deus, cuius in tutela ut quisque natus est vivit.
   Hic sive quod ut genamur curat, sive quod una genitur nobiscum, sive
   etiam quod nos genitos suscipit ac tutatur certe a genendo genius ap-
   pellatur.
28) Kerenyi, K.: Die Religionen der Griechen und Römer, S. 236.
29) RAC X, 58.
30) a.a.O. X, 59.
31) Horaz, epist.2,2, 187-189. Übers.v. Joh.Hch. Voss: Horaz, sämtliche
   Werke, S. 219; aus: RAC X, 61.
32) a.a.O. (Serv.Aen.6,743).
33) a.a.O.
34) a.a.O. X, 67. Alii Genium esse putarunt uniuscuiusque loci deum. Vgl.
   zum ganzen Thema von Franz, M.-L.: Spiegelungen der Seele, S. 136.
35) Andres: Pauly's Realencyclopädie Suppl. III, 293.
36) Prickard, A.O.: The return of the Theban Exiles, p. 46.
37) vgl. dazu von Franz, M.-L.: Spiegelungen der Seele, S. 136. Dort
   finden sich auch die zugehörigen Texte.
38) Ribi, A.: Anthropos, in Vorbereitung im Kösel-Verlag.
39) Artis Auriferae, Vol. II, 369:»Sed quocunque nomine nominetur,
   semper tamen est unus et idem, et de eodem. Unde Merculinus: Est
   lapis occultus, et in imo fonte sepultus, / Vilis et eiectus, fimo vel ster-
   core tectus.«
40) Theatrum Chemicum III, 740.
41) Bibliotheca Chemica Curiosa I, 478.
42) Bibliotheca Chemica Curiosa I, 350. Theob. de Hoghelande: De Al-
   chemiae Difficultatibus.
43) Bibliotheca Chem. Cur. I, 467. Allegoria Sapientum.
44) a.a.O., I, 502, Exercitationes XIV.
45) Congeries Paracelsicae Chemiae de Transmutationibus Metallorum,
   in: Theatrum Chemicum I, 509, 1602.
46) Dictionarium Theophrasti Paracelsi, S. 60.

11. Der Maler der Dämonie: Hieronymus Bosch

1) Mode, 4.: Fabeltiere und Dämonen in der Kunst.
2) In einem geplanten Buch werde ich Boschs Arbeiten mit der Methode der Deutung von Bildern aus dem Unbewußten eingehender analysieren. Dazu müssen einzelne Motive im Gesamtwerk des Malers verglichen werden, was den Rahmen der vorliegenden Arbeit sprengen würde. Hier erwähne ich nur einige grundlegende Erkenntnisse. Für nähere Begründungen meiner Thesen verweise ich den Interessierten auf jenes Buch.
3) Hammer-Tugendhat, Daniela: Hieronymus Bosch. Eine historische Interpretation seiner Gestaltungsprinzipien.
4) Dixon, Laurinda S.: Alchemical Imagery in Bosch's Garden of Delights. Bergman, Madeleine: Hieronymus Bosch and Alchemy.
5) Unverfehrt, G.: Hieronymus Bosch. Die Rezeption seiner Kunst im frühen 16. Jahrhundert.
6) Panofsky, E.: Early Netherlandish Painting.
7) Hammer-Tugendhat, Daniela S. 57 und Anm. 11.
8) Friedländer, Max J.: Die Altniederländische Malerei, 11 Bde., 1924-1937.
9) Jung, C.G.: Die Dissoziabilität der Psyche. GW *8*, §365 ff.
10) Jung, C.G.: Allgemeine Beschreibung der Typen. GW *6*, §721 ff.
11) Unverfehrt, G.: H.B., Die Rezeption seiner Kunst im frühen 16. Jahrhundert.
12) a.a.O., §724.
13) Jung, C.G., a.a.O., §725.
14) ders. §730 ff.
15) Ch. de Tolnay, S. 411. R.-H. Marijnissen, S. 16 ff.; H. Goertz: Hieronymus Bosch, S. 15.
16) Reallexikon für Antike und Christentum s.v. Engel IV (christlich), Bd. V, Sp. 190 ff.
17) Spiro, Anneliese: Die Welt der Insekten –Ein Spiegel des Psychischen. Thesis 1985.
18) Dixon, Laurinda S.: Alchemical Imagery in Bosch's Garden of Delights.
Bergman, Madeleine: H.B. and Alchemy. A study on the St. Anthony triptych.
19) siehe 12. Kapitel und C.G. Jung: Die Erlösungsvorstellungen in der Alchemie. GW *12*, §332 ff.

12. Der Geist in der Materie

1) Berthelot, M.: Collection des Anciens Alchemistes Grecs III, 129.
2) Artis Auriferae II 248: Hic enim lapis est clavis; eo namque excepto nihil fit, lapis enim noster est fortissimi spiritus, amarus et aeneus, cui corpora non miscentur quousque dissolvatur.
3) a.a.O., 259: Scias quod lapis noster aereus et volatilis.

4) a.a.O., 271: Item: praedictus lapis dicitur Rebis: id est, una res quae fit ex duabus rebus: id est, corpore et spiritu, vel ex Sole et Luna, ex corpore mundato et fermentato.
5) Berthelot, M.: La Chimie au Moyen Age III, 118.
6) Artis Auriferae I 265:»Eo quod anima ignis in anima eius occultatur. Et illa: Hic igitur lapis spiritualis est. Respondit: non nosti hoc, quia spirituale spirituale roborat, cum eius sordes, et eius superfluitates comedit et separat ex eo?«
7) Den Stein mit dem Selbst gleichzusetzen, begründet Jung näher in: »Die Lapis-Christus-Parallele«, GW *12*, §395.
8)Artis Auriferae I, 308-309: Hic est lapis non lapis, habet animam et sanguinem et rationem similem duobus. Sic dixit Mahomet, Lapis qui est in hoc opere, necessarius de animata re est, hunc invenies ubique in planitie, in montibus et in aquis omnibus: habentque eum tam divites quam pauperes, estque simul vilissimus, carissimus, crescit ex carne et sanguine…: ex illo possunt congregari exercitus, et interfici reges… Immunditia est in hoc lapide propter quam ipsum homines vilipendent, et tenent quod non possint eam sequestrare… Item hic lapis non lapis, proiectus est in res, et in montibus exaltatus est, et in aere habitat, et in flumine pascitur argent. vivum… et in cacumine montium quiescit: cuius mater virgo est, et pater non concubuit. Idem lapis in sterquiliniis calcatur pedibus, et saepe stulti fodiunt, ut eum extrahant, et non possunt eum invenire… dicitur minor mundus, non quod sit microcosmus, sed quia mundus regitur per ipsum.
9) Fabricius, J.: The Symbol of the Self in the Alchemical »Proiectio«. J. Analyt. Psychol, *18*, 47-57, 1973.
10) Definitionen. GW *6*, §500.
11) Theatrum Chemicum II 1659, S. 128: Lapis qualis est in extrinseco, talis est in intrinseco et in medio, supra quamcunque rem projicitur, in eo perfectum opus exercet, eiusque intrinsecum in extrinsecum, et econtra mutat.
12) Kommentar zu »Das Geheimnis der Goldenen Blüte«, GW *13* §64.
13) GW *14*/II, §§365 u. 407.
14) Erinnerungen, S. 326.
15) Jung, C.G.: Der Geist Mercurius. GW *13*, §301.
16) De civitate Dei, lib. XI, C. VII.
17) Ruska, J.: Tabula Smaragdina.
18) Jung, C.G.: Psychologie und Alchemie. GW *12*, §447 ff.
19) S. 18.
20) Neutestamentliche Apokryphen. Hrsg. Schneemelcher, W. I, 104, Z. 28-31.
21) a.a.O. I, 98, Logion 3.
22) Zit. bei C.G. Jung: Symbole und Traumdeutung. GW *18*, §465.
23) Ich verdanke diese Geschichte dem verstorbenen Präsidenten des C.G. Jung-Institutes Zürich, Dr.med. Franz Riklin.
24) C.G. Jung: Einleitung in die religionspsychologische Problematik der Alchemie. GW *12*, §§1-43.

25) Ribi, A.: Anthropos. Kap.: Mikro-Makrokosmos. In Vorbereitung im Kösel-Verlag.
26) von Franz, M.-L.: Alchemical Active Imagination.
27) vgl. von Franz, M.-L.: Zahl und Zeit, S. 247.

13. Tote im Kopf: Zur Parapsychologie der Erscheinungen

1) Individualität und Kollektivpsychose. GW 7, §264.
2) vgl. die reiche Sammlung bei Gurney, E., Frederic W.H. Myers and F. Podmore: Phantasms of the Living. 2 Bde.
3) Mattiesen, E.: Das persönliche Überleben des Todes. Bd. I, S. 81.
4) a.a.O., S. 81-82.
5) a.a.O., S. 86.
6) a.a.O., S. 95-96.
7) Parapsychologie. Wege der Forschung IV. S. 747.
8) C.G. Jung: Synchronizität als Prinzip akausaler Zusammenhänge. GW 8, §858.
9) C.G. Jung: Briefe III, 234. To Stephen I. Abrams. 5. III. 1959.
10) Mattiesen, E., a.a.O., S. 103.
11) a.a.O., S. 132.
12) RAC 2, Sp. 391-394.
13) Moser, Fanny: Spuk. S. 253 ff.
14) a.a.O., S. 11.
15) a.a.O., S. 254.
16) Emmons, Ch.F.: Chinese Ghosts and ESP.
17) Jung, C.G.: Theoretische Überlegungen zum Wesen des Psychischen. GW 8, §343 ff.
18) Jung, C.G.: Die Archetypen des Kollektiven Unbewußten. GW 7, §152 ff.
19) Widengren, G.: The King and the Tree of Life in Ancient Near Eastern Religion. 1951.
20) v. Sackville-West: Jeanne d'Arc, die Jungfrau von Orléans, S. 72.
21) a.a.O., S. 76-77.
22) von Franz, M.-L.: Psychologische Abhandlungen, Bd. VIII, Rascher 1951, S. 387 ff.
23) München: Kösel 1985, S. 17.
24) Theoretische Überlegungen zum Wesen des Psychischen. GW 8, §440.

14. Das Böse

1) Das Gewissen in psychologischer Sicht. GW 10, §839 u. §853.
2) C.G. Jung: Erinnerungen, S. 347.
3) Jung, C.G.: Theoretische Überlegungen zum Wesen des Psychischen. GW 8, §430.

Literatur

Andreae, J.V.: Chymische Hochzeit: Christiani Rosencreutz. Anno 1459 (1616). Eingeleitet und herausgegeben von Dülmen, R. van. Quellen und Forschungen zur Württembergischen Kirchengeschichte Bd. 6, Stuttgart: Calwer, 1981.

Andres: s.v. Daimon, in: Pauly's Real-Encyclopädie der classischen Altertumswissenschaften. Suppl. III, Sp. 267-322, Stuttgart: Metzler, 1918.

Artis Auriferae, quam Chemiam vocant. Basileae: Conr. Waldkirch, anno 1593, 2 Bde.

Augustinus Aurelius: Vom Gottesstaat (De civitate dei). Thimme, W. übers., eingel. und komm. C. Andresen. 2 Bde., München: dtv 1978.

Bardenhewer, O.: Geschichte der altkirchlichen Literatur. Zit. Bd. 3: Das vierte Jahrhundert. Fotomechanischer Nachdruck der zweiten Auflage 1923, Darmstadt: Wissenschaftliche Buchgesellschaft, 1962.

Barguet, P.: Le Livre des Morts des Anciens Egyptiens. Paris: Les Editions du Cerf, 1967.

Beattie, J. and J. Middleton (Hrsg.): Spirit Mediumship and Society in Africa. London: Routledge and Kegan Paul, 1969.

Bender, H. (Hrsg.): Parapsychologie. Entwicklung, Ergebnisse, Probleme. Wege der Forschung, Bd. IV., Darmstadt: Wissenschaftl. Buchgesellschaft, 1976.

Bergman, Madeleine: Hieronymus Bosch and Alchemy. A study on the St Anthony triptych. Acta Universitatis Stockholmiensis. Stockholm Studies in History of Art 31, 1979.

Berthelot, M.: Collection des Anciens Alchimistes Grecs. 3 Bde. Nachdruck der Ausgabe von 1888, Osnabrück: Zeller, 1967.

Berthelot, M.: La Chimie au Moyen Age. Historie des Sciences. 3 Bde. Nachdruck der Ausgabe von 1893, Osnabrück: Zeller und Amsterdam: Philo Press, 1967.

Bircher-Benner, M.: Der Menschenseele Not, Erkrankung und Gesundung. Zürich: Wendepunkt-Verlag, 1933.

Böcher, O.: Christus Exorcista. Dämonismus und Taufe im Neuen Testament. Stuttgart: Kohlhammer, 1972.

(Hieronymus Bosch)
Plokker, J.H.: Das Weltbild des Hieronymus Bosch, in: Hieronymus Bosch. Hrsg. Marijnissen, R.-H. mit K. Blockx, P. Gerlach, H.-T. Piron, J.-H. Plokker, V.H. Bauer. Genf: Weber, 1972.

Goertz, Hch.: Hieronymus Bosch in Selbstzeugnissen und Bilddokumenten. rororo bildmonographien, Reinbek bei Hamburg: Rowohlt, 1977.

Bergman, Madeleine: Hieronymus Bosch and Alchemy. A study on the St. Anthony triptych. Acta Universitatis Stockholmiensis, Stockholm Studies in History of Art *31*, 1979.

Hammer-Tugendhat, Daniela: Hieronymus Bosch: Eine historische Interpretation seiner Gestaltungsprinzipien. Theorie und Geschichte der Literatur und der Schönen Künste, Bd. 58, München: Fink, 1981.

Tolnay, Ch. de: Hieronymus Bosch. Übers. v. Voelker, L., Baden-Baden: Holle, 2. Aufl. 1973.

Unverfehrt, G.: Hieronymus Bosch: Die Rezeption seiner Kunst im frühen 16. Jahrhundert. Berlin: Gebr. Mann, 1980.

Dixon, Laurinda S.: Alchemical Imagery in Bosch's Garden of Delights. Ann Arbor, Michigan: UMI Research Press, 1981.

Butler, C.: The Lausiac History of Palladius I and II. Texts and Studies Vol. VI No. 1/2, J.A. Robinson (Hrsg.), Cambridge: University Press, 1898/1904.

Cassian: Cassien, Jean: Conférences, Pichery, E. introd., texte latin et notes, Sources Chrétiennes *42/54/64*, Paris: Les Editions du Cerf, 1956/1958/1959.

Cawte, J.: Medicine is the Law. Studies in Psychiatric Anthropolgy of Australian tribal societies. Honolulu: University of Hawaii, 1974.

Clements, F.E.: Primitive Concepts of Disease. Univ. Calif. Publ. Amer. Anthrop. Ethnol. *32*, 4. Berkeley, 1932.

Colonna, Francesco: Hypnerotomachia Poliphili. Venetiis: Aldo Manuzio, 1499. Photomechanischer Nachdruck: Las Ediciones del Portico, 1981.

Des Palladius von Helenopolis Leben der Heiligen Väter. Bibliothek der Kirchenväter, Bd. Griechische Liturgien. Übers. v. St. Krottenthaler. Kempten und München: Kösel 1912.

Dictionnaire de Spiritualité ascétique et mystique. Doctrine et Histoire. Guillaumont, A. et Claire: s.v. Démon. T. *3*, Sp. 142-238. Paris: Beauchesne, 1957.

Dixon, Laurinda S.: Alchemical Imagery in Bosch's Garden of Delights. Studies in the Fine Arts: Iconography, No. 2, Ann Arbor, Michigan: UMI Research Press, 1981.

Dorneus, Gerardus: Dictionarium Theophrasti Paracelsi. Francoforti 1584. Nachdruck: Hildesheim/New York: G. Olms, 1981.

Draguet, R. (Hrsg.): La vie primitive de S. Antoine conservée en syriaque. Corpus Scriptorum Christianorum Orientalium Vol. 417. Scriptores Syri t. 183 / 184. Louvain: Corpus SCO, 1980.

Dülmen, R. van: Joh. Valentin Andreae: Fama Fraternitatis (1614), Confessio Fraternitatis (1615), Chymische Hochzeit: Christiani Rosencreutz. Anno 1459 (1616). Stuttgart: Calwer, 1981.

Eliade, M.: Schamanismus und Archaische Ekstasetechnik. Übers. v. Inge Köck. Original: Le Chamanisme. Editions Payot, Paris, 1946. Zürich/Stuttgart: Rascher, 1957.

Eliade, M.: Die Religionen und das Heilige. Elemente der Religionsgeschichte. Übers. v. M. Rassem und I. Köck. Original: Traité d'histoire
des religions. Salzburg: O. Müller, 1954.

Eliade, M. (Hrsg.): The Encyclopedia of Religion. New York: Macmillan
Publ. Co., 1987. s.v. Demons: Psychological Perspectives, in: Vol. *4*,
S. 288-292, von Alfred Ribi.

Elkin, A.P.: The Australian Aborigines. New York: Doubleday and Co.
3. Aufl. 1964.

Ellenberger, H.F.: Die Entdeckung des Unbewußten. 2 Bde. Übers. v.
Gudrun Theusner-Stampa. Originalausgabe: The Discovery of the Un-
conscious. The History and Evolution of Dynamic Psychiatry. Bern: H.
Huber, 1973.

Emmons, Ch.F.: Chinese Ghosts and ESP. A Study of Paranormal Beliefs
and Experiences. London: Metuchen, 1982, S. 3-91, 118-155, 158-219.

Encyclopedia of Religion, the. Hrsg. Eliade, M., New York: Macmillan
Publ. Co., 1987. s.v. Demons: Psychological Perspectives. Vol. *4*, S.
288 von Alfred Ribi.

Evagre Le Pontique: Traité Pratique ou le Moine, Guillaumont, A. et Claire
(Hrsg.). Sources Chrétiennes, t. I, No. 170: t. II, No. 171. Paris: Les
Editions du Cerf, 1971.

Fabricius, J.: The Symbol of the Self in the Alchemical »Proiectio«, in:
Journal of Analytical Psychology 18, 47-57, 1973.

Festugière, A.-J.: Les Moines d'Orient. IV/1 Enquête sur les Moines
d'Egypte (Historia Monachorum in Aegypto). Übers. v. A.-J. Festugière. Paris: Les Editions du Cerf, 1964.

Foerster, Werner: daimon, daimonion, in: Theologisches Wörterbuch zum
Neuen Testament, Kittel, G. (Hrsg.). Stuttgart: W. Kohlhammer, 1935.
Bd. 2, S. 1-21.

LeFort, L.Th. (Hrsg.): Oeuvres de S. Pachôme et de ses Disciples. Corpus
Scriptorum Christianorum Orientalium Vol. 150/160. Scriptores Coptici
t. 23/24. Louvain: Imprimerie Orientaliste, 1956.

von Franz, Marie-Louise: Die Passio Perpetuae. Versuch einer psychologischen Deutung, in: C.G. Jung: Aion. Psychologische Abhandlungen,
Bd. VIII, S. 387 ff. Zürich: Rascher, 1951.

von Franz, Marie-Louise: Zahl und Zeit. Psychologische Überlegungen
zu einer Annäherung von Tiefenpsychologie und Physik. Stuttgart:
Klett, 1970.

von Franz, Marie-Louise: Traum und Tod. Was uns die Träume Sterben-
der sagen. München: Kösel, 1984.

von Franz, Marie-Louise: C.G. Jung. Sein Mythos in unserer Zeit. Frau-
enfeld/Stuttgart: Huber, 1972.

von Franz, Marie-Louise: Spiegelungen der Seele. Projektion und innere
Sammlung. (1978) München: Kösel, 1988.

von Franz, Marie-Louise: Die Erlösung des Weiblichen im Manne.
Frankfurt a.M.: Insel, 1980.

von Franz, Marie-Louise: Alchemical Active Imagination. Dallas: Spring
Publ., 1979.

Frazer, J.G.: The Golden Bough. A Study in Magic and Religion. Third Ed., Part II: Taboo and the Perils of the Soul. London/Melbourne/Toronto: Macmillan, 1966.

Freeman, J.: The Face to Face C.G. Jung Interview des BBC-Films, in: C.G. Jung Speaking, Interviews and Encounters. W. McGuire/R.F.C. Hull (Hrsg.), Picador edition. London: Pan Books, 1980. Deutsche Übersetzung: C.G. Jung im Gespräch. Interviews, Reden, Begegnungen. Übers. v. Lela Fischli. Zürich: Daimon, 1986.

Freeman, Sherill: Etiology of Illness in Aboriginal Australia: its Psychological Significance and Cultural Shaping. Zürich: Thesis, Ethnologisches Seminar, 1981.

Freud, S.: Zur Psychopathologie des Alltagslebens. Über Vergessen, Versprechen, Vergreifen, Aberglaube und Irrtum. Frankfurt a.M. u. Hamburg: Fischer, 1961.

Friedländer, M.J.: Die Altniederländische Malerei. 11 Bde. Berlin: P. Cassirer, 1924-1937.

Friedländer, L.: Sittengeschichte Roms. Lizenzausgabe der »Darstellungen aus der Sittengeschichte Roms, in der Zeit von Augustus bis zum Ausgang der Antonine«, G. Wissowa (Hrsg.), Stuttgart: Parkland Verl. o.J.

Goertz, H.: Hieronymus Bosch in Selbstzeugnissen und Bilddokumenten. rororo bildmonographien, Reinbek bei Hamburg: Rowohlt, 1977.

Guillaumont, A. et Claire: s.v. Démon t. 3, Sp. 142-238, in: Dictionnaire de Spiritualité ascétique et mystique. Doctrine et Histoire. M. Viller et al. (Hrsg.), Paris: Beauchesne, 1957.

Guillaumont, A. et Claire: Evagre le Pontique: Traité Pratique ou le Moine Sources Chrétiennes, t. I, No. 170; t. II, No. 171, Paris: Les Editions du Cerf, 1971.

Gurney, Ed., W.H. Myers and F. Podmore: Phantasms of the Living. London: Society of Psychical Research, 1886. Scholars' Facsimiles and Reprints. Gainesville: Florida, 1970.

Gusinde, M.: Nordwind –Südwind. Mythen und Märchen der Feuerlandindianer. Kassel: E. Röth, 1966.

Halifax, Joan: Shamanic Voices. A survey of Visionary Narratives. New York: Dutton, 1979.

Hammer-Tugendhat, Daniela: Hieronymus Bosch: Eine historische Interpretation seiner Gestaltungsprinzipien. Theorie und Geschichte der Literatur und der Schönen Künste, Bd. 58. München: Fink, 1981.

Hannah, Barbara: The religious function of the Animus in the book of Tobit. The Guild of Pastoral Psychology, Lecture No. 114, 7. Oktober 1960.

Harnack, A.v.: Die Mission und Ausbreitung des Christentums in den ersten drei Jahrhunderten. Leipzig: Hinrichs, 1902, 4. Aufl. 1924.

Herter, H.: s.v. Genitalien, Bd. X, Sp. 1 ff., in: Reallexikon für Antike und Christentum. Sachwörterbuch zur Auseinandersetzung des Christentums mit der Antiken Welt, Klauser, Th. (Hrsg.), Stuttgart: Hiersemann, 1978.

Honko, L.: Krankheitsprojektile. Untersuchung über eine urtümliche Krankheitserklärung. FF Communications No. 178, Helsinki: Academia Scientiarum Fennica, 1967.

Horaz: Sämtliche Werke (Quintus Horatius Flaccus). Übers. v. J.H. Voss. Leipzig: Ph. Reclam jun. o.J.

Hultkrantz, A.: Conceptions of the Soul among North American Indians. A study in religious ethnology. Stockholm: Caslon Press, 1953.

Hyldahl, N.: Philosophie und Christentum. Eine Interpretation der Einleitung zum Dialog Justins. Acta Theologica Danica Vol. IX. Kopenhagen: Prostant apud Munksgaard, 1966.

Jaffé, Aniela (Hrsg.): Erinnerungen, Träume, Gedanken von C.G. Jung. Zürich/Stuttgart: Rascher, 1962.

Jaffé, Aniela (Hrsg.) in Zusammenarbeit mit G. Adler: C.G. Jung: Briefe. 3 Bde., Olten/Freiburg i.Br.: Walter, 1972-1973.

(Jeanne d'Arc)
Sackville-West, V.: Jeanne d'Arc. Die Jungfrau von Orleans. Hamburg: Wegner, 1937.

Jilek, W.G.: Indian Healing. Shamanic Ceremonialism in the Pacific Northwest Today. Surrey (Kanada): Hancock House Publ., 1982.

(Jung, C.G.)
von Franz, Marie-Louise: C.G. Jung. Sein Mythos in unserer Zeit. Frauenfeld/Stuttgart: Huber, 1972.

Jaffé, Aniela (Hrsg.): Erinnerungen, Träume, Gedanken von C.G. Jung. Zürich/Stuttgart: Rascher, 1962.

C.G. Jung im Gespräch. Interviews, Reden, Begegnungen. Übers.v. Fischli, Lela. Zürich: Daimon, 1986.

Jaffé, Aniela (Hrsg.) in Zusammenarbeit m. G. Adler: C.G. Jung: Briefe. 3 Bde. Olten/Freiburg i.Br.: Walter, 1972-1973.

Jung, C.G.: Aion. Psychologische Abhandlungen, Bd. VIII, S. 387. Darin: von Franz, Marie-Louise: Die Passio Perpetuae. Versuch einer psychologischen Deutung. Zürich: Rascher, 1951.

Jung, C.G.: Gesammelte Werke
Bd. 1: Psychiatrische Studien. Zürich/Stuttgart: Rascher, 1966.

Bd. 2: Experimentelle Untersuchungen. Olten/Freiburg i.Br.: Walter, 1979.

Bd. 5: Symbole der Wandlung. Analyse des Vorspiels zu einer Schizophrenie. Olten/Freiburg i.Br.: Walter, 1973.

Bd. 6: Psychologische Typen. Zürich/Stuttgart: Rascher, 1960.

Bd. 7: Zwei Schriften über Analytische Psychologie. Zürich/Stuttgart: Rascher, 1964.

Bd. 8: Die Dynamik des Unbewußten. Zürich/Stuttgart: Rascher, 1967.

Bd. 9/I: Die Archetypen und das Kollektive Unbewußte. Olten/Freiburg i.Br.: Walter, 1976.

Bd. 9/II: Aion. Beiträge zur Symbolik des Selbst. Olten/Freiburg i.Br.: Walter, 1976.

Bd. 10: Zivilisation im Übergang. Olten/Freiburg i.Br.: Walter, 1974.

Bd. 11: Zur Psychologie Westlicher und Östlicher Religion. Olten/Freiburg i.Br.: Walter, 1963.

Bd. 12: Psychologie und Alchemie. Olten/Freiburg i.Br.: Walter, 1972.

Bd. 13: Studien über Alchemistische Vorstellungen. Olten/Freiburg i.Br.: Walter, 1978.

Bd. 14/I und 14/II: Mysterium Coniunctionis. Untersuchungen über die Trennung und Zusammensetzung der seelischen Gegensätze in der Alchemie. Zürich/Stuttgart: Rascher, 1968.

Bd. 16: Praxis der Psychotherapie. Beiträge zum Problem der Psychotherapie und zur Psychologie der Übertragung. Zürich/Stuttgart: Rascher, 1958.

Bd. 18/I und 18/II: Das Symbolische Leben. Verschiedene Schriften. Olten/Freiburg i.Br.: Walter, 1981.

Jung, Emma: Animus und Anima. Zürich/Stuttgart: Rascher, 1967.

Justin: Dialog mit Tryphon, in: Hyldahl, N.: Philosophie und Christentum. Eine Interpretation der Einleitung zum Dialog Justins. Acta Theologica Danica Vol. IX, Kopenhagen: Prostant apud Munksgaard, 1966.

–Vgl. dazu: Joly, R.: Christianisme et Philosophie. Etudes sur Justin et les Apologistes grecs du deuxième siècle. Université libre de Bruxelles, Faculté de Philosophie et Lettres LII. Bruxelles: Editions de l'Université, 1973.

Kennedy, E.W.: The Alchemy of Death. Dreams on the Psychic Origin of Death. Zürich: Thesis C.G. Jung-Institut, 1988.

Kerényi, K.: Die Religion der Griechen und Römer. Zürich: Buchclub Ex Libris, 1963.

Kittel, G. (Hrsg.): Theologisches Wörterbuch zum Neuen Testament. Darin: Foerster, Werner, s.v. daimon, daimonion, Bd. 2, S. 1-21. Stuttgart: W. Kohlhammer, 1935.

Klauser, Th. (Hrsg.): Reallexikon für Antike und Christentum. Sachwörterbuch zur Auseinandersetzung des Christentums mit der Antiken Welt. Darin: Waszink, J.H.: s.v. Biothanati Bd. 2, Sp. 391-394 (1954); Michl, J.: s.v. Engel IV (christlich) Bd. 5, Sp. 109 ff (1962); Herter, H.: s.v. Genitalien Bd. 10, Sp. 1 ff.; Schilling R.: s.v. Genius, Bd. 10, Sp. 52 ff. (1978); Stuttgart: Hiersemann, 1978.

Körner, Waltraut: Die Rolle des Animus bei der Befreiung der Frau. Zürich: Thesis C.G. Jung-Institut, 1981.

Kriss, R. und Kriss-Heinrich, H.: Volksglaube im Bereich des Islam. Bd. II: Amulette, Zauberformeln und Beschwörungen. Wiesbaden: O. Harrassowitz, 1962.

Krottenthaler St. (Übers.): Des Palladius von Helenopolis Leben der Heiligen Väter. Bibliothek der Kirchenväter, Bd. Griechische Liturgien, Kempten u. München: Kösel, 1912.

Laager, J. (Hrsg. und Übers.): Palladius: Historia Lausiaca: die frühen Heiligen in der Wüste. Zürich: Manesse Verlag, 1987.

Lambek, M.: Human spirits: A cultural account of trance in Mayotte. Cambridge: University Press, 1981.

Lecouteux, C.: Geschichte der Gespenster und Wiedergänger im Mittelalter. Köln/Wien: Böhlau, 1987.

Lee, R.B. and I. DeVore: Kalahari Hunter-Gatherers. Studies of the !Kung San and their Neighbours. Cambridge, Mass.: Harvard University Press, 1976.

Leff, J.: Psychiatry around the Globe. A Transcultural View. New York/Basel: M. Dekker, 1981.

Lévy-Bruhl, L.: Die Seele der Primitiven. Übers. v. Else Werkmann. Original: L'âme primitive. Düsseldorf/Köln: Diederichs, 1956.

Maderegger, S.: Dämonen. Die Besessenheit der Anneliese Michl im Licht der Analytischen Psychologie. Ein Beitrag zur Diskussion über die Personalität des Teufels. Wels: Ovilava Libri, 1983.

Mangetus, Jo.: Jacobus: Bibliotheca Chemica Curiosa, seu Rerum ad Alchemiam pertinentium Thesaurus instructissimus, 2 Bde., Genf: Ritter & de Tournes, 1702.

Mannhardt, W.: Wald- und Feldkulte. Bd. 1: Der Baumkultus der Germanen und ihrer Nachbarstämme. Mythologische Untersuchungen. Bd. 2: Antike Wald- und Feldkulte aus Nordeuropäischer Überlieferung erläutert. Nachdruck der 2. Aufl. Berlin 1905, Darmstadt: Wissenschaftliche Buchgesellschaft, 1963.

Marshall, Lorna: The !Kung of Nyae Nyae. Cambridge, Mass.: Harvard University Press, 1976.

Marshall, Lorna: The Medicine Dance of the !Kung Bushmen, in: Africa 39, 347-381 (1969).

Mattiesen, E.: Das persönliche Überleben des Todes. Eine Darstellung der Erfahrungsbeweise. 3 Bde., Berlin/New York: de Gruyter, 1936/1939. Unveränderter photomechanischer Nachdruck 1987.

McGuire, W., Hull, R.F.D. (Hrsg.): C.G. Jung Speaking. Interviews and Encounters. Pan Books, London 1980. Deutsche Übersetzung: C.G. Jung im Gespräch. Interviews, Reden, Begegnungen. Übers. v. Lela Fischli. Zürich: Daimon, 1986.

Michl, J.: s.v. Engel IV (christlich), in: Reallexikon für Antike und Christentum. Bd. V, Sp. 109 ff., Klauser, Th. (Hrsg.), Stuttgart: Hiersemann, 1962.

Mode, H.: Fabeltiere und Dämonen in der Kunst. Die fantastische Welt der Mischwesen. Stuttgart: Kohlhammer, 2. Aufl. 1983.

Moser, Fanny: Spuk –Irrglaube oder Wahrglaube? Eine Frage der Menschheit. 2 Bde. Baden b. Zürich: Gyr, 1950.

Moser, J.-J.: Aspects psychologiques de la ruse. Zürich: Thesis C.G. Jung-Institut, 1976.

Neutestamentliche Apokryphen in deutscher Übersetzung, Schneemelcher, W. (Hrsg.), I. Bd.: Evangelien, Tübingen: Mohr, 5. Aufl. 1987.

Ninck, M.: Wotan und Germanischer Schicksalsglaube. Nachdruck der Ausgabe Jena 1935. Darmstadt: Wissenschaftliche Buchgesellschaft, 1967.

Oesterreich, T.K.: Die Besessenheit. Langensalza: Wendt und Klauwell, 1921.

Oxford Latin Dictionary, Glare, P.G.W. (Hrsg.). Oxford: Clarendon Press, 1976.

(Palladius)
Laager, J. (Hrsg. und Übers.): Palladius: Historia Lausiaca: die frühen Heiligen in der Wüste. Zürich: Manesse Verlag, 1987.

Krottenthaler St. (Übers.): Des Palladius von Helenopolis Leben der Heiligen Väter. Bibliothek der Kirchenväter, Bd. Griechische Liturgien, Kempten u. München: Kösel, 1912.

Butler, C.: The Lausiac History of Palladius I and II. Texts and Studies Vol. VI No. 1 / 2, Robinson, J.A. (Hrsg.), Cambridge: University Press, 1898/1904.

Panofsky, E.: Early Netherlandish Painting, its Origins and Character, 2 Bde., Cambridge, Mass.: Harvard University Press, 1953, 4. Aufl. 1966.

Paracelsus: Dictionarium Theophrasti Paracelsi, continens obscuriorum vocabulorum, quibus in suis Scriptis passim utitur, Definitiones. Dorneus, Gerardus collectum. Francoforti, anno 1584. Nachdruck: Hildesheim/New York: G. Olms, 1981.

Passian, R.: Sind brasilianische Trance-Chirurgen Instrumente verstorbener Ärzte? Vortrag auf den Basler Psi-Tagen 1985.

Pichery, E. introd., texte latin et notes, in: Cassien, Jean: Conférences, Sources Chrétiennes 42 / 54 / 64, Paris: Les Editions du Cerf. 1956/1958/1959.

Plokker, J.H.: Das Weltbild des Hieronymus Bosch, in: Marijnissen, R.-H. u.a. (Hrsg.): Hieronymus Bosch. Genf: Weber, 1972.

Plutarch, De defectu oraculorum. Plutarch's Werke, Bd. 10. Übers. v. J.C.F. Bähr, Stuttgart, 1858.

Pokorny, J.: Indogermanisches Etymologisches Wörterbuch. Bern u. München: Francke, 1959.

Prickard, A.O.: The return of the Theban Exiles 379-378 B.C. The Story as told by Plutarch and Xenophon. Oxford: Clarendon, 1926.

Prince, M.: The Dissociation of a Personality. A biographical study in abnormal psychology. New York: Meridian books, 1957 (Erstaufl. 1905).

Radin, P., K. Kerényi, C.G. Jung: Der Göttliche Schelm. Ein indianischer Mythen-Zyklus. Zürich: Rhein Verlag, 1954.

Rasmussen, K.: Rasmussens Thulefahrt. Zwei Jahre im Schlitten durch unerforschtes Eskimoland. Frankfurt a.M.: Societäts- Druckerei, 1926.

Reitzenstein, R.: Des Athanasius Werk über das Leben des Antonius. Ein philologischer Beitrag zur Geschichte des Mönchtums. Sitzungsberichte der Heidelberger Akademie der Wissenschaften, Phil.-hist. Kl. 1914. Heidelberg: C. Winters, 1914.

Renner, E.: Goldener Ring über Uri. Ein Buch vom Erleben und Denken unserer Bergler, von Magie und Geistern und von den ersten und letzten Dingen. Zürich: Metz, 1941.

Ribi, A.: Anthropos. In Vorbereitung im Kösel-Verlag.

Rodewyk, A.: Die Dämonische Besessenheit in der Sicht des Rituale Romanum. Aschaffenburg: P. Pattloch, 2. Aufl. 1975.

Ruska, J.: Tabula Smaragdina. Ein Beitrag zur Geschichte der Hermetischen Literatur. Heidelberg: Winter, 1926.

Rykwert, J.: The Idea of a Town. The Anthropology of Urban Form in Rome, Italy and the Ancient World. London: Faber & Faber, 1976.

Sackville-West, V.: Jeanne d'Arc. Die Jungfrau von Orleans. Hamburg: Wegner, 1937.

Schilling, R.: s.v. Genius, Bd. X, Sp. 52 ff., in: Reallexikon für Antike und Christentum. Sachwörterbuch zur Auseinandersetzung des Christentums mit der Antiken Welt. Klauser, Th. (Hrsg.), Stuttgart: Hiersemann, 1978.

Schneemelcher, W. (Hrsg.): Neutestamentliche Apokryphen in deutscher Übersetzung. I. Bd.: Evangelien. Tübingen: Mohr, 5. Aufl. 1987.

Sigerist, H.E.: A History of Medicine. Vol. I: Primitive and Archaic Medicine, 2. Aufl. 1955. Vol. II: Early Greek, Hindu, and Persian Medicine, 1961. New York: Oxford University Press.

Silberer, H.: Probleme der Mystik und ihrer Symbolik. Nachdruck der 1. Aufl. Wien 1914, Darmstadt: Wissenschaftl. Buchgesellschaft, 1969.

Speck, F.G.: Naskapi. The Savage Hunters of the Labrador Peninsula. The Civilization of the American Indian Series, Vol. 10. Norman: University of Oklahoma Press, 1977.

Spiro-Kern, Anneliese: Die Welt der Insekten – Ein Spiegel des Psychischen. Zürich: Thesis C.G. Jung-Institut, 1985.

(Tabula Smaragdina)
Ruska, J.: Tabula Smaragdina. Ein Beitrag zur Geschichte der Hermetischen Literatur. Heidelberg: Winter, 1926.

Tavard, G.: s.v. Dämonen (»böse Geister«), in: Theologische Realenzyklopädie, Bd. VIII, S. 270-300. Berlin/New York: W. de Gruyter, 1981.

Tedlock, D. und Barbara (Hrsg.): Über den Rand des tiefen Canyon. Lehren indianischer Schamanen. Übers. v. J. Eggert. Original: Teachings from the American Earth. Düsseldorf, Köln: Diederichs, 3. Aufl. 1982.

Theatrum Chemicum, praecipuos selectorum auctorum tractatus de chemiae et lapidis philosophici antiquitate, veritate, jure, praestantia, et operationibus continens:... 6 Bde. Argentorati: Heredum Eberh. Zetzner, 1659-1661.

Thompson, R.C.: The Devils and Evil Spirits of Babylonia, being babylonian and assyrian incantations against the demons, ghouls, vampires, hobgoblins, ghosts and kindred evil spirits, which attack mankind. London: Luzac 1903/1904.

Tolnay, Ch. de: Hieronymus Bosch. Übers. v. L. Voelker. Baden-Baden: Holle, 2. Aufl. 1973.

Unverfehrt, G.: Hieronymus Bosch: Die Rezeption seiner Kunst im frühen 16. Jahrhundert. Berlin: Gebr. Mann, 1980.

Völker, K. (Hrsg.): Von Werwölfen und anderen Tiermenschen. Dichtungen und Dokumente. München: C. Hanser, 1972.

Walker, Sheila S.: Ceremonial Spirit Possession in Africa and Afro-

America. Forms, Meanings and Functional Significance of Individuals and Social Groups. Leiden: Brill, 1972.

Waszink, J.H.: s.v. Biothanati Bd. 2, Sp. 391-394, in: Reallexikon für Antike und Christentum. Sachwörterbuch zur Auseinandersetzung des Christentums mit der Antiken Welt. Klauser, Th. (Hrsg.), Stuttgart: Hiersemann, 1954.

Widengren, G.: The King and the Tree of Life in Ancient Near Eastern Religion. (King and Saviour IV). Uppsala: Universities Arsskrift 4, 1951: S. 5-61.

Wilamowitz-Moellendorff, U. von: Der Glaube der Hellenen. 2 Bde. Nachdruck der 2. Aufl. 1955. Darmstadt: Wissenschaftl. Buchgesellschaft, 1959.

Witzig, J.: Théodore Flournoy: A friend indeed. Journal of Analytical Psychology 27, 1982: S. 131-148.

Wright, H.B.: Zauberer und Medizinmänner. Augenzeugenberichte von seltsamen Heilmethoden und ihren Wirkungen auf primitive Menschen. Übers. v. Susanne Ullrich. Original: Witness to Witchcraft. Zürich: Orell Füssli, 1958.

Zumstein-Preiswerk, Stefanie: C.G. Jungs Medium. Die Geschichte der Helly Preiswerk. Geist und Psyche. München: Kindler, 1975.

Zürcher Bibel, 1982.

Register

Abaissement du niveau mental
(Janet) 54, 55, 57, 76, 87, 96,
115, 135
Affekt 57, 58, 92, 93, 96, 97
Aggression 136
Ahnen/Ahnengeister 51, 52, 53,
70, 98-109, 126, 127, 128
Alchemie/Alchemisten 19, 130,
134, 148, 149, 150, 151, 157
Amazone 103
Amnesie 53
Amplifikation 39
Angst 67, 87, 115, 133
Anima 24, 55, 92-97, 98
Animismus/animistisch 112, 115
Animus 55, 87, 92-97, 98
Anpassung 83, 96, 97
Antonius, hl. 14, 16, 17, 18, 20,
21, 27
Anthropos 76, 129, 130, 131
Apokryphen: Buch Tobit 31;
Henoch Buch c. 6-9, 119
Apologeten 35, 36
Apollon 124, 125
Apotropäisch 123
Archaisch 83, 113, 115, 123, 125,
128, 129, 130, 137, 138, 143
Archaische Identität 79, 110, 113,
115, 116, 154, 155, 157
Archaische Mentalität 56, 73
Archetyp des Heilers 74, 76
Archetypen/archetypisch 24, 45,
47, 70, 72, 75, 81, 86, 90, 93,
97, 98, 99, 100, 104, 108, 109,
112, 122, 162, 167, 168, 170,
171, 173
Arzt 76, 77
Asketen 14, 18, 19, 20, 21, 25
Asmodi 31
Athanasius, hl. 14, 16, 20

Außen/innen 12, 25, 96
Autonomie/autonom 23, 43, 48,
59, 72, 79, 122

Basilius der Große 15
Berufung 70, 71, 87, 107
Besessenheit/Obsession 10, 12,
26, 32, 33, 49, 50, 51, 52, 53, 55,
56, 57, 60, 61, 80, 87, 90, 94, 96,
105, 114, 115, 142, 143, 160,
166
Bewußtsein/bewußt 16, 18, 21, 24,
28, 29, 31, 34, 37, 38, 39, 42, 44,
46, 47, 49, 50, 52, 54, 55, 56, 62,
67, 77, 84, 85, 90, 92, 93, 94, 96,
98, 104, 110, 111, 113, 114, 115,
119, 121, 122, 134, 135, 142,
143, 151, 152, 153, 157, 162,
168, 169, 173, 176, 178, 179
Bewußtwerdung 115, 130, 139,
142
Beziehung 113
Bibel
- *Apg 2,2* 48; *Apg 9,20* 119; *Apg
12,7* 141
- *1 Chron 21,1* 33
- *Eph 1,21* 34; *Eph 6,12* 13, 29
- *Gal 5,24* 12
- *Jak 2,19* 34
- *Jes 14,12-14* 141; *Jes 52,14* 145;
Jes 53,2-3 145
- *1 Joh 3,3-7* 33; *1 Joh 3,8* 33
- *Jon 2,1* 32; *Jon 2,3* 88
- *Kol 2,15* 33
- *1 Kor 3,23* 38; *1 Kor 10,20* 119;
1 Kor 15,44 34; *1 Kor 25-29* 35
- *2 Kor 11,14* 27; *2 Kor 12,9* 38
- *Lk 4,5-6* 27; *Lk 18,14* 22
- *Mc 6,26* 114; *Mc 9,43-44* 181;
Mc 9,44 20